# ぼく達が愛したラテンアメリカ

# プロローグ

ひとには、それぞれ自分にあった生き方というものがあるはずです。とは言っても、実際には、ごく平凡な生き方をするのがほとんどで、こうしたい、ああしたい、と頭の中で空想するだけで終わることが多いのではないか。これをひとは、ときとして自嘲とあきらめの思いをこめて「世の流れに流された」と言い、すべては自分のせいではなく、社会のせいだと言い訳をしようとさえします。

しかし一方で、世の中には「こういう風にしか生きられない」と言うひともいて、こういう生き方を「不器用な生き方」と悪く言うひともいます。このような生き方をするひとは、きっと日本では少数派だと思います。

あるいは、みんなが同じ方向を向かって進んでいるのに、ひとりだけまったく別な方向に向かって歩いているひともいます。方向音痴というわけではないのですが、日本人はこのようなひとを「へそ曲がり」あるいは「変わり者」と呼ぶことがあり、そうした性質を個性として認めようとしない精神風土がありました。

日本人の常識から言えば、彼もまたそうした変わり者のひとりだったのかもしれません。

一九七〇年代、ぼくとK――便宜上、彼のことをこう呼ぶことにします――はロサンゼルスのある日本食レストランの厨房で出会いました。たがいにある目的のためにキッチンヘルパーという、コックの仕事をサポートしてうどん、天ぷら、寿司シャリ、漬物などさまざまな日本食を作るアルバイトをしていたのです。

Kは肩までのびた長髪で、痩せて、少し猫背で背がひょろりと高く、喜怒哀楽をあまり表情に出さず、どちらかと言うと無口なほうだったように思います。当時、ぼく達はともに二〇代前半の年齢でしたが、彼はぼくよりも確か二歳ほど若かったと記憶しています。

ぼくはKよりも一ヶ月ほど早くその厨房で働くようになったのですが、慣れない仕事のせいでふたりともよく失敗をして、そのたびにコック長に叱られていました。昼食時の一番忙しい最中に何をしてよいかわからなくて、一番簡単な皿洗いを手伝っていると、「どこへ隠れている、こっちへ来い！」と背後から厨房に響き渡る大声で怒鳴られ、むりやり仕事を押しつけられたことも何回もありました。それはそれほど広くない厨房に響き渡る声でした。おそらく食事をする客にまでとどいていたでしょう。こうして見様見まねで働きはじめた最初の三ヶ月間ほどは、怒られるのが日課のような毎日でした。何しろぼくなどは、それまで包丁の握り方ひとつ満足に知らなかったのですから。そんなとき、ぼくが肩を落としてしょげかえっていると、小さな声で「頑張りなさいよ」とやさしくはげましてくれるウエイトレスさんもいました。

ぼく達はよく流れ者の旅行者がするように、労働許可証をもたずに潜りで働いていました。レストランのオーナーも、それと知っていてぼく達を雇ったのです。その理由は、正規の労働者は労働組合に入っていて賃金が高かったからです。米国は労働組合の力が非常に強い国でしたから、労働組合に加入していなければ正規の仕事はできなかったのです。それに比べるとぼく達潜りは、彼らよりも安い賃金でよく働きました。しかし、それでも当時は一ドルが確か二五〇円くらいしましたから、日本よりも米国で仕事をする方がはるかに儲かった時代でした——もっとも、遊ばず真面目に働けば、の話ですが。ぼくなどは休日になると、ひとり暮らしをする白人の老人の家へ行って部屋掃除とベッドメイキングをしました。これは簡単な昼食付きで一日二〇ドルになる効率のよい仕事でした。

そうした一方で、日本ではかなわない起業の夢を抱いて渡米した若者も多かったように思います。その多くはロサンゼルスを通り越して、ニューヨークの摩天楼をめざしたのです。きっと彼らはアメリカン・ドリームに憧れを抱いていたのでしょう。

ちょうど店の前にある広い公園をはさんだ向かい側に、ぼく達のような潜りを取り締まる怖い移民局がそびえ立っていたのを思い出します。それは古典主義的なデザインのいかにも高圧的な建物で、しかもぼく達のこころのどこかに不法で仕事をしているという後ろめたさのようなものが張り付いていて、そのためにどちらかと言うと気の弱いぼくなどは、レストランへ出勤する途中できるだけそちらへ目を向けないようにして、足早に通り過ぎたものです。

移民局員が突然手入れにやって来たらどこへ隠れようか、というような話題が厨房で働くぼく達の間で唐突に出ることがありました。そんなときは「冷蔵庫の中が一番いい」などと冗談で言ってみたものでした。それは決まって遅い昼食を終えて休憩しているときのことでしたが、みんな笑い顔だったので確かに単なる雑談とも思えたのですが、現実に起こりえない話では決してなかったのです。事実、どこそこの店に移民局が立ち入って強制送還に何人なった、などという話もまことしやかにささやかれました。しかし、その対象になったのはきまって密入国したメキシコ人でしたが。

ぼくとKが仕事場で気があった理由は、たがいに酒好きだったこと、そしてふたりともひとり旅が大好きで、ラテンアメリカが大好きだったことです。ぼく達は偶然にも同じ安ホテルに滞在していましたから、部屋で酒を飲んではこの共通の話題で夜遅くまでもり上がったものです。

ところがあるとき、魔がさしたとでもいうのでしょうか、レストランの厨房の奥にある食品庫から一升瓶に入った酒を一本こっそり持ちだして、ふたりで飲んでしまったのです。そのためにちょっとした気持ちの行き違いがぼく達の間で起こってしまいました。後から考えれば、たいしたことではなかったのですが、当時のぼく達は若かったのです。たがいを許せなかったのでしょう。

突然、Kはレストランを辞めてしまいました。その別れ際に手あかで汚れ、ぼろぼろになった五冊のノートと、数十本のネガフィルムを彼はぼくに託したのです。

そのノートの内容のほとんどは、Kがそれまでにラテンアメリカを放浪して書き綴った日記でした。ぱらぱらとめくっていると、癖のある字でいたるところにマヤ文明とか、インカ文明といった言葉が書きなぐってありました。何というひどい字だったでしょうか。それはきわめて断片的な内容で読めたものではなかったのですが、それでも辛抱強く解読していると、彼の熱い呼吸のようなものがぼくの胸に伝わってきました。ところどころに放浪中に乗ったと思われるバスの切符や、何かの領収書がていねいに張り付けてあるかと思うと、遺跡のスケッチのようなものが、ノートの片隅に描いてあることもありました。

実は、ぼくは「できればこのノートと写真を整理してほしい」とKに頼まれていたのですが、その後の忙しさも手伝って、長い年月この約束を果たせないままになっていました。それでもいつもキャリーバッグの底に、ほかの資料などといっしょにひっそりと眠っていたのです。

あれからかなりの年月が流れ、人並みに顔に皺《しわ》ができ、自分の体力の限界を感じはじめた今、ぼくははじめて彼が残していった資料と向き合うことの必要性を感じ、少しずつ整理にとりかかりました。不必要な表現を削ぎ落とし、汚い俗語を書き替え、読みやすくする作業をはじめたのです。

確かに、「もし首尾よくいけば、このお荷物から開放されるかもしれない」という期待感もぼくのこころのどこかにありましたが、かといって、ただ単に整理するだけでは退屈で面白くないと感じたぼくは、このノートの中心にある「ラテンアメリカ」をもう一度、ほつれた記憶の糸を縫い合わせるようにして、丹念に調べはじめました。それは非常に根気のいる作業でしたが、決して苦にはなりませんでした。

その一方で、もし可能なら、ふたたびインディオの生活に想いを馳せ、ふたたびぼく自身の問題として見つめなおし、あのころの旅の意味を、これまでの人生の中で占めていたあのひたむきに生きた時間のもつ意味を考えてみたいという、淡い、実に淡い期待もあったのです。そして何よりもまず、彼のノートをめくりながらもう一度ラテンアメリカの旅をして、今は遠くなってしまった青春のこころの詩《うた》に耳を傾けたいと思ったのです。そう思ったのは、ぼくが人並みに年を重ねたせいでしょうか。果たしてひとは、これを郷愁とでも呼ぶのでしょうか。

# 第一章　メキシコ放浪

メキシコへマヤ文明の遺跡を見に行くと友人たちに告げて日本を飛び出したのは、「一九七＊年七月七日、七夕の夜だった」と、手垢《てあか》で汚れたノートの一頁目にKは書いています。

多くの旅行者がするように、彼も事前にマヤ文明やラテンアメリカに関する資料を集めていたようですが、――ノートの最初のほうは、このときの資料で埋まっています――たしか当時はまだ今日ほど情報が多くなかったように記憶しています。もちろん、パソコンやインターネットのような便利な道具が普及していない時代のことです。

当時、ラテンアメリカに関して、日本にはあまりよいニュースが届いていませんでした。山賊が出るなどと言った、半ば興味本位な風評がどこからともなく流れて来る程度でした。しかし、火のないところに煙は立たない、という喩《たとえ》もあります。そのため、もしも何か事故が起きたらそのときは帰国できないのではないか、ともKはひそかに思っていたようです。しかし、彼がぼくの前から姿を消してしまった今となっては、もはや直接会って確かめる術《すべ》はないのです。あるのは、先にも書いたように、手元に残る五冊のノートと数十本のネガフィルムだけなのです。

# 一

Kにとって最初の難関は言葉でした。たいていの日本の若者がそうであるように、Kも英語を義務教育で勉強しながら、日本で外国人に出会う機会もなく、英会話とはまったく無縁な生活をしていたようです。そのためにハワイで米国の入国審査を通過するときに、まず四苦八苦したようでした。審査官も「困ったものだ」という風な表情をして、どこからか日本語の話せる日系二世の通訳をわざわざ連れてきて対応したようです。このことで彼の自尊心は少しだけ傷ついたようですが。

さらに困ったことには、これから行こうとしているメキシコの言葉、スペイン語がまるで話せないということでした。スペイン語会話の入ったカセットテープなどを使って事前に多少勉強したようですが、それは単なる気休めにすぎません。メキシコ国内に一歩足を入れると同時に、そのことをKはいやと言うほど思い知らされたのです。

それは幼少年期にはじめてひとりでバスに乗って親戚を訪ねたときの、あのよるべのない心細さにどこか似ていた、とKは書いています。見回しても話せる相手などどこにもいません。たとえ誰かが偶然彼の隣の席にすわったとしても、それがはじめて見るメキシコ人であっても、白人であっても、黒人であっても、彼にとっては単なる電信柱か、それとも人形かジャガイモか、その程度の存在でしかなかったのです。

## 一九七＊年
## 七月十日

ぼくはラレードという国境の町から、観光客がよく利用する車高の高い長距離バス（グレイハウンド）でメキシコに入った。すると、車窓から見渡す周囲の風景が一変した。急に往来するひとが増え、彼らの肌は茶褐色になり、容貌や服装が変わり、かつて聞いたことのない言葉が飛び交い、さまざまなものを並べた店先がバスのすぐ近くにまでおし寄せて、すべてが雑然としてきた。その様子に、空気さえも変わったような錯覚をおぼえたほどだ。

日本は島国だから、ほかの国へ行くにはかならず海を渡らなければならない。幅と奥行きのある海によってほかの国とのつながりがいったん遮断され、その数時間後に国民性や文化、あるいは生活環境などがまったく異なる国と出会う。それはぼくの中ですでに了解済みだったが、国境というわずか一本の細い境界線を越えるだけで、これほどまでにあらゆるものが手のひらを返したように変化するとは。

バスは雑踏の中をゆっくりと注意深く走り抜けると、突然、雲ひとつない真っ青な空の下、どこまでもまっすぐにのびる舗装道路に出た。途端にバスは、水を得た魚のように生き生きと猛スピードで走りはじめ、アッという間に乗用車を追い抜いていった。対向車はほとんどなかった。

車窓から見る風景は人影がまったくない、空に一羽の鳥さえも飛んでいない、限りなく広がる荒地とも砂漠とも形容しがたい世界に豹変した。ぼくの背丈よりも低い色あせた潅木《かんぼく》が地肌に点々と転がっている以外は、文明と名のつくいっさいのものを拒絶した、荒涼とした世界。ぼくははじめて見るこの風景に圧倒された。

そこではあらゆる人間的な感傷も、あらゆるイデオロギーも否定されていた。あるのは目の前に突きつけられた、生か死か、イエスかノーか、敵か味方かという、第三の選択肢を許さない非常にシンプルな現実だけだった。それを果敢に突き破ろうとでもするかのように、いや、早く通過したいとでも言うかのように、長距離バスは高速でひたすら走った。

この風景はぼくの中で墓場のイメージと重なった。この排他的な世界で、どのようにしたらこれから旅を続けることができるのだろうか？　ぼくの視線を受け止めてくれる何物もない、果てしない風景を凝視しながら自問した。

休息と給油のためにバスはいくつか集落に立ち寄ったが、そのどれもがこの過酷な自然の中で生きのびるための保身術を身につけ、強すぎる日差しの下で甲羅干《こうら》しをする鈍重な亀のように目を閉じて、土気色《つちけいろ》の生気のない風景に溶け入っていた。

バスが速度を落として、舗装道路から巨体を地面の起伏に合わせながら脇道へ入っていくと、突然訪れた敵の来襲に驚いて水面から飛び立つ水鳥のように、土埃《つちぼこり》が激しく上空に舞い上がって、ぼくの視界をさえぎった。バスはゆるやかにカーブした道をしばらく進むと、小さな集落の中へ入っていった。すると、ひっそりとしていた家々の隙間から、――土埃がおさまるのを待ちかねたように――小柄な人影が十数人いっせいに飛び出して来た。よく見るとみな短パンをはいたこどもだ。上半身は裸でしかも裸足だ。口々に何か叫びながら、バスに追いすがるようにして一生懸命走って来る。手に手にコーラやガムを持ち、それを車窓の高さまで高く上げて、ぼく達に一生懸命売りつけようとしているのだ。頭の先から痩せた手足の先まで土埃をすっぽりかぶり、手にしたコーラの瓶《びん》も同じ色に変色していた。しかし、こども達はそんなことを少しも気にしない様子で、くったくのない笑顔をぼく達にふりまいた。その口元からのぞく歯の白さだけがみょうに印象的だった。

バスの中は冷房がきいていたので気づかなかったが、一歩外へ出ると、そこには新参者を拒絶しようとするかのように、むっとするほど重苦しい空気が待ちかまえていた。その感触は、サウナ風呂にはじめて足を踏み入れたときの、あの息苦しさとどこか似ているように思えた。ぼくは新鮮な空気を吸いたかった。

相手が早口で言っている言葉はまったくわからなかったが、とにかく、最初に目の前に立ったこどもからやっとコーラを一本買った。栓《せん》はあらかじめ取ってあったから、そのまま瓶の口についた埃《ほこり》を手でぬぐい、口へ運ぶだけでよかった。ふくむと、炭酸が突然目をさましてチクチク跳ねた。ぼくはその予期しない生温かさに驚いて喉《のど》に流し込むのを一瞬躊躇し、思わず顔をしかめた。「これは大変な世界に足を踏み入れてしまった」と、後悔にも似た思いが脳裏を走ったのは、その瞬間だった。

と同時に、ぼくが日本から無意識のうちにこの国へ持ち込んでいた「すべては衛生的でなければならない」という定義が、飲み込んだばかりのコーラの生温かさが残る喉の奥で、ギシギシという奇怪な音を発して根こそぎ崩れ落ちていった。

——いったいこれは何だ？

——もしかすると生温かいコーラと裸足のこども、これがこの国の現実か？

——この国を旅する限り、つねにこの現実を直視しながら仲よくつき合っていかなければならないのか？

——果たしてできるだろうか？　……しかし、もう引き返すことはできない。

そんなことを暑さで朦朧《もうろう》としはじめた頭の中で、ぼくはまるでひと事のようにぼんやりと考えていた。手にはまだ飲みほしていないコーラの瓶を、しっかり握っていた。

そのときだ、突然一陣のつむじ風が起こって我に返ったのは。土埃が乾燥した地面からいっせいに目の前に立ちあがり、ぼくのみだれた前髪を激しくゆすった。そのむこうには民家の壁がゆらゆらと陽炎《かげろう》のようにはかなく揺れていた。それはぼくが今抱いている心細さそのもののように思えた。

気持ちを何とか切り替えようとして、ぼくはサングラスをゆっくりはずし、ガラスに張りついた土埃を指でふいた。するとどこからともなく、「勇気を出したまえ、これしきのことに」とつぶやく野太い声が聞こえてきた。それは確かに土埃で作られた泥人形の声だった。

Kはどうやら激しいカルチャー・ショックを受けたようです。

ここに広がるのはエジプトで見るような砂漠でもなければ、映画『アラビアのロレンス』に出てくるような砂漠でもない。あるいは、もちろん観光客相手の鳥取砂丘でもないのです。日本人の感覚としての砂漠とは、「砂とは、まことにつかみどころのないものであり……」と花田清輝も書いているように、つかめばサラサラと指の隙間からこぼれ落ちる砂がすべてを支配する世界のことであり、草一本生えていない様子を言うのでしょう。しかし、このメキシコの北部の大地にはまだいくらか植物が生えていたし、地表を覆っているのは砂ではなく、目の細かい乾燥した土でした。砂が花田の言うように「虚無のなかへ消えていくもののもつはかなさ」のような、実に日本人的な「わびさび」の発想から出たイメージであるとすれば、ここメキシコの広大な北部地域を覆っているフワフワとした土はもっと不確かなもの、「時代に翻弄されたものたちのはかなさ」のようなものではなかったでしょうか。

話は突然変わりますが、かつてドイツにハリー・グラーフ・フォン・ケスラーという人物がいました。この長い名前の中にある「グラーフ」というのは、伯爵という爵位を意味しています。つまり訳せば「ハリー・フォン・ケスラー伯爵」ということになりますが、ここでは短く「ケスラー伯爵」と呼ぶことにします。彼は一八六八年、つまり日本で明治維新が起こった年に生まれて一九三七年に死んでいるから、それほど遠い昔の人ではありません。ついでに言うと、ドイツの爵位には上から王《ケーニッヒ》、侯爵《ファースト》、そのつぎに伯爵があって、その下に男爵《バロン》と騎士《リッター》が続きます。

この写真の女性的な風貌からも何となく想像できるのですが、彼には同性愛者だという噂がありました。そのせいか彼は生涯独身でした。余談ですが、貴族で同性愛者、というひとは比較的多かったようで、当時、ドイツのヘッセン大公国を支配したE・ルートヴィヒ（注一）もそのひとりで、それが原因で離婚までしています。しかし、後継者を残すことは彼ら支配者にとって、いわば至上命令でしたからこどもはできました。学生時代、実はこのふたりは仲のよい同級生だったのです。

30歳ごろのケスラー伯爵

ケスラー伯爵は政治家でしたが、当時のドイツを代表する知識人のひとりでもあり、印象派や新印象派といった当時としては非常に前衛的な絵画のよき理解者であり、美術品コレクターであり、若い芸術家たちを庇護するパトロンでもあったのです。

ぼくが彼の存在を知ったのはかなり古く、十九世紀末にドイツで起こった美術工芸運動を研究していたときのことでした。彼はこの運動に大きく関わっていました。

彼は父親がパリで銀行を経営するドイツ人、母親が南アイルランドの古い地方貴族の末裔というふうに血筋もよく、ドイツ皇帝ヴィルヘルム一世（注二）の隠し子だったという噂さえあるほど、ときの皇帝に近い存在でした。しかもドイツ語のほかにフランス語と英語を自在に操る、当時のドイツにあってはかなり珍しい国際人だったのです。そのためか、皇帝や宰相ビスマルク（注三）から、外交官として将来を期待された人物だったのです。そんな彼は旅行が大好きでした。

この旅行好きの伯爵が、何を思ってか一八九六年秋から冬にかけてメキシコを旅行しています。もしかすると政治的な視察だったのかもしれません。現代ならば飛行機で簡単に行くところですが、当時はそうはいかなかったのです。

彼はヨーロッパから豪華客船に乗って大西洋を長期間航海し、まず米国東海岸に上陸し、そこから陸路を列車《エクスプレス》でメキシコに入りました。このときの彼の旅行記が、『メキシコノート（Notizen über Mexiko）』というタイトルで、その二年後、一八九八年にドイツで出版されました。それはちょうど伯爵が三十歳のときで、彼にとっては最初の著書でしたが、当時ドイツで一世を風靡《ふうび》した詩人R・デーメル（注四）は、この本を「印象派の絵のようだ」と激賛しています。デーメルと彼とは、当時ある芸術雑誌の編集を通じて非常に親しい間柄にあったので、もしかするとこのような過大な評価になったのかもしれませんが。

この旅行記を読むと、彼はまずニューオーリンズからメキシコの首都メキシコシティに向かっています。所要時間「七十時間」と書いているのですが、おそらく、そのときも（日本人のKがしたように）国境の町ラレードを通過したのでしょう。そして、荒涼とした風景の中ではじめて異文化に接し、その風景を単刀直入につぎのように描写しています。

「駅の近くの砂漠の中に、立方体をした土造りの家を建ててインディオが住んでいた。その女やこども達が、まるでジプシーのようなみすぼらしい身なりをして、列車に物乞いにやってくる。」

伯爵の旅行ルートは、まずメキシコシティに入り、テオティワカンの遺跡からオアハカ、ミトラ、プエブラ（注五）、ベラクルス、ユカタン半島へと足をのばし、ウシュマクなどのマヤ遺跡を見てふたたびメキシコシティに帰り、さらにグアダラハラ（注六）へ向かうというものでした。

当時のメキシコは、独裁者ポルフィリオ・ディアス（注七）の時代でした。彼は混乱をきわめた国内の秩序回復を、力の政治によって行おうとしたのです。そのために敵対するものがあれば容赦なく弾圧し、鉱山の貧しい坑夫や織物工場で働く労働者などがその犠牲となったのです。逮捕された労働者は「逃走法《レイ・フーガ》」に従って容赦なく射殺されました。警官は彼らを故意に逃走させ、「逃走するものは射殺してもよい」というこの悪法を楯《たて》にして、合法的に背後から撃ったのです。もしかすると、射撃訓練のつもりで気楽に撃ったのかもしれません。無茶な話ですが、現代でもどこかの国で起こりそうな話ではあります。そのために、逮捕者のほとんどは公平な裁判にまでたどり着くことはなかったし、彼らの抗議がまともに取り上げられることもなかったのです。お陰で裁判所はつねに静かで平穏無事で、きっと裁判官はイスに腰掛けて両足をだらしなく事務机の上に投げ出し、毎日退屈そうにあくびをしていたことでしょう。

その一方で、ディアスの優遇を受けて私腹をこやす地方のボスや大地主や外国資本家が後をたたず、彼らの間ではワイロやゆすりが横行していました。要領のよい資産家が国を私物化していた、というわけです。これも今日なおどこかの国でありそうな話です。それをよいことに田舎では山賊が頻繁に出没し、略奪行為が後を絶たなかったと言います。その犠牲者は、いつの時代も同じですが、実直でそれ故に貧しい庶民、つまりこの国ではインディオでした。

こうしてディアスは一八七六年から一九一一年までの実に三十五年間、メキシコに君臨しました。ケスラー伯爵が旅行した一八九六年当時のメキシコは、ちょうどそのような状況下にあったのです。

もうひとつ、伯爵が利用した鉄道について書き加えるならば、外国資本によってメキシコに最初の鉄道が敷かれたのは一八七三年のことで、首都メキシコシティとメキシコ湾に面した港町ベラクルスを結ぶ四一九キロメートルでした。その三年後にディアスが政権を取りますが、彼は鉄道の延長工事に力を注ぎ、外国資本によってしだいに鉄道網は広がっていきます。だから、伯爵が旅行した当時はある程度整備されていた、と言えます。しかし当時のメキシコ経済は、このような外国資本の手に完全に握られており、お世辞にも自立した国家とは言いがたかったのです。

これより先しばらく、このケスラー伯爵の旅行記をときおり引用しながら、Kの日記を読み解いていきます。

（注一）Ernst Ludwig Großherzog von Hessen und bei Rhein（1868-1937）在位一八九二～一九一七年。
（注二）Wilhelm I（1797-1888）第七代プロイセン王（在位一八六一～一八八八年）でドイツ帝国初代皇帝（在位一八七一～一八八八年）。
（注三）Otto E.L.von Bismarck(1815-1898) プロイセン王国首相（一八六二～一八九〇年）でドイツ帝国初代宰相（一八七一～一八九〇年）。
（注四）Richard Dehmel(1863-1920) ドイツの叙情詩人。
（注五）一五三一年にスペイン人が建設した町で、メキシコシティとベラクルスを結ぶ金銀財宝輸送ルートの中間地点となった町。
（注六）現在、首都メキシコシティにつぐメキシコ第二の都市。一五三〇年代にスペイン人が入植して建設を開始した町。
（注七）José de la Cruz Porfirio Díaz Mori (1830-1915) メキシコの政治家、軍人。スペイン人とインディオの間に生まれたメスティーソ。彼の統治下、メキシコ国内の線路は十倍に延長された。

## 七月十一日

サルティーヨ（注）という見知らぬ町でバスを下りた。なぜこの町まで切符を買ったかというと、メキシコの地図を見ていて偶然最初に目についた町だったからだ。それともうひとつ重要な理由は、確かに冷房が効いて快適だったが、長距離バスは料金が高かったからだ。だから地元の乗り心地は悪いが、運賃の安いバスにどこかで乗り換える必要があった。それがたまたまこの町ということになる。

ぼくは緊張の連続で確かに疲れていた。そこで宿を探そうとして、偶然ホテルの看板が目についたのでフラフラと入っていった。そこは冷房が効いて快適だったので、一瞬ぼくの気持ちが緩んだ。見ると、ちょうど玄関ホールの向かい側に受付カウンターらしいものがあって、若い女性がふたりその後ろのイスに腰掛けてこちらを見ていた。そのうちのひとりに近づいて行ったぼくは、かたことのスペイン語で話しかけた。ところが、相手の早口でしゃべる返事がまったく理解できない。その口元を見つめながら、そこから発する意味不明な記号にただ呆然《ぼうぜん》として立ちつくすばかりだった。彼女はさらに何か言ったが、ぼくの頭の中はすでに混乱して整理のつかない状態に陥っていた。これではだめだと一瞬思い、ぼくはだまってそのままUターンをして、まるで負け犬のように肩を落としてスゴスゴと玄関へ引き返した。その後ろから、さらに別の言葉が追いかけて来たような気がしたのだが、それがいったい何だったのかまるで思い出せない。

強い日差しに覆われた通りにふたたび出たぼくは、バックパックを背負ってあっちへウロウロ、こっちへウロウロと、まるで漂流するようにあてもなく歩き続けた。ただ歩くことしか思いつかなかったのだ。やがて歩き疲れて、気づくと小さな公園のベンチに腰掛けていた。どうにかしなければならなかったのだが、どうしたらよいのかわからなかった。

と、そのときだった。「どうしましたか?」という流暢な日本語が、ぼくの耳に飛び込んできたのは。日本語? 一瞬驚いてその方角へ目を走らせると、近くの路上に止まった車の窓から若い男性が顔を出して、歩道越しにこちらを見ていた。こんな異国の町で、こんなときに日本語? 彼の顔立ちは確かに日本人に似ていた。

この人は東京の高円寺に何年間か住んでいたという韓国人で、流暢に日本語を話した。聞くと、彼はメキシコのプロ野球のコーチをしていると言った。赤ん坊——後で知ったのだが、名前をマリオと言った——を抱えて彼に寄り添う小柄で大人しい奥さん、節子さんはハワイの日系二世だったが、彼女は日本語をまったく話せなかった。このふたりのお陰で、ぼくは一泊三〇ペソの宿にやっと泊まることができた。世の中、まだ捨てたものではない、とそのときに思った。

部屋に荷物を置いてしばらく彼と立ち話をして、別れ際に「今夜野球の試合があるから、あなたを招待する」と彼が言った。そして、夕方六時に宿に迎えに来てくれた。こうして、生まれてはじめて野球場でプロ野球を観戦することになったのだが、それは選手たちにまじってベンチからのナイター観戦だった。しかもはじめて訪れたメキシコの地で。これが日本であれば、ぼくのような一般客がベンチに入って観戦するなど、とうてい考えられないことだ。

観客はそれほど多くなかった。見回してもテレビ局は来ていなかった。しかし、彼の所属するサルティーヨ・チームはメキシコ最強のチームだと、彼から聞かされていた。「監督は田中さんという日系三世です」と説明してくれて、わざわざ紹介してくれた。この夜もこのチームは勝った。メキシコは野球が盛んで、日本へも遠征で行ったことがあると彼は言っていた。

試合が終わった後、ぼくはふたりの宿泊先でこころづくしの夕食をご馳走になった。どこの誰とも知れぬ行きずりの旅行者に、ただ日本人というだけでここまで親切にしてくれるのはとてもうれしい。

（注）米国との国境に接するコアウイラ州の州都。

## 七月十二日

目を開くと、薄汚れた天井にぶら下がった大きな扇風機の羽根が、カタカタと奇妙な音をたててゆっくりと回っていた。半袖シャツにパンツという姿でベッドに大の字になったまま、薄明りが漏れている方角へ目を動かすと、窓に下りたブラインドの隙間からかすかに外気の熱と車の騒音が伝わってきた。

確かにここはホテルの一室だ。何という名前のホテルだったか、誰からか教えてもらったはずのスペイン語の名前がまるで遠い昔のことのように思えて、まったく思い出せない。扇風機の羽根の動きをぼんやり見つめながら、一瞬、疲れていると思った。しかし、何がどう疲れているのか、それすらよくわからなかった。

腕時計を日本に置いてきたので正確な時刻はわからなかったが、午前中であることに間違いはなかった。今日はこの町を散策することにした。

歩いていると、道路のちょうど正面のはるか上の方に、木が一本も生えていないハゲ山が見え、その中腹に白色の石膏か何かで大きく文字が書いてあった。その意味はわからなかったが、何となくその方角に向って歩いて行きたくなった。太陽は昨日と同じように強く道路をてらし、人影はほとんどなく、家々の窓は分厚い壁にくりぬかれ、ある種の明晰さの中に強い陰影をつけていた。窓にはたいてい装飾のついた鉄格子がはめてあったが、ときおり小窓が無造作に開いているのを見つけ、好奇心にかられてのぞいて見るとそこはきまって薄暗く、おやじがひとりでやっている小さな床屋だったりした。メキシコ人は大変おしゃれなようで、こういった床屋が何軒も目についた。

この強い日差しの下では、建築に取り付いたあらゆる装飾がひ弱で陳腐に見えた。むしろ大きく厚みのある壁全体に無造作に塗られたけばけばしい色彩の方が、この日差しに耐えられるような気がした。

トルティーヤ（注）を作っている家の前を通ることがあった。看板などかかっていないけれど、そんなものがなくても近くの住民ならこどもから年寄りまで誰もが知っているトルティーヤ製造店、といったところだ。昔、日本では同じ町内にかならず一軒は豆腐屋があって、朝早くから自家製の豆腐を夫婦で作っていたものだ。ぼくも入れ物を持って買いに行かされた記憶がある。この国の主食になっているトルティーヤも、そんな風に人々の生活に寄り添って作られているのだろう。暑さのせいでドアも窓も開け放しになった部屋の奥から、カチャカチャという気忙しい、神経質そうな金属音が響き、原料になるトウモロコシの独特の匂いが狭い室内からあふれて、路上にまでたちこめていた。これは彼らにとって食欲をそそる天使の香りかもしれないが、慣れない環境にひどく戸惑っている今のぼくにとっては、吐き気をもよおす悪魔の臭気だった。

町が見渡せる高台に上ってスケッチをしていると、数人のこども達が物珍しそうな顔をしてまわりに集まってきた。彼らは日本の武道「空手」を知っていた。ぼくがもっているカメラで写真を撮ってほしいというので撮ってやると、謝礼に小さなナシをひとつくれた。大事に食べることにしよう。メキシコのこども達の可愛らしさときたら、最高だ。

言葉も習慣も何もわからない土地に入ってまだ三日目だというのに、まるで三ヶ月もたったような気さえする。何と一日が長く感じることか。あまりに疲れているせいか、それとも緊張し続けているせいか、ベッドに入ってもよく眠れなかった。食欲もなかった。腹の調子は最悪だった。

（注）メキシコ料理でトウモロコシの粉をこねて、薄くのばして焼いたもの。

おそらく旅行者Kが見た町は、メキシコのどこにでもあるごく普通の町だったのでしょう。しかし、はじめて海外を旅する彼にとっては、見るものすべてがもの珍しかったにちがいないのです。メキシコならばどこでも見かけるスペイン統治時代の遺物の教会さえもが、彼の好奇心を満足させる対象となりました。

その一方で、観光ルートから完全に外れた地方都市ではまだ日本人が珍しかったらしく、彼はどこへ行ってもじろじろ見られ、きまって中国人と間違えられたそうです。そして面白いことに、紙に自分の名前を日本語で書いてくれとよくせがまれています。アルファベットを使って生活する彼らには、東洋の漢字が珍しかったようです。

このころはKにとって毎日が失敗と驚きの連続だったようです。スペイン語はわからない、ましてやメキシコ人の習慣や生活など、わかるはずもなかったのです。それはまるで産まれたばかりの赤ん坊と同じで、頭の中がまったく白紙の状態でした。

Kはメキシコの強い日差しの中の建築について、「装飾の無意味さ」を指摘しています。太陽光線はか細い装飾を容赦なく押しつぶし、後に残るのは建物の幾何学的なボリュームとその角を構成する一本の線だけだと。この土地ではもはやシェルターとしての意味しか建築に見いだしえず、光を遮断する強固な外壁だけが建築を建築らしくする、とも書いています。先に紹介したケスラー伯爵は旅行記の中で、この強い日差しを「暴力的な光」と表現しています。そのようなわけで、この土地の建築には難解な講釈や小手先の装飾などが入り込む隙間はないのです。強すぎる光に対していかに影を作り、いかに闇を包み込んだ城を築くかということだけを考えていればよい。それだけで建築は完成するのです。

## 七月十三日

焼けつくような暑さの午後だった。丘の中腹から頂上にかけて、なだらかな斜面に張りつくようにして、見るからに貧しい小さな家々が軒を連ねていた。ぼくは好奇心にかられて、無造作にその地域へ入って行った。太陽が容赦なく照りつける硬く乾燥した地肌には、木一本、草一本も生える余地がなかった。すべてはどこへも逃げ場がないほどに厳しく、白日のもとにさらされていた。人影はなくひっそりとしていたが、どこからともなく雑音まじりの音楽がかすかに聞こえてきた。ラジオから流れてくるようだ。だから確かにひとはどこかにいた。カメラのシャッターを押そうとすると、ドアの隙間から、あるいは道のむこうの小窓の奥から監視されているような気配を感じ、赤く血走った冷たい目がキラリと闇に光ったように思えた。どこからともなく生臭い吐息が漏れ、どこかに邪悪な大蛇が潜んでいる。あの貧しい家々の中には、今にも闇から抜け出してぼくに襲いかかろうと身構える災いの霊がいる。そんな幻覚に襲われたぼくは、カメラを構えたまま思わず背後を振り返った。

## 七月十四日

マヤ文明遺跡のある方角に向けて南下していく、ということ以外はまるであてなどないのだから、とにかく出発しようとして地図をひろげた。日本からもって来たこのラテンアメリカ全土の地図が、今のぼくのゆいいつの頼りであり、話し相手だった。もっている旅費は限られているが、時間だけは十分あった。

サカテカス（注一）へ行こうと思って、町はずれの見晴らしのきく平坦な道路沿いに立った。周囲は雑草地になっていて、いたるところに地肌が醜く露出していた。これがメキシコに来てはじめて試みるヒッチハイクだ。しかし、道路が立派なわりには車がまったくといってよいほど通らなかった。いつのまにか太陽は上空に移動して、ギラギラと容赦なく照りつけていた。まだメキシコの暑さに慣れていないぼくは、そのあまりの暑さについに悲鳴をあげた。バスステーションまで重い足取りで引き返して、午後一時二十分発のかなり旧式のボンネットバス（注二）に乗った。料金はこれが一番安い。

車窓から見る風景は、ときおり奇妙にヒョロ長い、栄養失調かと思わせるような木を見かける以外相変わらず荒涼として、その中を一本の道路が澄みわたった地平線に向かって真っすぐにのびていた。

夜七時すぎにサカテカスに到着した。まだ明るかったがそこはなぜか雨が降り、雷が鳴っていた。

そんな中で運よくすごく安い宿を広場のそばに見つけた。かつてこの土地を支配していたスペイン人が放置していったのだろうか、ピクトリア王朝風の古びた建物で、掃除など何世紀もしたことがないかのように外壁の漆喰はすすけて、ところどころはげ落ちて下地が露出していた。中へ入って行くと小さな机が目についた。その向こうにカウボーイハットをかぶって、無精ひげを生やした小柄な老人がひとり、小机のうえに両足を投げ出して腰掛けていた。見まわしてもほかに人影はなかったから、おそらくこの男が管理人だろうと思い、近づいて行ってたどたどしいスペイン語で話しかけた。泊まりたい、一泊いくらか、といった最小限知りたいことを聞いた。すると、どうやらぼくの言葉が通じたらしい。一泊一五ペソだと言った。一五ペソと言えば日本円にしてわずか二七〇円くらいだ。そのあまりの安さに、聞き間違いではないかと思わず聞きかえしたほどだ。何しろぼくのスペイン語は非常に怪しかったから。

そんな安い部屋があるのか？　半信半疑で部屋代を払い、出された帳簿に名前と国籍を書き込んだ。部屋の鍵を受け取って二階へ上がり、南京錠のかかった木製の分厚いドアを開けようとすると、丁番がギシギシと歯ぎしりにも似た神経質な音を発した。これはかなり年代物のようだ。暗闇の中を手探りで電灯のスイッチを押すと、部屋の真ん中あたりに高い天井からぶらさがっていた裸電球のフィラメントが、いきなりまぶしい光を放った。その真下には大柄な鉄製ベッドが一台、これ見よがしに置いてあった。まるで霊安室のように冷え冷えとした部屋だ。見まわすと水を入れた洗面器がひとつ、部屋の隅に置いてあるだけで、窓さえもなかった。これでは目ざめても昼か夜かわからないではないか。便所とシャワーはほかの泊り客と共同で使うようになっていて、廊下のつきあたりにあった。

この宿で、自転車旅行しているという米国人の青年と偶然知り合った。彼は南から上って来て、これから米国へ入ると言った。彼はぼくが見たあの荒涼とした灼熱の大地を、明日にも自転車で汗をかきながら通過するのだろう。ぼく達はすぐに仲よくなり、いっしょに夜の町を探索することにした。

どこをどう歩いたか、やがてぼく達は迷路のようにいりくんだ、薄暗く小便の臭気さえ漂う汚らしい石畳みの通路へ入り込んだ。見上げるとコンクリートらしい床板がむき出しになっていたから、建物の一部には違いない。時間帯が遅かったせいか通行人はほとんどいなかったが、曲がりくねった通路のあちこちにまるで闇に潜む黒猫のようにうずくまって、インディオの老女たちが灯油ランプの明かりひとつを頼りに、ひっそりと商売をしていた。石畳の上に布を敷いて、その上に何やら手作りの小物を並べたり、あるいはどこで手に入れたのか果物や野菜を並べたりして、近寄って来る客を待っていた。彼女たちは一様に表情が硬く、寡黙だった。申しあわせたように黒色のショールを肩からまとい、同じようにくすんだ色の縁《ふち》のついた中折れ帽を目深にかぶり、その間からはみ出した艶のない黒髪を無造作に背中で束ねていた。ランプの光は、まるでスポットライトのようにそんな彼女たちを弱弱しく照らし出し、深いしわを刻んだ茶褐色の顔がときおり光を反射して鉛色に鈍く光った。その様子は不気味で神秘的でさえあった。ここでは闇がまるで霊気のようにすべてを支配している、とぼくは感じた。

明日はどこへ行こうか。

（注一）標高約二二五〇mの高地にある都市。十六世紀にスペイン人によって銀山の開発が行われ、メキシコ有数の鉱山都市として発展した。

（注二）運転席の前面、客室外のフロント部分にエンジンを設けた構造のバスで、日本でもかつてはこのタイプのバスが数多く走っていた。

## 七月十五日

ベッドの上に広げた地図をしばらくにらんでから、今日はサン・ルイス・ポトシ（注）という町まで行くことにした。この程度の距離なら一日で十分たどり着くだろう。急ぐ必要はない。

この国に来てはじめて野性のサボテンを見たが、これがノパルと呼ばれているサボテンだろうか？　これは古くから食用になっているらしいから、一度食べてみたいものだ。

サン・ルイス・ポトシのバスステーションは郊外にあった。バスから下りたとき、これは大変なところへ来たと思った。なにしろ宿らしい建物が一軒も周囲に見当らないのだ。仕方がないから町まで歩くことにした。通りすがりの人に何回も道を聞きながら——と言っても言葉がわかるわけではないから、ほとんど彼らが指差す方角へ向かって歩いていくだけなのだが——やっと町にたどり着いた。やれやれやっと着いたか、と思わずため息をついた。

町に着いてみると、花火が景気よく打ち上がり、なぜか祭り騒ぎの真っ最中だった。音楽隊がまず先頭を切り、四人の男たちに担がれた等身大のマリア像が続き、その後を民族衣装に身を包んだ連中、ピエロの面をかぶった連中、黒いスカーフを頭にかぶり手に花やロウソクをもった女たちが行列を作ってゾロゾロ歩いていた。やがて彼らは教会の中へ吸いこまれて行った。教会の前では民族音楽が演奏されて、周囲に黒山の人だかりができていた。キリスト教の祭りということぐらいは想像てきたが、これはいったいどういう祭りなのだろうか? だれかに訊《たず》ねようにも、やはり言葉がわからない。

（注）標高一八五〇mの高地にある都市。スペイン植民地時代は豊富な銀の採掘や穀物の栽培で栄えた。

## 七月十七日

グアナファト（注一）でパンテオン博物館を訪れ、たくさんの寄りそうミイラを目撃した。ガラスケースの中で窮屈そうに歪《いびつ》に体を折り曲げた、つやのない灰色と鉛色に覆われた裸体は、少なくともエジプトのミイラのような亜麻布にくるまった幸せな特権階級ではなかった。それは普通の男女であり、こども達だったが、その表情は苦悶に満ちており、けっして自ら望んでミイラになったのではないように思えた。なぜミイラ化されたのかぼくにはわからなかったけれど、眼の玉が抜け落ちてできたふたつの穴と大きく開いた口の奥に深い闇を抱え、新鮮な空気をくれ、新鮮な空気をくれ、と叫んで、突然、無反射ガラスを打ち破ってぼくの前に立ちはだかった。それは生死の境目を彷徨《さまよ》う者たちが、最後に喉《のど》をかきむしるようにして見せる苦悶の表情に近いものだったか。あるいは、ホロコースト（注二）でガス室に送り込まれたユダヤ人たちが絶望の縁で見せた恐ろしいほどむき出しのあがきに近いようにも思え、ぼくの胸を鋭く突き刺した。

もしかするとぼくは、これから続ける旅への不安、あるいは生きることへの不安を、このミイラの表情に無意識に重ね合わせていたのかもしれない。

メキシコに入ってまだ十日しかたっていないが、これまで見て来たどの町も都心から離れて周囲の傾斜地を上っていくにつれて生活環境が悪化し、住民も貧しくなっていった。貧民窟といってよい。汚物は垂れ流しになり、ときとして大雨が降れば鉄砲水となって、産気づいて産みの苦しみにのたうつ様相で坂道を下降し、土砂を深くえぐった。えぐられて放置された溝は、陽が照りつけるとたちまちゴミ捨て場と化して、特有の臭気を放った。その臭気に導かれるようにして無数のハエが羽音をたてながら群がる。まるで黒いハイエナだ！　ぼくが近づいて行くと驚いたようにいっせいに飛び立ち、相手を威嚇するかのように目の前で太い渦を描いて見せた。日本で山手と言えば一応高級住宅地のはずなのだが、この土地では貧しい者たちが不便で衛生設備の整っていない山手へと押しやられていた。

（注一）標高一九九六m。メキシコシティの北西三七〇㎞に位置する銀山で栄える町。

（注二）ドイツのナチスによるユダヤ人大量虐殺。少なくとも五百万～六百万人が犠牲になったと言われている。

グアナファトへ移ったころに、Kは体調を崩しています。飲んだ牛乳が悪かったのか、スープの中にハエでも入っていたのか、それとも単なる疲れからか、腹痛を起こしているのです。そのころの彼の日記には、「食堂で食べた肉はひどかった。硬くてフォークが肉にささらない。パンは口の中が壊れそうなくらい硬い。まるでタワシだ。部屋に帰り、あわてて胃薬を飲む」などと書いているが、本当はよく知っていたのだと思います。これから先、安い料理、つまりはインディオが日々食べている料理、トルティーヤと煮込んだ豆と得体の知れない肉スープを食べなければ、この国では貧乏旅行ができないということを。

ここまで書いて思い出すことがあります。それはぼく達がロサンゼルスの日本食レストランで知り会ったときに、Kがひどくやつれて見えたことです。きっと彼はインディオと同じものを食べて、あるいは彼らよりももっとひどいものを食べて旅を続けていたのでしょう。しかし、それも働きはじめた最初の二、三ヶ月だけで、コック長が作るまかない料理を食べ、作り置いてある煮物などをときには盗み喰いし、作り過ぎて余った天ぷらなどを口に運んでいるうちに、しだいにそうした様子もなくなりました。

## 七月十九日

サン・ミグエル（注）という名前の美しい町に着く。

ぼくは通りすがりに見つけた宿「イダルゴ」に、しばらく滞在することを決めた。と言うのも、ひどい頭痛がして寒気がしたからだ。この町で医者へ行くことにして、宿の従業員に近くの開業医を教えてもらった。

ところが行ってみると、この医者が大変な混血美人で、しかもアメリカで医学を学んだと言って英語を流暢に話した。その彼女が、ぼくの汚い尻に注射をすると言うからたまらない。こんな美人の前で尻を出すなど、とうていぼくの美学が許さない。ぼくは診察台のまわりをにげまわり、結局、腕に注射をしてもらったのだが、その注射の痛かったことといったらなかった。

この国には、スペイン統治時代の置き土産の「メスティーソ」と呼ばれる混血児が多い。このメスティーソの中でもとりわけ女性は小柄で、人形のように美しかった。ただ悪いことに彼女たちの多くは早婚で、しかも二十歳を過ぎると見る見るうちに太ってその美しさは見る影もなくなった。

これは彼女たちがキリスト教を信仰しているために妊娠しても中絶をせず、こどもをたくさん産むせいか、それとも日頃の食べ物のせいか。どちらにしろ、神は罪作りだとぼくはそんな彼女たちを見ながら思うことがある。

　ぼくは相変らず携帯用の小さな辞書を片手に、スペイン語と悪戦苦闘していた。一応知識としては知っているのだが、突然誰かと出会ったときに「こんにちは！《ブエノスディアス》」のたった一言が口をついて出ないのは情けない。どこの宿だったか忘れたが、あるときなど部屋の鍵を借りようとして一階の受付へ行って、太った女性係員を目の前にした途端、なぜか「鍵《ヤーベ》」という簡単なスペイン語が脳裏から消えてしまった。彼女は受付カウンター越しにぼくの前に立って、ぼくがつぎに発する言葉を今か今かと待っている。当然すぐにも何か言わなければならなかったのだが、「鍵」の一言が出てこない。気がついたらぼくは手で鍵を開けるジェスチャーをしていた。おそらく相手が日本人ならそれでも通じたのだろうが、しかし、彼女には通じなかった！　しばらく怪訝《けげん》そうな顔をしていたが、そのうち近くで様子を見ていた宿泊客のひとりが助け船を出してくれて、スペイン語で何か彼女に告げた。そこでやっとぼくのジェスチャーの意味がわかったらしい。彼女は怒ったような表情で、早口で何かわめきながら鍵を取りに奥へ入っていった。ぼくはホッとしたが、その反面、実に罰《ばつ》の悪い思いをしてしまった。

「イダルゴ」はなかなか居心地がよかった。宿の従業員でもないのに、いつのまにかぼくは図々しく受付カウンターの中に入り込み、従業員のような顔をしてのんびりとイスに腰掛けていた。その隣ではチャンチャン――この宿の従業員でこころやさしいインディオの末裔――が、漫画「ターザン」を読みふけっていた。驚いたことに、彼は時計を見なくても時刻がわかるのだ！

（注）正式にはサン・ミグエル・デ・アジェンデと言う、一五四二年にキリスト教のスペイン人修道士サン・ミグエルによって建設された、標高一八七〇mにある小さな町。

## 七月二十三日

雨のことをスペイン語で「ユビア（Lluvia）」と言った。――「リュビア」と書くのが適当かもしれないが、ぼくの耳には「ユビア」と聞こえた――この言葉通りの美しい響きに抱かれた雨がこの町に静かに降っていた。古いスペイン統治時代の名残《なごり》をとどめる壁や石畳みをしっとりと濡らして、ついぞ思い出したことのない母の笑顔のようにやさしく降っていた。

この宿の一階に、宿のオーナーの弟が経営しているという法律事務所が間借りしていた。秘書

——名前をローラと言う——がひとりで留守番をしているだけの小さな事務所だったが、彼女とぼくはすぐに仲よくなった。弁護士も客もめったに来ないから彼女の仕事は暇らしく、お陰でぼくは彼女からスペイン語の特訓を受けることになった。そこへ、宿のオーナーの妹マリアがよく遊びに来た。インド系の整った顔立ちをした美人だ。職業を訊ねると「教師よ」と言い、「婚期をのがした中年独身者《ソルテローナ》なの」と付け加えた。確かにそう言われてみると、そこにはもう二十歳以前のスリムな体型の面影はなかった。

この事務所へは、白い口髭をたくわえた小柄なパブロじいさん——陽気なプエルトリコ人——も、メキシコの中学校に通っている孫を連れて放課後よく立ち寄った。

みんな暇だったが、その中でもとりわけぼくは暇だった。

このころKはやっとトルティーヤの匂いになれてきています。それでもまだハエの多いのには閉口しており、「汚らしい」とか「衛生的でない」といった言葉が彼の日記の随所に見られました。それは日本を出てまだ二十日とたっていないころのことです。

**七月二十四日**

広場のまわりの列柱廊《コロネード》を利用して、インディオの「屋台」が軒をつらねていた。ぼくはしばしばそこへ食事に出かけた。

　暗闇で炭火が激しく火花を散らし
　油が勢いよく音をたて跳ねる。
　野菜や肉がところ狭しと並び
　今か今かと出番を待っている。
　女の節くれだった浅黒い手が
　鉄板の上でこきみよくステップを踏み
　ぼくの目は山盛りの料理に釘づけだ

陽が落ちると、昼の暑さがまるで嘘のように涼しくなる。すると「小さな公園《ジャルディン》」は急ににぎやかになった。楽器をもった男たちがどこからともなく集まってきて、生演奏がはじまった。歌、ギター、トランペット、バイオリン……そうだ、この国はマリアッチだ！　このときばかりは、誰も彼もが生の喜びを生き生きと体で表現した。若者も中年も年寄りも、金持ちも貧乏人もそうでないものも、みんな今夜は笑顔で踊った。靴磨きのこどもさえも商売道具を肩から下げたままで、彼らの邪魔にならないように隅の方でこっそり腰をふってリズムをとっているではないか！　ひとはすべて音楽の前に平等だ！

　左足に重心をおいて

右腰を浮かせるようにして
タッタラー　タッタラー
ステップを踏みながら前へ出て
後ろへ引いてすかさず回転して
タッタラー　タッタラー
つぎは右足に重心を移して
同じように左の腰を浮かして
タッタラー　タッタラー
みんな手をつないで
タッタラー　タッタラー
明日は休みだ
タッタラー　タッタラー

## 七月二十八日

夕方から雷雨になった。やさしいはずの「ユビア」が突然ヒステリックな魔女に変身し、野生の牙《きば》をむき、長髪を振り乱し、仁王立ちになって両足で激しく石畳みをたたき、雨水は見る見るうちに川になって勢いよく坂道を下った。まるで石畳に焼きついた千年の怒りをそぎ落とそうとでもするかのようだ。

これまでになく雨は長くしつこく降り、そのせいで宿の停電は夜十時ごろまで続き、とうとう蛇口からは水が一滴も出なくなった。何が魔女の気にさわったのか？　彼女の従順な僕《しもべ》であるチャンチャンとぼくは、その怒りを沈めるための儀式について、暗いロウソクの火の下で額を寄せてひそひそ話し合った。

群れをつくる灰色の影たちがいる。
怒りと悲しみを旗印にした詩《うた》があとに続き
ときとして崩れかかった土壁に反射してざわめく。
詩はしだいに弱々しく先細って
しかし　確実に闇からの出口を求めて歩く。
はて　どこから来たのか
はて　どこに行き着くのか
赤く充血した目をこすりながら時空の隙間を見つめる。
ピエロの衣装をまとったテスカトリポカ（注）が

ケッケッケとひきつった笑いを残して
その後をおどけた足取りで追う。
はたして彼らの夜明けは近いのだろうか

この国では、時計というものをまったく必要としないようだ。どうやらこの国では時間は空気であり、それぞれが肌で感じあう自由な流れであって、日本のようにタイムカードの機械的な秒針の積み重ねでもなければ、1＋1＝2という算数でもなさそうだ。

（注）アステカ族の神話に出て来る夜の神、運命の神。

---

## 八月三日

午後、チャンチャン夫婦にさそわれて、町はずれにあるサン・ミグエル駅まで散歩をした。途中は舗装をしていない、なだらかな起伏のある上り坂が一本伸びており、ときおりロバや自転車が通るぐらいで、車の往来はないに等しかった。周囲には、サボテンと粗末な崩れかかった家々が見え隠れしていた。かと思うと、突然、幼児のかん高い泣き声が、右手の奥から突き刺すように飛んできて止んだ。そして、ふたたび静寂が訪れた。

たどり着いて周囲を見まわすと、駅の向かい側には古びた教会とわずかばかりの民家と小さな商店があるだけで、ここもひっそりとして人影はまばらだった。線路沿いでは、婦人が安楽イスにこしかけて急ぐ必要のない編み物にふけり、そうかと思うと、何のまえぶれもなく壁の隙間から、ヒョイと老婆が日焼けした顔をのぞかせた。近くの家の中からは、相変わらずラジオがひび割れた音楽を流している。

駅員の姿はどこにもない。チャンチャンに聞くと、一日に一本しか列車は走らないと言った。おそらくその一本の列車が着いたときぐらい、少しはにぎやかになるのだろう。例によって、裸足のこども達が埃《ほこり》のついたコーラの瓶をもって、このときとばかりに忙しく走り回り、インディオの女たちは地面にすわり込んで、おもいおもいに小さな露天商を開くのだろう。その光景を一度見てみたいものだ。もしかすると教会でミサがある日曜日だけは、近くの村から着飾ったおおぜいの男女が手を取りあって、列車に乗ってやって来るのかもしれない。いや、一家総出でやって来るかもしれない！　そんなことを想像していると何となく楽しくなって、思わず声を殺して笑ってしまった……しかし、それにしても忘れさられたように静かな駅だ。日本の駅とはずいぶん雰囲気が違う。小さな駅舎はあるものの改札口というものがない。プラットホームもないので、重い荷物を持って車高の高い列車に乗るときはかなり苦労しそうだ。

駅から帰るころになるとさすがに陽も落ちて、木々の隙間からサン・ミグエルの町のあかりがちらほら見えた。そういえば、ぼくは町から駅まで緩やかな坂道を上って来たのだ。駅前の教会の鐘が、やさしくゆったりとした響きで六時を告げた。

チャンチャンが、ぼくに名前をつけてくれる。いくつかメキシコ人の名前を出して、この中から好きなものを選べと言うので、「アンセルモ」と呼んでもらうことにした。明日からぼくは和製メキシコ人アンセルモだ!

## 八月四日

「イダルゴ」の近くに、「焚《た》き火」という名前の小さなカフェがあった。そこで働いているのは、インディオの素朴な目をした若い姉妹だ。部屋の中には、派手な色のペンキを塗った木製の四角いテーブルが五つ置いてあるのだが、どれもいかにも素人が作ったという感じだ。壁も乱暴にペンキがぬってあるだけで、床は雑に仕上げてあるから平坦ではなかった。そのためにコーヒーカップを置くたびにテーブルが小刻みに揺れた。入口のそばには、部屋に不釣り合いなほど真新しいジュークボックスが一台置いてあって、これだけが大きな顔をして、けたたましい、割れるような音をときおりまき散らしていた。まるで何か不満でもありそうな様子で、狭い室内に響き渡った。

週末の夕方になると、若い娘たちは着飾って「クッカラーチャ」に踊りに入った。クッカラーチャ? ゴキブリ? ぼくは宿の入口の壁にもたれかかって、そんな彼女たちに最近覚えたばかりのスペイン語「ドンデヴァース(どこへ行くの?)」をやさしく投げかける——いや、やさしく投げたつもりだったが、チャンチャンに言わせるともっとやさしく言わないとだめらしい。すると、さもうれしそうに、それでいて少しはにかんだ表情で、「踊りに行くの！」という返事が返ってきた。初々しくてかわいい！　ひょっとして「クッカラーチャ」には、ぼくの知らない秘密の花園があるのかもしれない、などと勝手に想像してしまう。この店は「小さな公園《ジャルディン》」のすぐそばにあった。

週末の楽しみはそれだけではない。格別ようもないのに「小さな公園」の中を、彼らはゾロゾロ歩いた。夫婦や恋人たちは仲よく腕を組んで。幼い子がいたら乳母車を片手で押しながら。何かとりとめのないおシャベリをしながら、飽きることなくグルグル回った。そういうときに友達とバッタリ出会うことがあると、足を止めてその場でしばらく立ち話をしている。それが終わると、ふたたび歩きはじめる。あるいは、歩き疲れたひとは手近なベンチにこしかけて休憩している。そこでおシャベリが終わるかというと、そうではない。しばらくすると、またおシャベリをしながら歩きはじめる。こうして「小さな公園」は夜遅くまでにぎわった。

一方、誰にも愛されない独り者の飲んだくれ達の週末はと言うと、列柱廊《コロネード》から少し坂道を下ったあたりにある「屋台村」で、夜十一時ごろまで安酒をあおって騒いでいる。そのうちに腰が立たなくなるほど酔っぱらって、誰かに引きずられて家路につくのだ。

列柱廊の薄暗い裸電球の下
女の子四人がわずかばかりのスープで口を濡らす。
おさない姉はか細い腕に一番末の子を抱え

そばにふたりの妹がよりそっている。
この無垢な天使たちの母親はいったいどこだ。
黒いスカーフを頭からすっぽりかぶり
不吉な目を光らせてルシファー（注）のように
それ　そこの柱の影にうずくまっている！
女はいったい何を待っているのだろうか

（注）キリスト教における悪魔。明けの明星。

Kが公園で見たものと同じ光景を、ケスラー伯爵もメキシコシティで見ています。もちろん時代が違うから、服装などは違っていたわけですが。

「夕方になると、マヨール広場では軍楽隊が音楽を演奏した。この広場にはおおぜいの人がつめかけてきて、タバコを吸い、ボール遊びをし、みなゆっくりと円を描くように歩いて散歩した。女性は扇子をもって肩にレースのスカーフをまとい、男性はイヤリングをして先のとがったつば広の帽子をかぶり、深紅色かあるいはレンガ色のマントを着ていた。」

と彼は書いています。公園の中をグルグル歩きながら交流するという習慣は、こうして人々の間で長く受け継がれているのです。

## 八月六日

日本を飛び出して一ヶ月がたった。

カフェ「焚《た》き火」で、床屋のイエズスとその友達のヴィクトールに出会った。イエズスは口ひげをはやした、体つきのがっちりした四十歳台の男で、ヴィクトールは細面《ほそおもて》で目がギョロリとした、やはり同じくらいの歳の男だ。ふたりともボクシングと空手が大好きで、大の日本人びいきだ。日本に帰ったら空手をしている写真を送ってくれ、とぼくにせがんだ。

## 八月七日

昨日知り合ったばかりのヴィクトールに捕まり、イエズスの床屋で「ドミノ」をするはめになった。ヴィクトールとドミノをしていると、ときおり散髪客そっちのけで、イエズスがハサミをちらつかせながら首をつっこんできた。

――そういう風にいくんじゃあねえよ。

――そこはこうやって、それから……

――うるせーなー。おまえはあっちへ行っておとなしく仕事をしてろ。

――ドミノをやっているのは俺たちふたりだぜ。なあ、若いの。

と言った調子だ。のどかなものだ。明日午後二時から三人で酒を飲み交わす約束をした。

夕方、宿の入口に立って何となく通りに目をやっていると、ラウル——「イダルゴ」の従業員のひとり——が公園の方から歩いて来るのが目にとまった。見ていると、どうも足元が怪しい。酔っているのだ！　お陰でぼくも強引に彼に店へ連れていかれ、ビールを飲むはめになった。その後は彼の家に立ち寄った。

ラウルには幼い娘がふたりいた。しかも、三人目がもっか奥さんの腹の中だ。彼らは兄弟の家族と仲よく二十四人で共同生活をしており、こどもだけでも十七、八人はいた。その住まいは間口の狭い**うなぎの寝床**になっていて、隣家とは高さ二メートルほどの塀で仕切られていた。

入口のところで小柄な老婆が果物を売っていた。おそらく彼女が母親だろう。いくら歳をとっても、動けるうちは働かなければならない。きっと家計を助けようとしているのだ。そのそばをすり抜けると奥に向かって細長い中庭が続いた。この中庭に面して小部屋がふたつ並び、それぞれべつの家族の寝室になっているのだが、中をのぞくとダブルベッドが一台置いてある以外に家財道具と呼べるものは何もなく、殺風景だった。片側を隣家の塀で仕切られた中庭は、共同の水道を使って洗濯をしたり食器を洗ったりする場所で、日本で言えばさしずめ女房たちの井戸端会議場といったところだ。そのつきあたりに、この家で一番広くて立派な部屋があった。そこが共同の食堂兼台所になっていて、大きな食卓が占領していた。ここでいっしょに料理を作って、にぎやかに食事をするのだろう。共同のシャワー室や便所もここに集まっている。この部屋のさらに奥には廊下を隔ててもうひとつ寝室があった。これだけのスペースに、二十四人も生活しているのだからたくましい。日本の「うさぎ小屋」など足元にも及ばない。しかもぼくが見るかぎり、「うさぎ小屋」の連中よりもはるかに生き生きと生活していた。日本人が太平洋のむこうの離れ小島で、住宅ローンだ、受験勉強だ、などと言いながらハチの巣をつついたような生活していることなど、この国の一体誰が想像するだろうか。

ぼくが訪ねて行くと、どこからともなくこども達が出てきて、うれしそうにぼくのまわりを走り回った。これはどんな豪華な料理にも勝るもてなしだ。

この国では、あいさつをするだけで誰でもすぐに友達になれる！

## 八月八日

もう一度ラウルの家を訪ねてインスタントコーヒーをご馳走になり、中庭に集合して記念撮影をした。ぼくのカメラの前にこども達が目を輝かして勢揃いした。

午後、昨日の約束どおりイエズスの床屋に行き、ヴィクトールを加え三人でテキーラとビールをお

ラウルとこども達

もいっきり飲んだ。もちろん、テキーラにレモンをそえることを彼らは忘れない。途中から印刷屋のおやじも加わり、二次会は「焚き火」ですることになった。

夕方五時ごろやっと彼らから解放された。みんなに「友達」という日本語を教えたら、ぼくの顔を見るたびにところかまわず「トモダーチ！　トモダーチ！」と大声を出した。

最近ぼくはマリアといい仲になっているが、あるとき「いつまでも同じところで足踏みせずに、もっと先へ進め！」という天の声を聞いたような気がした。だから明日、この町を出発することにする。そのことを宿のオーナーに告げると、記念に宿の名前が入ったアルミ製の灰皿をくれた。

午後マリアに誘われて、はじめて「クッカラーチャ」へ行った。見まわすと室内は薄暗かったが意外と広くて、ボックス席がいくつもあり、その奥には飲み物を注文するカウンターがあった。時刻が早かったせいか客の姿はほとんどなく、音楽も流れず、開店準備中といった雰囲気でひっそりとしていた。

ぼく達はボックス席のひとつに陣取るとビールを注文し、やがて濃密な接吻を繰り返した。従業員の誰もがそんなぼく達を見ても意外とは思わない様子だったから、ここはそういうことをごく自然にする場所だと理解した。しかし、ぼく達の行為はそこまでだった。彼女は敬虔なクリスチャンだったから、下半身はきっちりとガードしていた。

ぼく達は、いつの間にか陽がくれて人通りが途絶えた石畳の路上で、雨に濡れながら抱き合い、最後の接吻を交わしていた。交わしながら、ぼくは彼女とはもう二度と会うことはないと思っていた。旅に出逢いと別れはつきものなのだから。

ときに慣れぬ土地で体調を崩し、いたるところで失敗を繰り返しながらも、Kの旅も日本を出発してから一ヶ月が過ぎました。この一ヶ月のうちの実に二十一日間を彼はサン・ミグエルで過ごしています。ちょうどゆっくり休息をとりたいと思っていたのは事実だったようですが、それ以上に、彼は古風な雰囲気を残す静かなこの町が気に入っていたのです。

彼はこの町で多くのメキシコ人と親しくなり、いっしょに酒を飲み、いろいろと勉強もしました。たとえば、彼らが米国人を「グリンゴ」と呼んで軽蔑していることもわかったのです。それはおそらく、長い歴史を通じて隣国米国との間におこった紛争と決して無関係ではないだろうし、加えて、米国に依存しなければ生きてゆくことのできないメキシコの現実と、彼らからうける差別とも無関係ではないでしょう。その根底には、どうしても消すことのできない「搾取される側」としてのルサンチマンの歴史があったのです。

メキシコのようなラテンアメリカの国々を「米国の裏庭」と呼ぶことがあるそうだが、そのことも彼らにとってはある種の屈辱であるにちがいないのです。そう考えてくると、確かに米国は彼らにとって、もっとも遠くにあってほしいと望む国なのかもしれません。その反動だろうか、期待、希望、憧れをともなった彼らの熱い視線が、日本という遠い国へ向けられるのです。しかし、そういう日本もまた、実際は「米国の表庭」の中の一国にすぎないのですが。

現在では白人とインディオの混血、つまりメスティーソがメキシコ全人口のおよそ六〇パーセントを占めています。

あのケスラー伯爵はこのメスティーソについて、ひとつの例をあげて、混血ゆえの「神経系の痛みに対する鈍感さ」を指摘しています。

その例というのは、農場で事故に遭ってひどいケガをしたメスティーソが、何キロメートルも離れた医者のところまで荒地を荷馬車で運ばれたときのことです。その激しい振動にもかかわらず、彼はうめき声ひとつたてなかったという事実です。しかも、麻酔を使わずに手術をしたにもかかわらず、彼は一度として失神しなかったそうです。このことに伯爵はひどく驚き、これは彼らが我慢強いからではなく鈍感だからで、そうなるのも彼らが混血だからだと書いています。つまり、「混血人種よりも純血人種の方が優れている」と彼は言おうとしていたようですが、この考えがエスカレートすると、純血民族の優性を信じるヒトラーのような狂信的な独裁者を生むような気がします。

伯爵の説明によると、このメキシコの混血児の神経の無気力状態は、強い太陽光線の「光の猛威」によってさらに助長されるのだそうです。果たしてこれも本当でしょうか?

## 二

砂漠について、花田清輝は「それはそれなりに破壊力とともに想像力をもっており、かくべつ姑《こ》息《そく》な手段に訴えなくとも、かならずゆたかな収穫をもたらすはずである」と、その可能性を肯定的に書いています。

しかし、実際にそうした不毛の大地に直面してみると、その存在はけっして言葉で言い尽くされるような生《なま》やさしいものではないのです。日本の田舎などに見る、人の手によって飼い慣らされた自然とちがい、真の自然というものは虫けらのように人間の人格を容赦なく押しつぶす、非常に暴力的な性格をしています。もしもあえてその中に生きる道を見出すことができるとすれば、それは人格のない「感情の鈍い」人間だけなのです。ケスラー伯爵が見たインディオの「鈍感さ」は、そこから来ているように思えます。彼らは自然があたえるものだけに目をこらし、それだけを望むからです。花田が言う「原砂《ウア・ザンド》」の中にあっては、人間もまた「原人間《ウア・メンシュ》」であることを強く要求される。それを受け入れなければ生きていけないからです。いずれにしても、こういう大地はあらゆる生物に対して一部のすきもみせない激しいものであって、花田の「それはそれなりに」などという中途半端な表現で片付けられるものではないのです。

一方、かつて和辻哲郎は著書『風土』の中で、砂漠における人間形成について熱く語りました。

このような不毛の大地では、「人間は自然の恵みを待つのではなく、能動的に自然の内に攻め入って自然からわずかの獲物をもぎ取るのである。かかる自然への対抗は直ちにほかの人間世界への対抗と結びつく。自然との戦いの半面は人間との戦いである」と分析し、砂漠においては「静観と受動とは滅亡を意味する」ことを指摘しています。さらに、死を逃れるためには「強い意志」と「攻撃性」と、「全体への服従」が不可欠であることも彼は強調しました。と同時に、エジプトのピラミッドを例に、こうした民族のもつ「巨大なモニュメントを作ろうとする意欲」についても語っています。

これに対して花田は「旅行者（和辻）はついに旅行者にすぎず、いかに彼が砂漠とは無縁な人物であるか暴露している」と批判し、砂漠の民が和辻の言う「対立」ではなく「融合」によって生きていることを指摘しています。花田によれば、ピラミッドもまた砂漠への対立ではなく融合の産物だと。しかし、あの四角錐の鋭利な形からは融合よりもむしろ対立を、見るものに強く印象づけるのですが。

確かに和辻の言葉を実証するかのように、このメキシコの北部、日本人の若い旅行者Kが長距離バスで通りすぎた不毛の大地にも、かつて勇敢で攻撃的な機動力をもった、きわめて粗暴で戦争好きな狩猟遊牧民族が生活していました。そうした遊牧民族のひとつトルテカ族は、定住地をもたない遊牧民特有の気ままさと生来の攻撃的な性質から、しだいに活動地域を南へと下げてゆき、十世紀末にはちょうど農耕民族の領域との境あたりに、テゥーラと呼ばれる「要塞化された都市国家」を数多く築いていたのです。

トルテカ族はこの都市を拠点にして、今日の社会から見れば非常に野蛮な感じのする軍事国家を形成し、ほかの部族との戦いを繰り回し、侵略と征服をかさねていったのです。そこでは平和というものも、つぎに起こる戦闘に備えるための単なる準備期間にすぎず、さらに言えば、平和そのものも手段を変えての戦争の継続でした。それはまさに対立の中に統一があるような、危ういバランスのとれた状態が、戦争によってこの民族にもたらされたのでした。

その一方で、花田が指摘するような砂漠（不毛の大地）に完全に融合して生きる民は、こうした権力闘争の外《そと》にあって、今日まで滅びることなく静かに、寡黙に生き続けてきたのです。花田は書いています。「砂漠は混沌でもなく、無秩序でもなく、粒子と波動との常数によって結びつけられている公式のように単純なものだ」と。しかし、だからといって「融合して生きる」ことがすべてではないのです。「生き延びる」というもっとも根元的な欲望だけで高度な文明が築かれるとは、どうしても考えにくいからです。かといって対立が強すぎても、ひとつ誤れば滅亡の危険にさらされます。それ故にむしろ、「対立」と「融合」、両者のバランスをとることによってこそ、より長期的な民族の繁栄が可能となり、はじめて歴史に残る文明が築かれるに違いないのです。単に自然と融合するだけでは、千年を経ても砂漠の民は砂漠のやせ細って赤茶けた草に過ぎず、ほかの民族に踏みにじられ征服されることはあっても、そこからぬけだすことは到底できないのです。

では彼らトルテカ族の「対立」と「融合」のバランスをとっていたものは、いったい何だったのでしょうか。それは集団となって偉大なるものの前に我が身を投げ出し、ひれ伏して、寡黙に畏敬する信仰心でした。それは人間のこころの奥深くに等しく潜む死への恐怖（あるいは不安）、未知なるもの、神秘なるもの、はかり知れぬ力を宿すものに対する恐怖心という土壌から生まれ、やがて偉大なるものにかしずくことによってこの恐怖心から逃れよう、あるいは克服しようとする高地へと彼らを導いたのです。恐怖心が民族の信仰心を強化し、団結をも強化したのです。

ではその畏敬の究極の対象となる偉大なるものとは、いったい何だったのでしょうか。それは太陽、月、星々によって構成される、秩序整然とした統一体として果てしなく広がるコスモスすなわち宇宙だったのです。しかし、それは今日ぼく達がイメージするロケットや人工衛星が飛び交う偏狭な宇宙つまりユニヴァースとはまったく性質の異なるものでした。それは純粋に感性と本能によって培われた、果てしなくも大いなる宇宙だったのです。そして、その神託をおこなったのが彼らの神々でした。

自転車は両輪が協力してバランスよく回転してこそ動き、かつ前進することができるのです。しかし、この両輪のバランスを長期間維持し続けることは決して容易なことではありません。トルテカ族においても同様で、何らかの原因で「対立」と「融合」の両輪のバランスが崩れはじめるともろく、彼らの滅亡の時期は意外に早く訪れたのです。

トルテカ族の伝説的とも言える都の中心は、シンボリックな形をしたピラミッドで、このピラミッドの頂上こそ彼らが信じる神々を仲介にして大いなるコスモスに祈りを捧げる最高の儀式の場、神託の場なのです。それは今も遺跡として、テゥーラ・デ・アリュンデの町に残っているはずです。

Kは日本を出発する以前から、メキシコに入ったらまずこのトゥーラ遺跡を見たいと思っていたようです。その計画通り、今、彼はこの遺跡をはじめて訪れようとしています。

---

## 八月十二日

マリアとローラがバス停まで見送りに来てくれた。

テゥーラ遺跡に行くにはこのルートしかない、と教えてくれる人がいたので、その助言に従って、朝十時発のボンネットバスでイクスミクイルパンという町まで来た。ところがそこでいくら待っても、来るはずのテゥーラ行きのバスが来ない。根気よく何時間も待ち続けたが、それでもまだ来ない。ぼくは待つこと以外はすることがないので暇をもてあまし、気がつくと、いつのまにか綿菓子を売っている男や仮設小映画館のおやじと親しくなっていた。客がいないものだから彼らも暇をもてあましていて、ぼくが乗るバスのことをまるで自分のことのように心配してくれ、いろいろ問い合わせたりしてくれた。しかし、最後にはそれもあきらめて、アクトパンという町まで行くようにすすめてくれた。そこからだと、テゥーラ行きのバスがたくさん出ていると言うのだ。

今日中にテゥーラまで行くつもりだったが、風邪をひき下痢もしているので、今夜はアクトパンで一泊することにした。ちょうどバス停の近くに、平屋建ての手ごろな安宿を見つけたので。中庭もあり、部屋もまずまずきれいなので満足していたところ、蛇口から湯が出ない。その上、水洗便器がこわれていた。

## 八月十三日

午後二時ごろテゥーラに着く。

遺跡は近いと聞いたので、宿に荷物を置くとさっそく行ってみることにした。ぼくは久しぶりに恋人に会うような、ワクワクした気分になっていた。

宿を出て、町中の舗装も満足にされていない通りを北へしばらく進むと、道ばたで遊んでいる五人のこども達に出会った。人懐《なつ》こくぼくに近寄ってきたのでカメラを向けると、四角に切り取られた窓の窓台に仲よくチョコンと腰掛け、足をブラブラさせながら楽しそうにポーズをとってくれた。窓は分厚い壁の一番奥にサッシュがはめてあるために、ちょうど小さなこどもが腰掛けられる程度の平らな部分が、サッシュの外側にできている。そこに腰掛けたのだ。周囲の壁は、グリーンともブルーともつかぬ薄い色でまだらに塗り固めてあったが、ところどころはげ落ちてて下地のモルタルがのぞいていた。こども達の小麦色の肌がその中で映えた。

　こども達と別れてしばらく歩くと、雨期のせいか勢いよく泥水が流れる川にぶつかった。幅五、六メートル程度の小川だ。その上でいかにも頼りなさそうに、細い、人ひとり通るのがやっとの吊橋が揺れていた。渡りながら下を見ると泥水のうねりがすぐ真下まで迫って、今にもぼくの足を捕まえそうだった。

　この川を渡りきると、そこから道は急に幅が一メートルほどの、歩きにくい砂利まじりの上り坂に変わった。足元に注意しながらさらに上って行くと、軒《のき》を連ねた粗末な土産物屋のそばに出た。そこで休憩もかねて売り子のおばさんやこども達としばらく遊び、さらに上って行った。

　こども達はこのあたりを遊び場にしているらしく、みんな地理にくわしかった。目を輝かせて、ぼくに遺跡への秘密の近道を教えてくれた。周囲に観光客の姿はなく、ひっそりとしていた。
　こうして宿を出てものの二十分も歩いただろうか、木々の間をぬけると、突然ひらけた台地のはしに出た。ふっと目を遠くに向けると、それまで写真でしか見たことのない造形が視界に飛び込んできた。これこそめざすピラミッドであり、はじめて見るトルテカ族の遺跡だった。ぼくはこども

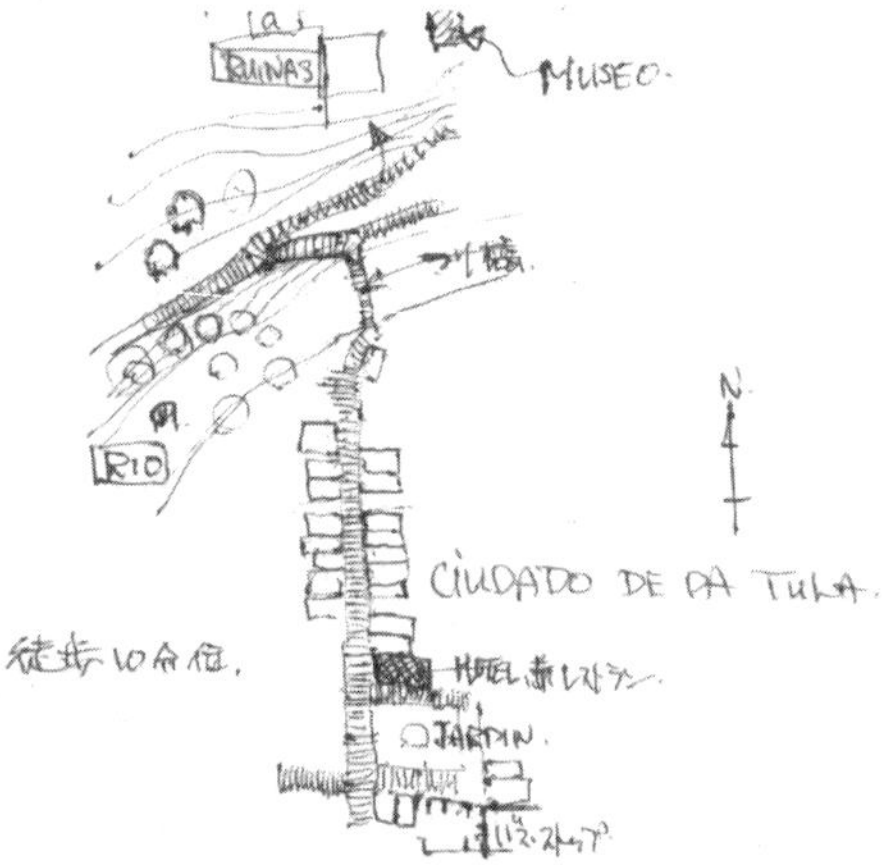


遺跡までの道

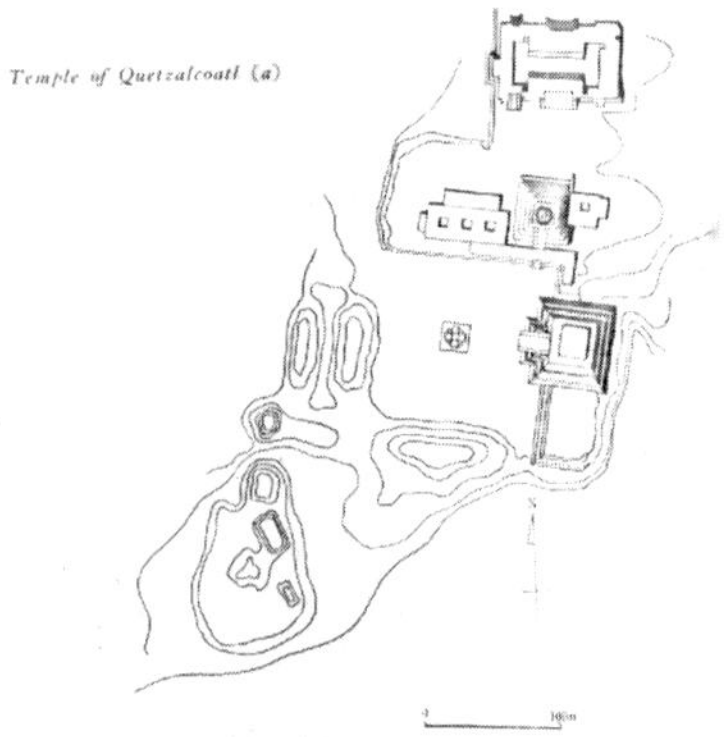


テゥーラ遺跡

達から教わった近道を通って、ちょうど遺跡の正面に出て来たのだ。ついにここまで来たかと思うと、胸に熱いものがこみあげてきた。

遺跡は、遠くから見ると何かの建物の風化した基壇のように低く、その上に柱のようなものが数本、ときおり雲間から光がさす空を背景にして、シルエットになって伸びていた。近づくにつれてしだいに輪郭がはっきりしてきて、これが彫刻を施した八本の石柱であることがわかった。ある本によると、これはケツァルコアトルという名前の翼をもった蛇神で、トルテカ族の平和な時代を支えた神だそうだ。あるいは、これをトルテカ族の戦士の石像と説明している本もある。いずれにしても、現在はこれが柱となってメキシコの観光事業という屋根を支えていることは間違いない。

トルテカ族の神々のひとりケツァアルコアトルは戦いを拒み、運命に従う神です。これを十世紀末にトルテカ族から追い出したのは、テスカトリポカという神でした。この神は大熊座の神であり、大いなるコスモスの闇を支配する神であり、なによりも戦士たちの守護神として以後トルテカ族の上に君臨し、彼らに人身御供《ひとみごくう》という血なまぐさい習慣をもたらしたと言われています。以来、彼らはほかの部族と戦いを繰り返し、たえず亡霊のようにつきまとう滅亡と言う自らの運命に抗《あらが》う道を選んだのです。そして、十一世紀はじめにこの部族は繁栄のときをむかえることになるのですが、以来、人身御供の儀式は「人間の心臓をかざしたジャガー」の姿をかりてしだいに広まっていくのです。

この血なまぐさい儀式は、トルテカ族が滅んだ後も、この地に移動してきたアステカ族に受け継がれました。

O・パス（注二）は「アステカ族にとっては、聖なる食物である血をたえず用意しなければ、消滅する危険にあった」と説明しています。それは、過酷な自然に押しつぶされるかもしれない、という強い恐怖心から生まれた闇と死を支配する神テスカトリポカへの強い畏怖《いふ》の念がもたらした結果であり、トルテカ族と同じように生け贄《いけにえ》にする捕虜を集めるために、彼らはほかの部族と戦争を繰り返したのです。こうして「神々の聖なる食物」である血を捧げるひきかえに、彼らは神々から自信に満ちた活力と攻撃力、すなわち生存する力を授けられたのです。つまり戦争は彼らにとって相手を傷つけるためのものではなく、自分たちの部族が生き延びるための手段だったのです。それは現代の戦争とも違い、あるいはトーマス・マン（注二）が祖国ドイツのもたらした戦争を称して言う「ロマン主義の産物」とも違っていました。

やがてアステカ族は、神託によって自分たちの都を「サボテンの上にとまった鷲が蛇を食べている場所」に建設しました。（この絵は現在のメキシコ国旗の中に描かれています。）その都をテノチティトランと呼び、標高二二〇〇メートルの高地にあるテスココ湖（注三）という湖の中に置きました。そこに行き着くには、湖の中に作った三つの細い道しかなく、それを渡ると島は四区に仕切られていたと言います。そして、その中心はひときわ高い大ピラミッドが建つ「神々の場」で、このピラミッドの頂上には、大いなるコスモスに祈りを捧げるテスカトリポカのもうひとつの化身ウイツィロポチトリを祭る神殿と、それに向きあう形で水と雨の神トラロックの神殿があったのです。

アステカ族はここで人身御供をおこない、人間の生の源《みなもと》である血を偉大な太陽に捧げて忠誠と畏敬の証《あかし》とし、究極の恐怖である闇と死から逃れようとしたのです。この恐怖心が激しい時期ほど人身御供の回数も多く、彼らは狂ったように生け贄を捧げ続けたと言います。そして、近くに放置された死体の山からは、つねに激しい腐敗臭が漂って来たそうです。

この儀式は、一五二一年にエルナン・コルテス（注四）が率いるスペイン軍によって滅ぼされるまで続いたのです。こうしてついにはコスモスへの信仰は断たれ、つぎに強制的なキリスト教への改宗がはじまるのです。

この儀式を行う場所は、今日観光資源としていくつも残る、よく補修のきいたピラミッドの頂上でした。今日、ハイヒールやスニーカーをはき、スマフォを手に楽しそうに訪れる遺跡の基壇は、かつてはまるで吸血鬼のように数多くの捕虜の血を吸って、異様な臭気さえ放っていたに違いないのですが、もはやその片鱗すら残ってはいません。すべては自然によってそぎ落とされ、歴史の闇の中へほおむり去られてしまったのです。

現代のぼく達のこころの奥にも、彼らと同じような恐怖心がきっと根深くあるはずです。ただ彼らと違うところは、近代文明の防備の中でこれを「遊び」と「労働」と「理性」の力をかりて、意識下へとおしやったことです。しかし、ひとたびこの「遊び」と「労働」と「理性」の防備が解かれるとき、恐怖心はふたたび目ざめ、亡霊のように浮上し、闇あるいは死と一体になろうとするに違いないのです。そのとき、ぼく達は何を支えとして、あるいは何を道標《みちしるべ》として、先へ進むことができるのでしょうか。果してぼく達が築いて来た「科学」はその任に値するでしょうか。

もしかするとぼく達の文明の究極の目的は、死の征服であったのかもしれません。ひとはすべて闇より生まれ、やがて闇に帰るという事実が、まるで映像の中の他人ごとのように思える時期が過ぎ、実はそれは自分自身のことでもあると気づくようになるとき、はじめて人類は自分たちの文明のもつ麻酔性とまやかし性に気づくのでしょう。それと同時に、O・パスが言うように「すべてが死という、閉ざされて出口のない世界では、ゆいいつ価値のあるものは死である」ことに気づくのです。あるいはボードレール（注五）が言うように、死を除いてはすべてが虚妄だということに気づくのです。つまり死の克服は妄想だと。

一五二一年にアステカ族を滅ぼしたスペイン軍は、都テノチティトランを徹底的に破壊し、その破壊した材料を使ってスペイン風な町——後にメキシコシティと呼ばれる（注六）——を築き、中心にキリスト教の聖堂を建て、それをもって征服者としてインディオのうえに君臨する証《あかし》としたのです。もしもこの町を訪れる機会があれば、ソカロ広場に行ってひざまずき、石畳みに耳をあててみよう。そうすれば静かに聞こえてくるはずです、死者となったインディオの魂の祈りが。

増田義郎は、「その建設が緒《ちょ》につくと、すぐにキューバから三千のスペイン人家族が移住してきた。そしてそれから三年の後には、早くも人口三万の大都会ができ上っている」と書いています。

彼はキューバと書いていますが、もっと正確に言えばハバナ（注七）でしょう。その移住者の中には、母国スペインで食いつぶし、新大陸で金鉱を掘り当てて一攫千金を狙う山師たちも多く含まれていたに違いないのです。

そして今、旅行者Kはこのアステカ族の墓場の上に建てた墓碑ともいえる都市、メキシコシティに足を踏み入れようとしているのです。

（注一）Octavio Paz (1914-1998) メキシコの詩人、批評家、外交官。
（注二）Paul Thomas Mann （1875-1955） ドイツの小説家。
（注三）かつては南北約六十五㎞にわたる大きな湖であったが、農業用の干拓が進み、現在はわずかに南北二十㎞、東西十数㎞を残すに過ぎない——これも更に縮小を続けている。首都テノチティトランは、この湖の西岸近くの小島に築かれていたとされる。
（注四）Hernán Cortés de Monroy y Pizarro （1485-1547） とくに十五世紀から十七世紀にかけて活躍したアメリカ大陸征服者、侵略者のひとり。一般的にこのような人達をコンキスタドール（Conquistador）と呼ぶ。
（注五）Charles-Pierre Baudelaire （1821-1867） フランスの詩人、評論家。
（注六）メキシコ合衆国の通称。この通称は独立戦争の最中の一八二一年に決定したもので、アステカ族の一言語であるナワトル語の「メシトリの地」に由来するとされる。
（注七）現在キューバの首都になっているハバナは、スペイン軍の手によって一五一九年に建設が開始され、長くスペインの新大陸における植民地経営の中心地として発展した。略奪した金銀財宝は、この地を経由して本国スペインへ運ばれた。

## 八月十五日

メキシコシティへボンネットバスで正午ごろに入る。

さすがに車が多く、排気ガスが上空に漂っていく分曇っているように見えた。一国の都にしては貧しい感じのするバスステーションは、ダウンタウンからかなり離れていた。仕方がないので、町の中心にそびえるラテンアメリカンタワーをめざして歩くことにした。

運よく安い宿を見つけることができたが、それでも今まで泊まってきた宿に比べるとかなり高かった。

バックパックを部屋に置くと、まずメキシコ自慢の地下鉄「メトロ」に乗ってチャプルテペック公園まで行き、国立歴史博物館の中に陳列してあるメキシコ革命（注）に関する記録を見学した。

つぎは、マヤ文明の資料を収集展示してあるというピラミッド資料館へ行こうとした。ところが途中で突然雨が激しく降りはじめ、傘をもっていなかったぼくは資料館を探しだせぬままに、やむなく宿へ引き返してしまった。引き返したのはよいが、今度は宿の場所がわからなくなってしまった。きっちり覚えていたつもりだったのだが、大都市ははじめて訪れる旅行者には複雑すぎた。早くこの町を脱出したい。

（注）メキシコで一九一〇年から一九一七年にかけて起きた革命。ディアス独裁政権の打倒や民主化、農地改革、社会構造と経済構造の変革を目指す民族主義的な民主革命。

## 八月十六日

宿をひきはらい、メキシコシティの北東約四十キロメートルの地点にあるというテオティワカン遺跡へ行くバスを探した。

どうもこの町の交通網はまだ十分整理されていないようで、バス停を探すのにひどく手間取った。だれに聞いても、いい加減な返事しか返ってこないのだ。それでも何とかバスに乗ることができた。これもボンネットバスだったが、ぼくはこの小さな車体にいつの間にか愛着さえ感じるようになっていた。

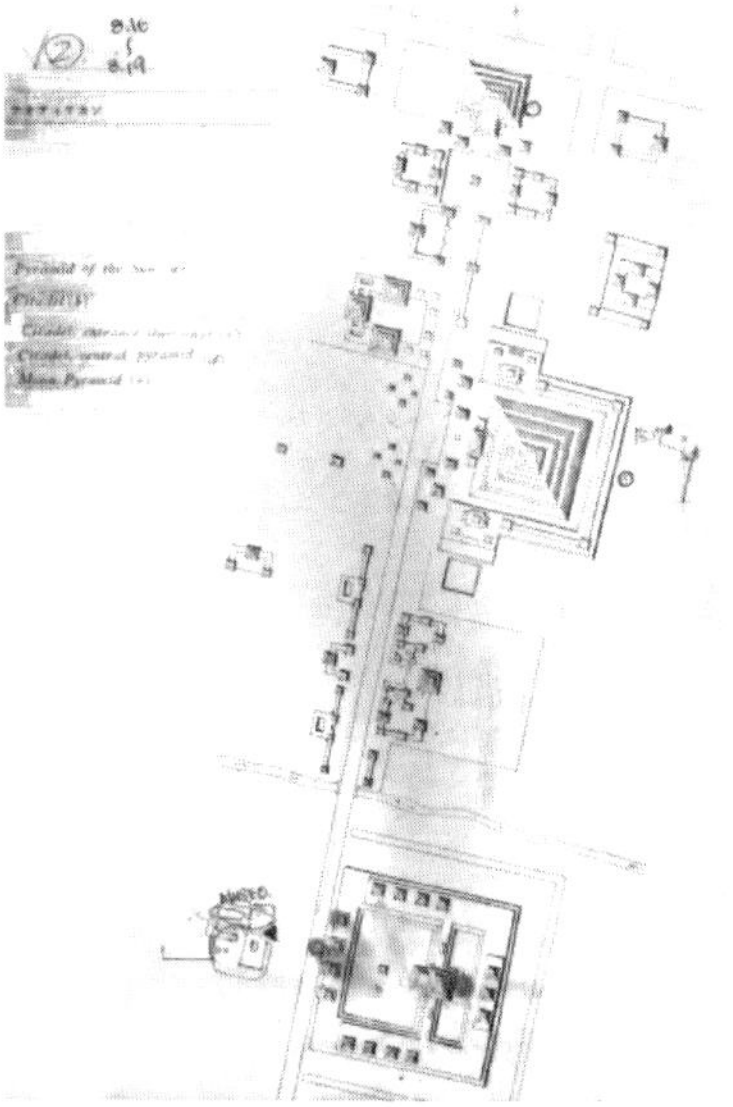

確かにテオティワカンのピラミッドは素晴らしかった。これは現存するメキシコ最大の古代都市だそうだが、きっと神託に基づいて都市計画を行ったに違いない。長さ四キロメートルにおよぶ「祝祭通り（死者の大通り）」を軸に展開するダイナミックな風景は圧倒的で、テゥーラ遺跡のピラミッドなど足元にもおよばなかった。その中心は、何といっても高さ七十メートルの「太陽のピラミッド」だ。それは五層の基壇で構成されていて、底辺の一辺は二百二十五メー

トルもあった。下から見上げると、一番上まで上った観光客の姿がまるで米粒のように小さく見えた。実に雄大だ！

テオティワカン遺跡の近くにはあいにく宿泊施設がなかったので、そこから一番近いサンファンという名前の小さな町まで移動して、レストランのオーナーが経営している安宿を見つけた。

ぼくの部屋は四、五メートル四方の小さな中庭に面し、うす暗いが便所とシャワーの調子だけはまずまずだった。ここに五日間滞在する、とレストランのオーナーに告げると、彼は物好きな人間がいるといった風な顔をして見せた。

夕方からまた雨がシトシト降りはじめた。寒い。この不安定な気候のせいで、どうやらまた風邪をひいたようだ。体調がよくなかった。夕方、レストランで食事をしていて吐きそうになったので、今夜は早く寝ることにする。

ここでKはまた体調をくずし、夜中に嘔吐をし、朝には下痢をして、「どうも食事に魚を食べたのがよくなかったらしい」と日記に書いています。

彼がロサンゼルスでぼくに語った話によると、彼は幼いころから体が弱く、扁桃腺をよく腫らしては高熱を発して、ところかまわずひきつけを起こしたようです。たとえば、小学校の授業中に教室で、あるいは友達と遊んでいる最中に突然。そして、気がつくと病室でベッドに横になっていたこともたびたびあったようです。そのために彼の祖父は、彼を癲癇《てんかん》持ちではないかと疑ったらしいのです。当時、癲癇持ちという言葉は一種の差別用語でした。祖父のその言葉がよほどくやしかったのか、母親は幼い彼に二回も扁桃腺摘出手術を強いたのです。局部麻酔をかけてする手術とは言え、子供の小さな口を半ば強引に開けてステンレス製の鋭利なメスを喉の奥へ押しこんで切るのです。それは彼がまだ小学校に上がるか上がらないかの年頃でした。あの術後の痛みが今も記憶のすみに残っている、と彼は言った。しかし、手術の効果はあまりなかったようで、相変わらず彼はしばしば扁桃腺を腫らしてひきつけを起こし、病院に運ばれていたようです。

しかし、中学生になると体力も向上して、さすがにひきつけは起こさなくなったので癲癇持ちの疑いは晴れた、と彼はいく分自嘲気味に言い添えましたが、この手術で彼のこころがどれほど傷ついたか。どうやら彼は幼いこころに死の存在を焼き付けるような、危うい幼少年時代を送ったようです。

さてケスラー伯爵も、一八九六年十一月十二日にテオティワカン遺跡を訪れています。この遺跡に向かう途中の風景を、旅行記につぎのように書いています。

「サンファン・テオティワカンに向かう早朝の列車の中から見る湖上には、まだ朝靄《もや》が残っていて、草原に深くたちこめていた。集落の土で作った家々の前では、インディオのこども達が遊んでいた。白い色をしたプラットホームでは、色鮮やかに着飾った女たちが売り物をいっぱい入れたカゴを頭の上にのせて、車窓の前を歩いた。そのむこうにはトウモロコシ畑が広がり、はるか彼方には雲ひとつない空の下にまるで北斎の木版画に出てくる富士山のように、円錐型をしたポポカテペトル山（注）がほっそりとした姿を現していた。」

この文章の中に出てくる「湖」は、アステカ族が首都テノチティトランを築いたテスココ湖のことだろうと思いますが、葛飾北斎の浮世絵で有名な富士山が引用されていることからも、彼が日本の木版画に対して深い見識があったことをうかがわせます。

（注）メキシコシティの南東約七十㎞にある標高五四二六ｍの山。メキシコでは二番目に高い。

## 八月十八日

ふたたびテオティワカン遺跡へ行く。

ピラミッドをライトアップするための照明装置がいたるところに設置してあって、これには現実に無理矢理引き戻されるような不快感をおぼえた。

太陽のピラミッドは原野に横たわる巨象のように鈍重だ。そのせいか繊細さに欠けていて、残念ながら細部の装飾にいまひとつ面白いものが見られなかった。風化から守るために、おそらくそういったものは取りはずして博物館のガラスケースの中に大切に納められているのだろうが、実際に遺跡の中にあってこそ真の価値を発揮するというものではないか。博物館はあらゆる芸術品の墓場だ！

午後三時ごろまで遺跡の中を足の向くままに徘徊《はいかい》したが、いたるところで朱色に塗ったスタッコ（漆喰）の断片が目についた。その昔、この色がどのようにピラミッド全体を覆っていたのか、生け贄にした者たちの血を吸ってさぞかし色鮮やかに輝いたことだろう。ぼくは、澄みわたった空の下に広がる当時のその風景を思い描こうとして、太陽のピラミッドを前にしばらくじっと目を閉じていた。

---

テオティワカンとは「神々の都市」という意味で、十二世紀ごろにそのように名付けられたそうですが、テスココ湖からプエブラ（注）と（メキシコ湾にのぞむ）港町ベラクルスを結ぶ広大な渓谷の延長上にありました。

その建設はアステカ族の都テノチティトランやトルテカ族の都テゥーラよりもさらに古く、時代が西暦に変わった最初のころと言われています。しかし、なぜか西暦七五〇年から八〇〇年の間に急に衰退したと考えられています。この都市の影響は遠く、これからKが訪れようとしているユカタン半島の密林の中に栄えたマヤ文明にまでおよんでいました。

ケスラー伯爵は、太陽のピラミッドを「メキシコのギゼー」と呼んでいます。つまりエジプトのピラミッド「ギゼー」に匹敵するという意味です。そして、つぎのように書いています。

「最初は、ピラミッドとその周囲の沖積層台地が無秩序に広がっているように思えた。しかししばらくすると、これらすべてがひとつの神殿として計画されていることに気づく。その中心には巨大なピラミッドがあって、今日なお高さが二〇〇フィート（六〇・九六メートル）以上あり、四角錐の底辺の一辺は八〇〇フィート（二四三・八四メートル）近くある。そしてその両側、つまり南側と北側には、広い祝祭通りで結ばれたそれほど高くないピラミッドがある。この神聖な通りの両側には一定間隔で無数の小さな球体が置いてあって、これが一番端にあるふたつの背の低いピラミッドまで続いている。三つのピラミッドに上る廃墟と化した石段は急勾配で、まっすぐに頂上の神殿まで続いていて、幅広く巨大なスケールをしている。すべてに量感をもたせて重々しく、荘重にして鈍重に見せようとする努力がなされている。」

このテオティワカンの畏敬の対象もまた、大いなるコスモス（宇宙）を支配する太陽、月、星々だったのです。その中でも太陽のピラミッドが一番大きいことから、おそらく太陽がもっとも偉大だったのでしょう。このピラミッドの前を、南北方向から一五度一七分東に振った方角にまっすぐにのびる祝祭通り（死者の大通り）に沿って、ピラミッドのほかに死人たちの記念碑と小神殿が建ち並び、物陰には古代よりこの神々の都市の運命を絶えず見つめてきた巨木が控えていました。もしかすると彼らは生け贄が聖なる高地へ、つまりピラミッドの頂上へと導かれるのを、畏敬の念を抱いて監視していたのかもしれません。

テオティワカン、この巨大な聖霊たちの都市は、今日観光客の足の下でなお古い時代の伝説を温めながら、巨大廃墟として静かに眠っています。とりわけ太陽のピラミッドは内に大いなる活力を秘めた休火山のようでもあり、ときが来れば目覚めてふたたび噴火を開始するかのようです。

（注）メキシコシティの東、約一二〇kmにある、プエブラ州の州都。標高二一〇〇m。

---

## 八月二十一日

つぎの目的地エル・タヒン遺跡を訪れるために、ボンネットバスでサンフアンを後にした。これより先は、標高二〇〇〇メートルのメキシコ中央高原をいっきに下ることになる。めざすはメキシコ湾だ！

バスはいったんメキシコシティの方角へ引き返すそぶりを見せたかと思うとすぐに進路を東に振り、山間の曲がりくねった道路をいそいそと下って行った。すると、周囲は急に鮮やかな深緑に包まれた。この国に入ってから、荒地の埃《ほこり》にまみれてやせ細った樹木と色あせた緑しか見ていないぼくには、それは言いようのない驚きだった。ぼくは目を奪われた。この国にもこれほど植物が豊かに生息している地域があるのだ！　山間の深い、豊満とも形容できる緑葉の中に見え隠れする家々の屋根も、いつのまにか瓦屋根に変わっていた。それは日本の瓦よりひとまわり大きく、うすっぺらで赤茶けており、単一の形のものを交互に使っていた。おそらくスペイン瓦の一種だろう。スペイン統治の時代が長かったことを考えれば、それも当然のことだが、この土地に彼らはヨーロッパ人の遺産を根付かせていたのだ。

下るにつれてしだいに気温は上がり、やがて坂道を降り切ってポサリカ（注）という町にたどり着くころには、ぼくは暑ささえ感じるようになっていた。

当初この町で一泊しようかと思っていたが、来てみるとかなり大きな町だったので意識的に避けて、さらにパパントゥラという小さな町まで移動した。ここに四、五日間滞在してエル・タヒン遺跡へかようことにする。

ここからだと、もうメキシコ湾は非常に近いはずだ。

（注）今世紀に入ってから石油が発見され、急激な発展を遂げた町。

ケスラー伯爵もKと同じように、メキシコ中央高原を東へ向けて下っているのですが、彼の場合は列車を利用しています。この路線はすでに書いたように、一八七三年にメキシコで最初に敷かれたもので、十一月二十五日の日記に彼はつぎのように書いています。

「高原は環境条件がよくない。しかし、植物のためには十分なスペースが確保されている。ここでは松、サボテン、マゲイ(注)は、厳しい自然と戦うために精力を傾けなければならない。しかし、低地へ下るにしたがって光が強くなり、暖かくなり、土地は肥沃になっていった。そのためにここではほかの植物を滅ぼし、自身の種族を維持することができるかどうかに、種族の繁栄がかかっている。熱帯性の森に咲く花はランとツル植物である。それらはほかの木の枝にまるで動物の爪のように深くくいこんで根をはり、花はヒョウやトラの模様のようなまだらな色をして美しい。ひとのこころを奪い、欲情をそそる花。巨大にそそり立つ雄蕊《おしべ》、官能的に開いた豊満な萼《がく》、頭がクラクラするような激しい香りからくる好色性……」

このような濃密で官能的な空気に魅了されながら、伯爵はメキシコ湾の静かな蒼い深みをめざして旅行を続けたのです。

(注) テキーラやメスカルの原料になる、リュウゼツラン科の多肉質の植物。

## 八月二十二日

地図で見ると、ポサリカの町からよりもパパントゥラからのほうがエル・タヒン遺跡に近いのだが、交通の便はポサリカからの方がよさそうだ。パパントゥラから行くと、バスを下りてからかなり歩かなければならなかった。

バス停から遺跡まで行く途中は周囲が牧草地帯になっていて、牛が放し飼いにしてあった。ときおりけたたましい音をたてて車が走り過ぎる以外は、人の姿はほとんどなく、実にのどかな風景だ。雨に洗われた深緑が目に眩《まぶ》しかった。

やっと遺跡の入口に着いた、と思ったら、雨がポツポツ降りはじめた。ときおり急に雨足が強くなるが、せっかく来たのだから遺跡に挨拶だけでもして帰ろうと思い、敷地の中へ入って行った。そこで七人のメキシコ青年グループと仲よくなった。このあたりは水はけが悪いらしく、足元の短く刈った雑草は一面に水浸しだ。

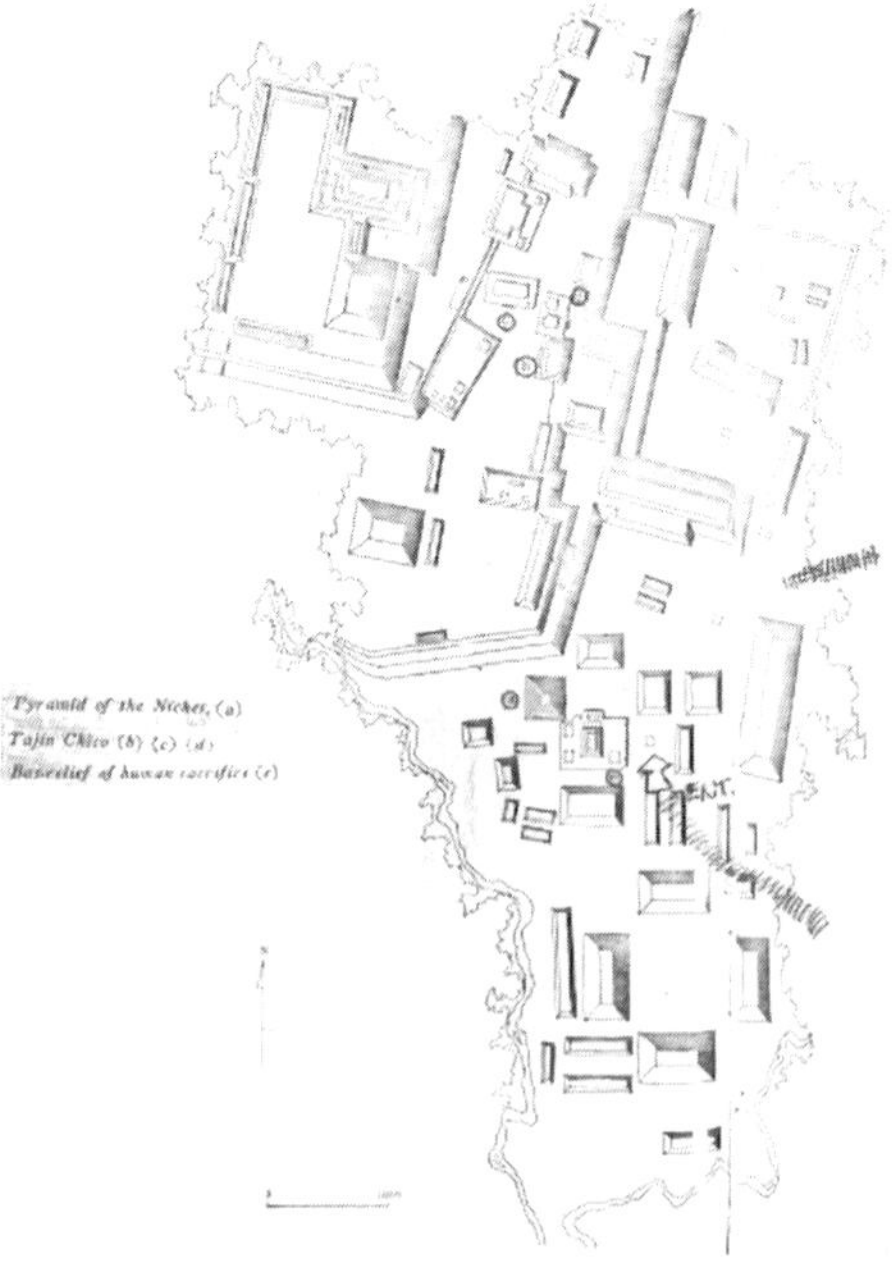


エル・タヒン遺跡

ぼく達はついにズボンの裾をめくり上げて、水の中をジャブジャブと音をたてて歩きはじめた。ほかに見学客といえば、米国人のカップルが二組あるだけで、周囲はひっそりとしていた。

ここのピラミッドは実際まだほとんどが密林の中に隠れており、現在ぼく達が見ることのできるのはわずかに「ニッチ（注）のあるピラミッド」と「人身御供を描いたレリーフのある基壇」と「タヒン・チコ（小タヒン）」とよばれる遺跡だけだったが、その中でもとりわけ「ニッチのあるピラミッド」は、ニッチにすべてが血をもって刻み込まれたと表現するにふさわしいほどに、重厚で彫塑的だった。それはテゥーラでもテオティワカンでも感じることのなかった迫力でぼくにせまって来た。表面を覆う漆喰が無残に剥落《はくらく》して崩れかかったニッチに、生け贄《いけにえ》になったインディオの亡霊がとりついて今なお蠢《うごめ》いているかのようでもあり、何世紀にもわたり密林の木々によっていたぶられ、追い詰められた「手負いのシシ」にも似た一種異様なすごみが漂っていた。ぼくは圧倒されてしばらく呆《ぼう》然とその場に立ちつくした。

（注）壁龕《へきがん》。厚みのある壁をえぐって作ったくぼみ。

「ニッチのあるピラミッド」の南側壁面には七十二個のニッチがあります。残る三面にはそれぞれ九十六個のニッチがあって、これを合計すると三百六十個になるのです。この数に当時の暗黒日と考えられている五日を加えると三六五という数字になり、ちょうど一年の日数にあたっています。このことからも彼らの優れた天文学と、文化の高さを垣間見ることができるのです。

このエル・タヒンは、およそ六世紀から十世紀にかけて栄えたと思われますが、十八世紀末まではまだ欧米にその存在を知られていなかったのです。こうした遺跡の多くは白人探検家の努力によって、ようやく世に知られるようになりました。

エル・タヒン遺跡の装飾の影響を受けた建築家も少なくなかったようで、たとえばF・L・ライト（注）の作品の装飾にも、その痕跡を見ることができます。

（注）Frank Lloyd Wright（1867-1959）米国の著名な建築家。日本では東京の旧帝国ホテルの設計者として知られ、来日したこともある。

---

## 八月二十四日

今日もエル・タヒン遺跡へ行く。

遺跡の中で、グアダラハラから来たというおばさんたちや、見学客に土産物を売っている少年たちと仲よくなった。彼らの話では、古くからこのあたりに住んでいる部族を「トトナカス」と言うのだそうだ。そして、少年たちもその部族の一員なのだ。

ここでトトナカスと言っているのはトトナコ族のことでしょう。彼らはかつてセムポアラという町を都として栄え、古い歴史と高い文化を誇っていました。そのすべてをこのエル・タヒン遺跡が物語っています。しかし、最後には中央高原からやって来たアステカ族によって支配され、その重圧から逃れるために、一五一九年、彼らはちょうど現在のベラクルスあたりに上陸して野営をしていたスペイン軍に、助けを求めたと言います。このことはその後のスペイン軍の新大陸侵略活動にとって、重要な意味をもつことになるのです。

## 八月二十七日

今にも朽ち果てそうなボンネットバスの車窓からメキシコ湾を眺めながら、カルデルというい っけん何のとりえもなさそうな町までやって来た。どす黒い凄味《すごみ》のある色をした道は雨のためにぬかるんで、いたるところに大きな水たまりを作っていた。鉄道が町の中心を走っており、どことなく汚らしく、活気のない町だ。

今夜泊まる宿には犬が二匹、あひるの親子、にわとり、うさぎ、そしてリスもいた。こいつらがぼくの足元を我《わ》が物顔でうろついた。面白いことにベッドの上にカヤが吊ってあった。きっとこのあたりは蚊が多いのだろう。

## 八月二十八日

夜中、突然激しく雨が降りだして目がさめた。

ぼくの部屋は屋根瓦も、それを下から支えているタル木もむき出しだったから、瓦をたたく雨音が部屋に直接響いてひどくやかましかった。しかも屋根と壁がぶつかる入角《いりずみ》部分は、見てすぐにそれとわかるほどの大きな隙間ができていた。何と雑な造りだ。そこから雨が入ってきて、寝ているぼくの顔に容赦なく降りそそいだ。

朝、寝不足の体でセムポアラにあるピラミッドを見学に行った。しかし、期待したほどではなかったのでガッカリして引き返し、カルデルからベラクルス行きのバスに乗った。

一五一八年、スペイン軍は沖合に停泊した帆船から、ボートのような小型船で数人、あるいは数十人が、後にスペイン人がベラクルスと名付けたこの土地の沖合にあった小島——現在はサン・フアン・デ・ウルアと呼ばれ、ベラクルスと陸続きになっている——に上陸しました。そして周囲を探索していったん島を離れ、その翌一九年にエルナン・コルテスが五百人の兵を率いてキューバのハバナを出港し、新大陸沿いに海上を進んでこの小島の対岸、つまり新大陸に上陸しました。これより先、新大陸内陸部への本格的な侵略が開始されるのです。

ベラクルスは、コルテスとその仲間たちによって一五一九年に建設された港町です。彼らは後にメキシコと呼ばれるようになった土地の、最初の拠点をここに築いたのです。

## 八月二十九日

午後、ぼくはベラクルスの海沿いを散歩した。本当は寂れた雰囲気の港町を期待していたのだが、そんな雰囲気はどこにもなかった。海岸線を舗装道路が走り、中央分離帯にはフェニックスが植えてあり、白壁の小奇麗な住宅や高級ホテルが海岸近くまでせまっていた。スペイン軍が建設した町のせいか、ここにはインディオの姿があまり見られず、漁港特有の塩と魚の香りも、海鳥の鳴き声もまったくなかった。白い町という印象がぼくの脳裏に焼き付いた。

ただひとつ異様に見えたのは、海の開けた視界をさえぎって前方の海上に、まるで亀が甲羅から首を突き出しているかのようにヌーッと立ちはだかる、サン・ファン・デ・ウルア要塞の灰色の壁だった。その様子には威圧感があり、ぼく達の散歩を遠くから注意深く監視しているかのようでもあった。要塞としての機能はもはやもっていないにしても、何となく不気味な存在だ。

一方、メキシコシティから列車でベラクルスに到着したケスラー伯爵は、町の最初の印象を「通りも動物も人もすべてがうす汚れていて……」と書いています。都市であればどこでも漂っている独特の腐敗臭と、そこにたむろする「法律で保護された禿げ鷲」の存在を、彼はこの町で敏感にかぎつけているのです。それは汚職や暴力が横行した、あの悪名高い独裁者ボルフェリオ・ディアスの時代でした。

一八九六年十一月二十四日、伯爵はここから船でユカタン半島に向かったのです。

「海上は風が強く、暖かかった。熱帯性の秋。トビウオの群がまるで青いトンボのように船のまわりでブンブン羽音をたてている。雲は北から流れて来る。海は嵐の暗がりの中に解け入った紫水晶《アメシスト》のような色をしている。波はムッとするほど生暖かい風の中を南へと流れる。」

そして、ユカタン半島でマヤ文明遺跡を見学した帰り、十二月十五日に彼は船でもう一度ベラクルスを訪れています。この二回目の寄港は、おそらく鉄道に乗り換えてメキシコシティに向かうための単なる通過点のつもりだったのでしょう。

「今朝早く、しらじらと夜が明けるころに海岸に上陸した。ベラクルスの家並みと、まるで幻影のように透き通って、一筋の雲の上に白く雪をかぶった頂上がのぞくオリサバ山（注）。」

彼はベラクルスに再上陸すると、すぐに列車に乗るつもりでしたが予定通りにはいかず、しばらくこの町で時間つぶしをしています。その間にサン・ファン・デ・ウルア要塞を見学しているのです。

サン・ファン・デ・ウルアというのは、すでに書いたように一五一八年にスペイン軍が上陸した島の名前ですが、スペイン統治時代の一五六五年からここに要塞の建設がはじまり、その後のおよそ五十年間に数回増築が行われて、現在の形になったと言われています。

現在この建物は博物館になっているようですが、ケスラー伯爵がこの地を訪れた当時は主に政治犯を収容する刑務所として使われ、ボルフェリオ・ディアスに敵対する多くの政治家が投獄されていました。海に面した地下牢に彼らを閉じこめて、満ち潮で溺死させたと言います。この島に送り込まれた罪人の多くは、本来は大砲を防護するために造られた装甲室につながれていました。射撃のための小窓からわずかに光が入る石造りの穴蔵の空気はよどんで湿気を帯び、それぞれの部屋には踏み入る隙間もないほどに多くの罪人が押し込められていました。このような悲惨な状況を目のあたりにした伯爵は、つぎのように書いています。

「光が入ってこないために罪人はみな青白い顔をして、仮面のような表情をしていた。みな同じような顔をしていて、見分けがつかなかった。灰色の顔をして目は落ちくぼみ、まるでカタコンベ（地下墓所）の中の髑髏《しゃれこうべ》のようだった。……まだエネルギーの残っている罪人はすべて、手をさしだして私に物乞いをした。」

これはディアスの冷酷な独裁政治を物語っています。しかし、不思議なことにこれを批判する伯爵の人道的な記述は見られません。

ここまででケスラー伯爵とはいったん別れることになります。これから先、旅行者Kはマヤ文明遺跡の宝庫ユカタン半島へと足を踏み入れるのです。

（注）メキシコシティの東二〇〇㎞に位置する、標高五六三六ｍのメキシコで一番高い山。

## 三

コルテスとその仲間たちが海岸近くで野営をしていたときに、センポアラから来た五人のトトナコ族の訪問をうけ、彼らはコルテスにアステカ族の圧政に苦しむ自分たちを助けてほしい、と懇願したことはすでに書きました。

兵力に乏しく、おそらくインディオの言葉にも地理にも詳しくなかっただろうコルテス達は、これ幸いと彼らを味方につけ、まずベラクルスの建設をはじめました。そして、アステカ族の都テノチティトランを攻めるために軍の態勢を整え、一五一九年四月二十二日トトナコ族の都センポアラを経由して西へと向かったのです。その途中、アステカ族の支配に不満を抱くほかの部族も味方に引き入れ、進軍当初三百人だった兵士はやがて膨大な数に膨れ上がっていきました。

それからおよそ二年後の一五二一年には、すでにアステカ軍はスペイン軍に降伏しているのです。O・パスは言っている。「もしアステカ王国が突然に衰えをおぼえ、ためらい、そして彼らを屈服させることになる疑念を胸に抱かなかったなら、征服は困難であっただろう。（ときのアステカ王）モクテスマがテノチティトランの門戸をスペイン兵たちに開き、コルテスを贈物で迎えたとき、アステカの人々はこの勝負を失ったのである」と。モクテスマは言い伝えにより、彼らスペイン人たちを自分たちがかつて追い出した戦いを拒み運命に従う神ケツァルコアトルの再来つまり神と勘違いし、戦意を失ったのでした。それまで見たこともない動物「馬」にまたがった、皮膚が白い髭面《ひげづら》の大男が、これもそれまで見たことのない「鉄砲」という武器を使って、遠くの敵を雷《いかずち》のような音で一瞬にして打ち倒す様子を見れば、そのように勘違いしても仕方のないことでした。ちなみに彼らは鉄器というものをまだ知らなかったから、非常に原始的な武器でスペイン軍にたちむかったと思われます。

こうしてコルテスはアステカ族を滅ぼし、欲望のままに金銀財宝を略奪し、テノチティトランを徹底的に破壊し、その廃墟の上にヌエバ・エスパーニャ（注一）の首都、現在のメキシコシティを築いたのです。

これより先、スペイン軍は新大陸各地に進撃して都市を建設するのですが、その進軍に同行したのはキリスト教（カトリック教）の宣教師たちでした。スペイン軍が破壊と略奪を目的としたのに対して、（現在でこそ寛容ですが）自分たちの神をゆいいつ絶対の神と信じ、「おまえたちの神は悪であり異端である、悔い改めよ」と言い切って、ほかの宗教の存在を絶対に認めようとしなかったキリスト教の目的は土俗の宗教の徹底した弾圧と、キリスト教に洗脳された人びとの社会、つまりヨーロッパ型社会の構築にあったのです。その徹底したやり口は、あたかも一個の犯罪に等しかったのではないでしょうか。

カミュ（注二）はこのような当時のキリスト教の布教方法について、「カトリック教会がこれまで異端者にあれほど峻厳であったのは、迷える小羊ほどの敵はないと考えていたからにほかならない」と書いています。彼らの眼から見た「迷える小羊たち」（異教徒たち）は何をするかわからない恐ろしい存在だったのです。あるいはD・H・ロレンス（注三）も指摘するように、その行為は異教に対する一種の恐怖本能の裏返しだったのです。そして、このラテンアメリカにおいても、布教と言う大義名分のもとに彼らの恐怖心は否応なく高まり、激しい弾圧へと向かったのです。それはアステカ族を盲目的なコスモス信仰へ駆り立てた根底に未知のものに対する強い恐怖心があったことと、奇妙に符合するのです。

しかし、たとえこうした弾圧が現代のぼく達の目にどれほど非人道的な行為に映ろうと、いつの世もつねに正義は勝利者あるいは征服者の側にあり、道徳や歴史もまた彼らの都合のよいように正当化されて書き換えられるものなのです。

こうして一四二八年頃からおよそ九十三年間栄えた巨大な軍事国家アステカ王国が滅んだのは、コロンブスが一四九二年にアメリカ大陸を発見した、わずか二十九年後のことです。その後、十六、十七世紀を通じて多くの金銀財宝がこの土地で搾取されて、ベラクルスの港からキューバのハバナを経由して母国スペインのセビーリャへ送られ、スペイン宮廷の財政をおおいに潤《うるお》しました。その意味でこのベラクルスは、彼らにとって非常に重要な町だったのです。それだけにサン・ファン・デ・ウルア要塞のような強固な要塞を築いて、海賊のような外敵から守る必要があったと言えます。

（注一）スペインが支配するヌエバ・エスパーニャ副王領のことで、直訳すると「新スペイン」。現在のメキシコシティを含むユカタン半島までの広大なメキシコ南部地域を、当時ヌエバ・エスパーニャ副王領と呼び、スペインの植民地ではなく州または県に準ずるあつかいを受けて、本土と同じ権利を与えられた。一五一九年にはじまり、一八二一年のメキシコ帝国独立まで存在した。

（注二）Albert Camus（1913-1960）フランスの小説家、劇作家、哲学者。

（注三）David Herbert Richards Lawrence（1885-1930）英国の小説家、詩人。

## 八月三十一日

ベラクルスから乗った小さなボンネットバスがひどいバスで、今にも分解しそうなほど車体を震わせ、激しいエンジン音をまき散らして走った。鼓膜《こまく》がどうにかなってしまいそうだ！　振動で体全体の関節がガタガタに緩んでしまいそうだ！　おまけに腰掛けた尻の下は、塗ったペンキが剥げて錆びついた硬い鉄板だ。もしかするとこれはぼく達がこどものころ、埃《ほこり》をまき散らして狭い田舎道を走りまわっていたバスの、なれの果てかもしれない。

乗客はインディオが数人だった。そのせいで若い車掌は暇をもてあまし、盛んにぼくに話しかけてきた。騒音がうるさくて、何を言っているのかよく聴きとれない。それでもあきらめずに話しかけてきて、まるでぼくとの話の合間に仕事をしているような有様だった。何とものんびりしていて、実にメキシコらしい光景ではないか。

## 九月一日

雨が三日前から降り続いている。
赤く塗ったベンチと黄色のタイル
白く揺れるスカートの襞《ひだ》。
少女の裸足がからし色の水たまりをたたく

その中を今しもひとりの歳老いた飲んだくれが
担がれてこの町自慢の教会の前を行く。
おまえはこれから新しい家に移るのか。
ひからびてしまったこの男には
使い古した二本の足はもういらないようだ

おまえが今必要とするものはいったい何だ?
唇をしめらすだけのテキーラ　一滴の涙
それとも十字架の庇護

さんざん好き勝手なことをしてきたおまえだから
最後は一個のレモンで我慢するんだね。
ぼくがこの手できっと届けてあげよう

教会の鐘が別れの時間《とき》を奏でる。
彼は青ざめた馬にまたがり
マリアッチのリズムにのって
雲の階段を軽々と上っていった。
天使たちの不思議な輝きに満ちた歌声が沸き起こり
波のようにうねって彼のまわりを覆うと
彼の背中で大きな純白の翼が突然はばたいた

## 九月二日

　また少し風邪をひいたようだ。

　今日は久しぶりに青空を見た。気持ちがよいので泥道を散歩していると、いかにも貧しそうなインディオの家がいくつか寄り添うように建っていた。屋根は茅《かや》のようなもので葺いてあるようだが、まるで半年以上も散髪をしていないざんばら髪のようになって、軒先からだらしなく垂れ下がっていた。外壁は細い木をいくつも直接大地に差し込んで、それをバラバラにならないように少し太めの横木で押さえて繋いでいた。四隅には太めの丸太が立っていて、これが屋根を支えるための柱になっているようだ。窓もあるにはあったが、これは外壁の細い木を切りぬいているというだけのものであって、サッシは入っていない。木製の電柱が道のところどころに立っているから、確かに電気は来ているようだが、きっと家の中は天井を張っていないから、照明は棟木から直接吊るされた裸電球に頼っているに違いない。室内に便所があるかどうかは外見からではわからないが、公共下水道が整っていないことは一見してわかった。

　そのうちの一軒では、昨日まで降っていた雨のせいでひどくぬかるんだ家の周囲を、おりしも素っ裸のまだ言葉も満足に話せない幼児がひとり、泥だらけになりながらヨチヨチ歩き回っていた。近くに家族の姿はない。未発達なチンチンをぶらつかせて、大きな腹を突き出し、チンパンジーのような足取りで豚といっしょにいかにもうれしそうに、無邪気に奇声を発しながら。それは幼児が喜び、豚も喜び、ぼくさえも喜ぶ、久しぶりの青空だった！

## 九月五日

降り続いた雨のせいで川の土手が決壊し、泥水が畑を覆いつくして勢いよく流れていた。その中に半分水につかったまま放置されている、見るからに貧しそうな家をいくつも車窓から見た。ひとの姿はない。どれもベラクルスの周辺で見た家に似ていたが、遠くから見ると、まるで竹細工で編んだ小さな鳥かごのようだ。なかには傾いて、濁流に押し流されている家もあった。その頼りない様子は、これから先に待ち受けているインディオの人生――いや、それはとりもなおさずぼく自身の人生かもしれない――そのもののようにさえ思えた。ひとは果たして、あのように貧しく人生を終えてよいものだろうか。そんなことを自問するとき脳裏に浮かぶのは、一番安全な場所でぬくぬくと生活している富裕層のことだ。彼らは強固な城壁を周囲に築き、ときには権力者さえも足元に屈服させる。くやしさと悲しさが入り混じった複雑な思いで目頭が熱くなり、ぼくは涙をこらえるために何回も瞬きをした。

やがてバスは、ユカタン半島の入口にあたるビヤエルモサという町に着いた。この町はタバスコ州の州都らしい。中心部を流れるグリハルバ川の向こう岸にも、増水した泥水に今にも押し流されそうになりながら、木造の粗末な家がひしめきあって建っていた。それが川のこちら側の堅固で近代的な都市と、極端な対比を見せていた。

博物館を探す途中、のどが乾いたので飲料水を買おうとして偶然入った駄菓子屋で、ぼくは数人のにぎやかなこども達に取り囲まれた。こいつらときたら、最初ぼくを珍しい動物でも見るかのように無遠慮にジロジロ見つめ、犬のように鼻を近づけてクンクン体臭を嗅ぎ、そのうちにぼくが自分たちと同じ安全な人間だと気づいたのか、いっせいに質問を浴びせかけてきた。あげくの果てに、いっしょに遊ぶはめになった。

この駄菓子屋のおやじにはこどもが五人いて、そのうちのひとりだけが男の子だった。どうやら彼の自慢の息子らしい。その子が、ぼくの持ち歩いている小型のスペイン語辞書から日本語を書き写して、一生懸命覚えようとしていた。好奇心がおおせいだ。
偶然にもこどものひとりが今日十三歳の誕生日ということで、店の隣にある居間で夕方からささやかなパーティーがはじまった。ぼくもそれに招かれて酒を飲み、酔っ払ってこども達といっしょに踊った。みんなすごく明るい。中でも一番末の娘はおしゃまで、おてんばで、可愛くて、ぼくの大のお気に入りになった。

## 九月六日

午後からタバスコ州立博物館へ出かけた。博物館前の広場で、靴磨きセットの入った木箱を肩からぶら下げた七、八歳のこども達が、数人話しかけてきた。ちょうど退屈していたところだったから、しばらく彼らの相手をしたが、この国にはこどもの靴磨きが多い。きっと終戦直後の日本にも、このような境遇のこども達が多かったのだろう。

## 九月七日

パレンケに到着する。今日で日本を出てちょうど二ヶ月がたった。かなりメキシコの生活になれてきた。最初あれほど鼻についていたトルティーヤの匂いが、気にならなくなったのが大きな変化だ。トルティーヤを使った簡単なメキシコ料理「タコス」も美味しく感じるようになり、ぼくのスペイン語も少しずつ上達してきたように思う。

このパレンケは遺跡が発見されてから注目を集め、観光客で活気づいた町だそうだが、宿がわずか四軒しかないからそれほど大きな町ではない。その四軒のうちで、ぼくは当然一番安い宿に泊まることにしたのだが、そこはなぜか七歳のこどもが取り仕切っており、これまでに泊まった宿の中でも汚さは五本の指に入った。

部屋の壁は例によって簡単にペンキを塗ってあるだけで、天井板は張っていなかったから、屋根を葺いた波型鉄板の裏側がむきだしになっていた。雨が降ったら、鉄板をたたく雨音でさぞやにぎやかなことだろう。この鉄板に大きな扇風機が一台直接取り付けてあるのだが、最近取り付けたのか、これだけが妙に真新しく輝いて見えた。一応部屋に便所もシャワーも付いていたが、その配管は露出しており、シャワーはもちろん水しか出なかった。

密林が近いせいで蚊も多く、このあたりのインディオは蚊のことを「サンクード」と呼んでいた。パレンケ遺跡へ行くには、この町から小さなボンネットバスに乗って、悪路をさらに六、七キロメートル奥地へ入らなければならなかった。

---

パレンケ遺跡は、十八世紀中ごろに白人の神父によって発見されました。その後、この遺跡は多くの冒険家や研究者を魅了し、さらなる遺跡を求めて彼らは蚊や湿気などの最悪の環境条件と戦いながらも、インディオを荷物運びと道案内に雇って、密林へ分け入ったのです。

そうした努力にもかかわらず、現在でもまだすべての遺跡が発掘、補修されているわけでは

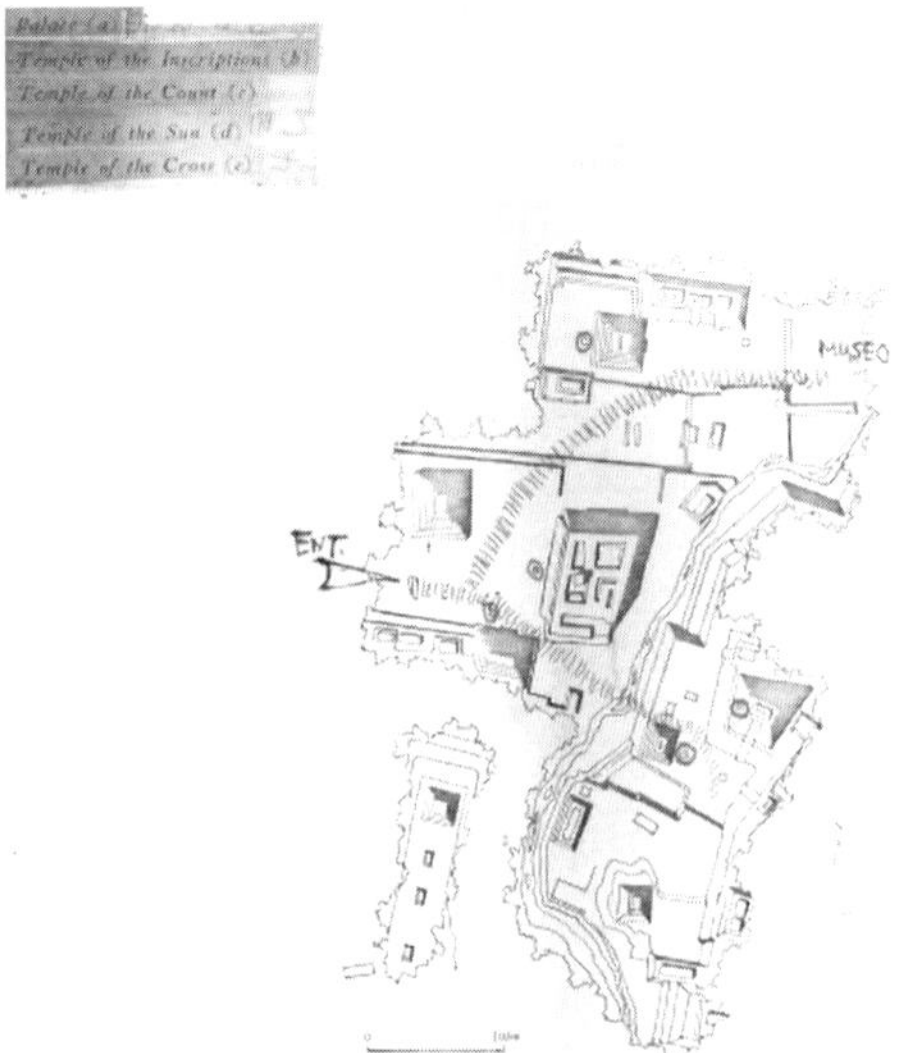


パレンケ遺跡

ありません。手元の資料によると、わずかに「碑銘の神殿」「太陽の神殿」「十字架の神殿」「葉の十字架の神殿」と呼ばれるピラミッドと「宮殿」を見ることができるだけで、まだ多くは密林の奥深く眠っていると思われます。とりわけ「碑銘の神殿」については、一九四九年から五二年にかけて、メキシコ人考古学者の努力によって地下から墓（地下祭室、クリプト）が発掘され、マヤ族のピラミッドもエジプトのそれと同様に墓として使われていたことが確認され、大きな反響を呼びました。

　この墓へ通じる入口はピラミッドの頂上の神殿の床にあり、そこから二十メートルほど急な細いトンネルを降りきったところに棺《ひつぎ》がありました。「建築の順序としては、まず大石棺を中においたアーチの墳室を作り、その上に人工の階段ピラミッドを築く以外の方法はありえない」と、石田英一郎は書いている。この棺のふたに刻まれた見事な碑文から西暦六〇三年から六三三年のマヤ族の暦《こよみ》が解読されたことによって、少なくともそのころにはまだこの都市は機能していたと言われています。

　ユカタン半島のマヤ族がこれら数多くの都市を捨て、ある日忽然と姿を消し、以来自然の力の前に主《あるじ》を失った建築は無力化し、しだいに廃墟と化していきました。
マヤ族は長い年月をかけて築きあげた自分たちの高度な文明を、自分たちの過去を、このときをもって自らの記憶から綺麗さっぱりと切り捨ててしまったのです。そして、それとはまったく無関係に思える、ヨーロッパを中心とするぼく達自身の記憶の歴史からも。その後の研究者たちの躍起の努力にもかかわらず、彼らは真実への扉をかたく閉ざし、開こうとはしなかったのです。今日マヤの末裔と言われるひとたちに訊ねても、もはや何も答えは返ってきません。科学がすべてであるかのようなぼく達の時代において、今なお歴史にこうしたひとつの空白、あるいは闇が残るということ、解明されない部分があるということ、まだ人類の歴史は完結していないという印象が小気味よく感じられるのはなぜでしょうか。

ただひとつ言えるとすれば、マヤ族にとって都市は——トルテカ族やアステカ族の場合もそうだったが——ぼく達が生活する現代の都市とまったく異なった概念のもとに築かれていた、ということです。もしそれが大いなるコスモスのためにだけ存在した「神殿都市」であったとすれば、人《ひと》身御供《みごくう》も当然であり、都市が突然無人化することもまた容易ではなかったか。彼らの神々が求めるのであれば、畏敬と服従の証《あかし》として自身の生の源泉である血を捧げることをいとわなかった。なぜならばその血と引き換えに、インディオは生きる自信と活力、闘争心は言うにおよばず、生きるために欠かせないあらゆる恵みまでも約束されたからでした。たとえば生活に不可欠な水なども、

「雨神チェック」を通じて彼らは大いなるコスモスから授かったのです。しかしあるとき神託により、もはや血を捧げる必要はない、何ものもおまえたちに授けないと告げられたのです。

このとき人々は大いなるコスモスに見捨てられたと感じ、自分たちの民族の滅亡のときが迫っていることを、本能的に悟ったのです。こうして彼らは生きるための支えを、光を、希望を失い、なす術もなく茫然自失となって自然の暴力がすべてを支配する密林、野生が奇声を発して威嚇する密林への重い扉を押し開いたのです。それは密林の闇と同化することなのです。彼らの肉は野獣たちの餌となり、骨は土に埋もれて年月を経た後に清水となって地下水脈の流れと合流し、時代を越えて各地へとさまよい、ときおり地表に噴出しては土埃と同化して、風の中を空しく舞うのです。

一方、後に残された神々不在の神殿や人々不在の宮殿は、時間の経過とともにしだいに荒れ果て、野獣たちの住処《すみか》となっていきました。

いずれにせよ、それはもはやぼく達現代人の日常言語では語ることのできないインディオの「閉ざされた世界の物語」であり、これから先も西洋的な時間のコンテクストから切り取られた闇であり続けることに、変わりはないでしょう。これを、近代文明からとり残された少数民族の「孤独」と結びつけて考えるのは、あまりに近代文明の優位性を意識した考え方に思えます。と言うのも、ぼく達が生きる近代文明もしょせんは人間が築いたものであり、決して完全無欠ではないからです。なぜなら、マヤ文明が滅びた原因は未だ神秘のベールに包まれているにしても、ぼく達の文明が滅ぶ原因は周りを見渡せば確実にいくつかありそうだからです。そして、ホイジンガ（注一）の言うことが正しければ、文明の最盛期はつねに短く「形成、開花、衰退のプロセスが数世紀のうちに進行し、これがつぎつぎに繰り返される」のです。そう思うとき、仏教の生者必滅《しょうじゃひつめつ》、会者定離《えしゃじょうり》（注二）という教えがぼくの頭に漠然と思い浮かびます。

ではぼく達の文明は、果たして徐々に衰退しているのでしょうか。それともまだ発展途上にあるのでしょうか。あるいは、何か予期せぬ状況に遭遇して突然中断するのでしょうか。いずれにしても、永遠に存在するとは思えません。

そういうわけで、つぎに滅びるのはぼく達自身の文明かもしれませんが……。しかし、かりにこの文明が滅びたとして、ぼく達は後世にいったい何を残しえるでしょうか。果たして風雪に耐えうる素晴らしい記念碑を残して、つぎに生まれるかもしれない新たな文明に対して、一片のミステリアスなロマンを提供できるでしょうか。かつて多くの冒険家や研究者がマヤ文明の真実を求めて密林へ分け入ったように、彼らもぼく達の文明を求めて、果たして困難な旅を続けてくれるでしょうか。ぼく達が信頼してやまない「科学」の進歩は、果してそのようなロマンを創造してくれるのでしょうか。

（注一）Johan Huizinga（1872-1945）オランダの歴史家。
（注二）無常なこの世では、命あるものは必ず死ぬときが来るということ。

## 九月八日

遺跡へは西の入口から入った。入るとすぐ「碑銘の神殿」が頂上に建つピラミッドが右手に、正面には、この神殿にかしずくようにしてそのまま廃墟となった「宮殿」が見えた。

このピラミッドは、テオティワカンのように威圧的にそびえ立つわけでもなく、あるいはエル・タヒンのような凄《すご》みのある雰囲気もなく、どちらかというと物静かで親しみやすささえ感じさせるものだった。ぼくはそのとき、なぜかベラスケス（注）の『ラス・メニーナス』に描かれた愛くるしいマルガリータ王女を思い浮かべていた。

ぼくはまずこのピラミッドに上って「碑銘の神殿」を見学した。表面を覆うスタッコ（漆喰）の厚みは薄く、技術的にはかなり進歩しているように思えたが、廃墟であることに変わりはなく、壁は風雨にさらされて薄汚れ、いたるところで雨だれの跡が野獣のつめ跡のように鋭く黒い縦縞を刻んでいた。

つぎに管理人の案内で「碑銘の神殿」の床にある入口から地下へ、急な細い石段を下って王の棺《ひつぎ》を見た。この通路は発見されたとき、ひとが入らぬように石や泥が詰まっていたそうだが、今ではそれも取り除かれていた。石段を足元に気をつけながら降り切ると、鉄格子が行く手をさえぎった。見学者はこれより先へ行くな、ということなのだ。その向こうに小部屋があって、部屋全体をほとんど埋め尽くすようにして、窮屈そうに石造りの棺が安置されていた。それに向かって左右から、覆いかぶさるように傾斜した壁が迫っている。棺の上には、細密で美しい絵文字を浮き彫り《レリーフ》にした一枚の分厚い石のふたがのっていた。それを——もちろん見学者のための配慮だが——裸電球のオレンジ色の鈍い光が照らし出していた。鉄格子が邪魔をして、この石のふたに触れることはできなかった。しかし、少しでも触ることができたら、ぼくの中の何かが変わるように思えたのだが。

　中央の塔が特徴的な「宮殿」は、内部がまるで迷路のようだ。いたるところで壁が崩れ、スタッコが剥落して下地の土と石が露出していた。ぼくはその間を足の向くままにさまよった。するといつの間にか、崩れかけた壁がにわかに立ち上がり、見る見るうちにはっきりした姿となってそびえ、さらにぼくの上空さえも覆ったではないか。足元に目を落とすと、いつの間にか雑草が消えて磨かれた石が敷かれていた。人影はないが、どこからともなくヒタヒタと足音が聞こえ、くぐもった声が呪文のように響いて来た。その声に導かれるようにして、ぼくはさらに奥へとフラフラ入って行った。そして、そして、行き止まりの薄暗い一角に、寝間着姿でうずくまって両足を抱え、シクシク泣いているひ弱な幼児を見つけた。よく見ると、それは真夜中にひとり薄暗い納戸《なんど》の隅で泣いていた、幼いころのぼく自身ではないか。何が悲しくて泣いているのか……ああ、思い出せない。ぼくは近づいて思わずその子に声をかけようとした。と、そのとき突然後方から人声が起こって急に明るくなり、我に返った。見まわすと、そこはやはり廃墟だった。ぼくはなぜかホッとした気持ちになって青空を見上げた。

ピラミッドと「宮殿」の間の狭い道を東の方角へ入って行くと、小山と化した基壇の上に建つ神殿をいくつか見た。その様子は、まるでアリ塚の頂上に転がる灰色とも黒色とも言えぬ色に変色したどくろ首のようで、孤独ではかない。そのときぼくはなぜか、グアナファトのパンテオン博物館で見たミイラの顔を思い出していた。新鮮な空気をくれ、新鮮な空気をくれ、と訴えながら口と目を大きく開いてぼくの目の前に立ちはだかった、あの表情を。この神殿の背後には、密林が今にも押しつぶそうとするかのように迫っていた。

これらの小規模な神殿は、マヤ文明が繁栄していた時代にはいずれも何らかの役割と意味をもって、色鮮やかに気高い姿でそびえていたのだろうが、仕えびとを失って年月が過ぎた今となっては、ひからびた単なる残骸でしかなかった。これはもしかすると彼らマヤ族の墓標ではないか。

こうした遺跡を近くに見上げながらさらに奥へ進むと、清水が流れる浅い窪地にぶつかった。ウスマシンタ川の支流オテゥルムだ。流れにさからって右へ目を走らせると、上流は蛇行しながら密林の奥へと消えていた。水は澄んで、手を入れるとすごく冷たかった。何しろひどく暑いから、数少ない見学者も童心にかえって水遊びを楽しんでいた。彼らの甲高い乾いた笑い声が遺跡と周囲の密林にぶつかってこだまし、さてぼくはと言えば、古代マヤ族の内緒話でも聞こうかと、背中にじっとりと汗を感じながら息を殺して耳をすます。そして、できることなら体に絡みついたすべてを投げ捨て、その声に導かれてこのまま密林の奥へ消え入りたいと、密かに祈った。

建築学を大学で学んでいるというメキシコ人学生ふたりと遺跡の中で仲よくなり、三人で一台の車に便乗させてもらって町まで帰った。その車中で、ぼくは「宮殿」の中で泣いていた幼子《おさなご》の幻覚を思い出してふさぎ込んでいた。ぼくはなぜ泣いていたのだろうか？　そう言えば何回か泣いていた記憶がある。ぼくはいずれ降りかかって来る誰にも頼ることができない自分の身の上を予感して、悲しんでいたのだろうか？　あんな幼い頃から……　肌の下に潜む古い痣《あざ》をまさぐるようにして記憶の糸を探ったが、結局空しい努力だった。日当たりの悪い納戸のかび臭い風景と、灰色にすすけた障子紙がぼくの脳裏で交錯し、気づくと車は町に着いていた。

夕方から突然はげしく雨が降りはじめ、そのまま夜になってもやむ気配がなかった。思っていた通り、屋根の鉄板を打つ雨音が直接部屋に響いてすごくやかましく、眠るどころではなかった。そこで、同宿の商人たちとトランプをして長いパレンケの夜を過ごすことにした。

（注）Diego Rodríguez de Silva y Velázquez（1599-1660）十七世紀のスペインを代表する画家。『ラス・メニーナス（Las Meninas）』（一六五六）は彼の代表作のひとつ。

## 九月十一日

午後二時ごろ、ふたたびバスに乗って遺跡へ行き、今日はオテゥルム川の清水の流れをたどって、下流にある小さな博物館を訪れた。このあたりだとオテゥルム川も完全な小川になっていて、しかもけっこう深く、幅も広い。ここでも水着をつけた見学客が数人、楽しそうに水遊びに興じていた。
今夜は宿の近くでこども達と遊んだ。

---

科学はぼく達が作り出した理性と合理主義の産物です。それは無限の彼方へまっすぐにのびて人類に無限の安心と進歩を、そして明るい未来を約束しているかのようですが、果たしてそうでしょうか。

コロンブスが生きた新大陸発見以前の時代にあっては、地球は一枚の板と考えられ、一直線にのびた海のはるか先は海水が滝のように流れ落ちていると考えられていたようですが、それは誤りで、実際は球体だったわけです。同じように人類の進歩も直線的な流れで進んでいるように見えるのですが、実際はそうではないのです。それは巨大なうず潮のような大きな流れであって、ぼく達の進歩を構成する要素はその流れの中を浮遊し、いずれすべては螺旋《らせん》状にしだいに速度を速めて、中心の一点に向かって集束していくのです。現代のぼく達はこの螺旋軌道の大きな流れの中を、理性と合理主義の産物である「科学」をゆいいつの頼りにして一生懸命泳いでいるわけですが、この大きな流れに抵抗することはできません。

こうしてたどり着く中心にあるのは、ぼく達がイメージする開かれた輝かしい未来ではなく、閉ざされた明《めい》とも暗《あん》ともつかぬ「空虚」なのです。そこですべては粒子に解体される。それが文明の滅亡ということです。ではその「空虚」の先に出現するのは、いったい何でしょうか。マヤ族にとってそれは万物の生を制御する、静寂に包まれて果てしなく広がる混沌とした、それでいて調和の取れた原始の闇、すなわち太陽、月、星々が集う大いなるコスモス（宇宙）なのです。万物はその中を塵《ちり》となって浮遊するのです。

このようなイメージは極めて宗教的ですが、この大いなるコスモスにかしずいて生きてきたマヤ族は、自ら築いた文明にやがて訪れるだろう滅亡のときを神託によって知り、もはや生命の源である自らの血を捧げてもその受難を避けられない、神々との共存と調和は保てないと悟り、ついには自分たちが築き上げた都市をつぎつぎに神託に委ねて、あるとき密林の奥へ忽然と姿を消したのではないでしょうか。その息の根を完全に止めたのは、ほかならぬスペイン軍の侵略でした。

いずれにしても、そこにはぼく達の近代文明がつねに求めてきた「なぜ」とか「何のために」と言った、理性に裏打ちされた合理的な理由づけや説明、あるいは結論さえも存在しないのです。それは純粋に感性と本能によって支配されたはじまりも終わりもない世界、あるいははじまりは同時に終わりでもあり、終わりは同時にはじまりでもある世界の物語なのです。それがためにぼく達は、このマヤ族のとった行動に絶えず困惑し、その結果「意味不明」というレッテルを貼ることになり、今なお「閉ざされた世界の物語」としてぼく達の歴史に空白を残しているのです。

旅行者Kはこの遺跡の迷路に迷い込んで、はたしてはるか昔の異教世界を感じていたのでしょうか。

## 九月十三日

九時三〇分発のバスでパレンケを出発し、サカタハというところまで来た。

そこでメリダ方面へ行くバスを待っていたら、ちょうどぼくの目の前で、フランス人夫婦がヒッチハイクで車を止めた。ぼくがメキシコに入国してまもなくの頃、一度試みて失敗したあのヒッチハイクだ。これを見て、ぼくははじめてこの国でもヒッチハイクが可能なことに気づき、これから先は彼らと同じようにヒッチハイクをして旅を続ける決心をした。そして、つぎの車を待った。車が近づいて来ると、ぼくはヒッチハイカーなら誰もがするように、迷わず片手を道路に向かって突き出して親指を立てた。

旅をするには食費、宿泊費、移動費がどうしても必要だ。メキシコにはインディオの集まる市場《メルカード》がかならず町の中心部にあって、そこへ行けば彼らと同じように安く食事ができ、その近くには極端に安い商人宿があるということも、旅を続けるうちにしだいにわかってきた。そして、食事はトウモロコシと豆と米が一番安いということもわかったし、宿の外観を見るだけで安宿かどうか判断できるようにもなった。これで食費と宿泊費は節約することができる。残る問題は移動費だ。これを節約にするにはヒッチハイクしかない、日本でぼくがやっていた旅の方法をそのままこの国に持ち込むしかない、とぼくは思った。

ヒッチハイクは、移動費をうかすために他人の車に便乗しようという虫のよい話だから、場合によっては移動に時間がかかる。しかし、それは急ぎ旅ではないぼくにとってさほど重要な問題ではない。車が捕まらなければ、一日道路沿いに立っていてもよいのだ。重要なことは、如何にして安く旅をするかということであり、もっている旅費に限りがあるのだから、安ければ安いほど長期間旅ができる計算になる。そうすればより多くのものと出会うことができるし、より多くの発見もあるというものだ。生気の尽きるときが人生の終わりであるように、旅費の尽きるときが旅の終わりだ。

こうして最初に捕まえた車は、信号もない、横切る人も動物もいない、対向車もほとんどない直線道路を、アクセルを思いっきり踏み込んで時速一五〇キロメートルで突っ走った。こんな真っすぐな道路ならハンドルなどばからしくて握っていられない、といった感じだ。周囲は背のあまり高くない樹木が途絶えることなく続く、非常に単調な風景だった。

二台目の車から降り立ったのは、左手に大海原がはるか彼方まで続く道路沿いだった。この海はメキシコ湾に違いない。遠くに見える一本の水平線によって、空と海に割られていた。空は雲ひとつなくどこまでも澄みわたり、海鳥一羽飛ばない、風もまったく吹かない、海には船一隻の影すらない、まるで時間が止まっているように静まり返った世界だった。しかし、理屈抜きに、ただ、ただ暑かった。帽子をかぶっていても何の役にもたたない。脳みそが焼けてしまいそうだ!

道路沿いにヤシの木が一本生えていた。それがゆいいつの木陰らしい木陰だった。そこに自転車を止めて、退屈そうに木にもたれかかっている男がいた。何か商売をしている様子だ。近づいていって話しかけると、アイスクリームを売っていると言う。そう思って見ると、確かに自転車の荷台にはアイスクリームを入れてあるらしい、ペンキがはげ落ちたみすぼらしい木箱がくくりつけてあった。つぎの車を待つ間、この男とぼくは親しくなった。

見ていると、ときおり思い出したようにアイスクリームを買いに来るのは、こどもだけではなかった。十数メートル離れて向かい側に建つ木造平屋建てのバーの女たちも買いに来た。ほかに建物らしいものは見当たらなかったから、そこはどうやらエスカルセーガという町の場末に違いない。バーからは誰がかけたのかジュークボックスから、冷えきったテキーラのようにドライなバンド音楽が流れて来た。昼間は暇な女たちが二、三人戸口の壁にもたれかかって、タバコを口にくわえてこちらをもの珍しそうにジッと見つめている。あんな暑いところに見慣れないサングラスの男がさっきからずっと立っているけれど、いったい何をしているのだろうか、ときっと不思議に思っているに違いない。アイスクリーム売りの話だと、彼女たちはみんなプッタ（娼婦）なのだそうだ。

プッタ、プッタ、体を男たちに開いたメキシコの母たちよ。旅をしていて、この言葉を聞かない日が一日としてあっただろうか。メキシコ人は怒りをあらわにするとき、怒りをぶつける相手がいないとき、この言葉を思いっきり吐く。まるで路上に唾を吐き捨てるように。その意味では、実に庶民的な言葉だ。しかし、そんな言われ方をする彼女たちがいったい何をしたというのだ。わずかなカネで、おまえたちを優しく迎え入れてくれるだけではないか。だからこそこの国では男たちは欲求不満にもならず、反乱も起きず、今のところみんなで何とかうまくやっているのだ。それを忘れて唾を吐きかけるとは、じつに恩知らずというものだ。

三時ごろ、テキサスの町オースチンから来たという米国人の車を運よく捕まえた。これはキャンピング用のコンテナを引っ張っていたから、あまりスピードを出さなかった。時速六〇キロメートルくらいで慎重に走った。

そのつぎに止まった車は、これもまた時速一五〇キロメートルくらいで突っ走った。そのせいで、車の屋根の上に無造作にのせておいたぼくのバックパックが風に飛ばされた。ハッと何かを感じて振り返ると、薄汚れたバックウィンドウの後方で、まるで宇宙遊泳でもするかのように、空中をゆっくり回転しながら泳いで行くではないか。あわてて車を止めてもらったがすでに遅く、バックパックはアスファルトにたたきつけられて、二十センチメートルほどの引き裂き傷ができ、中身が周囲に散乱して無残な姿になっていた。そこはどう見回しても何もない、原野の中の一本道だった。ほかに走る車もなかったから荷物が後続車に踏みつぶされる心配はなかったが、それでもぼくはボールペン、セッケン、歯ブラシ、懐中電灯を失い、食塩の入ったビンと洗濯バサミを壊した。幸いカメラと寝袋だけは大丈夫だったから助かったが。そんなぼくに同情をよせる様子も見せず太陽は頭上から容赦なく照りつけ、路上には陽炎《かげろう》がゆれていた。

夜、チェテゥマル（注）という町に着いた。
（注）ユカタン半島東海岸、チェトゥマル湾の西側のオンド川河口の近くに位置し、隣国ベリーズとの貿易の重要な拠点。

## 九月十六日

この町に来てはじめて知ったのだが、今日はメキシコがスペイン統治から独立した独立記念日だった。一八一〇年の今日がその日ということだ。そのためにこの町でも多くの店が休業して、表通りでは昼の暑い盛りにもかかわらず、記念パレードが盛大に行われた。小学生の行進にはじまり、鼓笛隊、軍隊の行進が続いた。このパレードを一目見ようと、わざわざ田舎から出て来たひと達で周囲は埋め尽くされ、どこの安宿もごった返していた。この祭りは夜になるとさらに盛り上がりを見せた。当然、男たちの飲むテキーラの量も増えた。

一方、オンド川沿いまで密林が迫る対岸の国ベリーズ（注一）は夜になってもひっそりとして、人家の光すら見えない闇だった。不気味な感じさえした。

夜、偶然同じ安宿に同宿していたバスの運転手とぼくは親しくなり、彼が十一人の客を乗せて明日の午後メリダ（注二）へ出発するとぼくに言った。これは運がいい。さっそく頼んで乗せてもらうことにした。これで移動費がうき、道路沿いに立つ手間がはぶけるというものだ。

（注一）一八六二年以後英国領、そして一九八一年に独立。だから、Kがチェテゥマルから眺めたころのベリーズはまだ英国領だった。ベリーズとは、マヤ族の言葉で「泥水、湿地帯」という意味。その面積は日本の四国よりやや広く二三〇〇〇㎢あり、世界一美しい蝶と言われるモルフォチョウが生息していることで知られる。ロナルド・ライロによると、この国は「昔から開拓者と逃亡者の土地であり、脱走したインディオや奴隷、指名手配中の犯罪者、政府からにらまれている政治家などが逃げ込んでくる地域」だったそうだが、現在は美しい海とサンゴ礁に恵まれたリゾート地になっている。この国の密林の中にも、貴重なマヤ文明遺跡が残っていると思われる。

（注二）ユカタン半島の中心都市。一五四二年にスペイン人によって建設された。

一五二一年八月十三日をもってスペイン軍はアステカ族を滅ぼし、二年後の一五二三年からマヤ族への進撃を開始しました。そして一五二八年にはユカタン半島に侵入し、インディオとの間に激しい戦いを繰り返したのです。武器の所有から言えばスペイン軍の方が圧倒的に有利だったのですが、彼らの抵抗は根強く、スペイン軍が一五四二年にメリダを建設してから後も戦いは続いたと言います。地形を熟知するインディオのことですから、おそらくゲリラ戦を展開したのでしょう。こうして、何年かの間ユカタン半島は混乱を極めました。

　スペイン人によって支配されたインディオは、道具としてあらゆるところ、あらゆる機会に――たとえば鉱山の労働者として――酷使され、虐待され、その結果インディオの人口は一六〇〇年のはじめには九〇パーセント以上激減したと言います。これにはスペイン人がこの新大陸に持ち込んだ、梅毒のような陰湿な性病も加担しました。このような病気に対し免疫力のないインディオは、つぎつぎにいともたやすく死んでいったのです。

この人口激減によってやむなくスペイン人は、それまで存在した一定数のインディオを強制的に村や町から徴発する制度「レパルティミエント制」を、緩和することにしたのです。これで鉱山の労働条件などもいくらか改善されたようです。なぜなら、彼らの狙いはインディオをみな殺しにすることではなく、あくまでも彼らを飼いならし、安価な労働力として、あたかも道具のようにこき使うことにあったからです。

しかし、インディオにとってもっとも大きな障害となったのは、十六世紀中ごろにはじまったと言われる「アシエンダ」という大農園制度でした。この制度は二十世紀中ごろまで続き、この国の発展を大きく阻害しました。（この制度はラテンアメリカのほかの国々、たとえばペルー、ボリビア、コロンビアといった国々にも存在しました。）

増田義郎はこの大農園制度の発生を、鉱山の発掘がこの国ではじまったころと同時期と見ています。大農園の持ち主は、スペインの王族や高級官僚や裕福な商人や教会でしたが、彼らはこの制度を使って合法的にインディオの土地を奪い、領地を拡大し、彼らを奴隷にして君臨したのです。その権力は強大で、メキシコ政府さえも手出しができなかったと言われています。

一方、ヨーロッパでは一七八九年にフランス革命が起こり、一八〇八年にはナポレオン指揮下のフランス軍がスペインに進撃を開始して、ついにスペイン全土を支配下に置きました。このニュースは、当然メキシコに住んでいるスペイン人たちの間に大きな混乱を招きました。その結果、彼らは本国スペインから赴任して来ている政府高官や裕福な商人たちと、この植民地で生まれ育ったスペイン人――「クリオーリョ」と呼ばれ、大農園の持ち主などに多かった――の二派に分かれました。そして、この対立と混乱の最中、一八一〇年九月十六日の朝、やや狂信的なミゲル・イダルゴという司祭がインディオを集めて武力蜂起を行ったのです。

この武力蜂起の日を、メキシコ政府はスペインの植民地支配からの開放をめざすメキシコ独立の日と決めており、毎年九月十六日には各地で盛大な祭りが行われるのです。旅行者Kがチェテゥマルで偶然見たのもこの祭りでした。しかし本当のところは、この武力蜂起は「スペイン本国へのフランス軍の侵入に抗議して、本国の国王を擁護する保守的な運動としてはじまった」のだと、増田義郎は説明しています。つまりこの日にインディオが白人たちによる少数支配から完全に開放された、ということを意味するものではないということなのです。そうした理由はともかく、この独立記念日は今ではこどもから年寄りまでみんなが楽しむ祭りになっているようです。

## 九月十七日

宿の管理人リノは、すごく熱心に日本語を覚えようとしていた。日本語を覚える合間に本業の仕事をしているような感じさえした。それだけ管理人の仕事が暇だということでもあったが。

今日メリダまでぼくを運んでくれるバスは、同宿しているグループ・サウンズの貸切りバスだった。このグループの人数はマネジャーらしい人を含めて総勢十一人で、名前を「ロス・アストラレス」と言い、CBSソニーに所属してレコードも出しているというから驚く。年令は全員十五歳だと言っていた。

彼らは当初午後二、三時ごろに出発することにしていたが、急にこの町でもうひと稼ぎすることになり、明朝三時にのびた。ぼくの予定などあってないようなものだから、メリダまで行けるということさえ約束されていれば、出発が明朝になろうといっこうに構わない。

## 九月十八日

ロス・アストラレスの急ぎの仕事というのは、とある家――おそらく中流階級の家だろう――で娘が十五歳になった祝いのパーティーをするため、これに出演して演奏をすることだった。

パーティーは、まだ明るさが残る時間からはじまった。興味本位でぼくもそれをのぞいて見たが、大変盛大なものだった。百人近い人が招待され、彼らが正装で今か今かと待つ家の門に、十五歳になったばかりの娘が母親に付き添われて、白いオープンカーで乗り着けた。待っていた若者のひとりにエスコートされて車から降り立った彼女の顔立ちは、混血児特有の眼が大きく、鼻筋が通って鼻は高く、彫《ほり》が深くて愛くるしく、服装はと言えば、花嫁が結婚式で身にまとうような純白のロングドレスで、頭にひさしの広い、縁に赤とピンクの花をあしらった白い帽子をかぶり、腰はこれ以上細くならないほどに細くくびれ、まるでビビアン・リー（注）扮するスカーレット・オハラがスクリーンから抜け出したかのような姿だ。それは一生に一度しか訪れない美の絶頂だ。この日のためにだけ生まれてきたかのような姿は、十五歳とはとうてい思えないほど大人びて輝いて見えた。顔が小さいからロングドレスがとくによく似合った。ぼくは集まった人びとの間に紛れて、その姿にしばらく見とれていた。

そんな彼女めがけて周囲から拍手がいっせいに起こり、いたるところでカメラのフラッシュがたかれ、数々のプレゼントが贈られ、いかにも華奢な感じの体にありあまる祝福をうけた。

そして、これからが本番だった！　家の裏手にはそれほど広くない庭があって、演奏用の仮設ステージが組まれていた。やがてロス・アストラレスのエレキ演奏が空に響きわたり、若者から年寄りまで今夜の主役である十五歳の彼女を囲んで、夜中の二時過ぎまで飲んで食べて踊り狂った。その間、このパーティーのために雇った数人のウェイターが、コースターを手に客の間を忙しく動き回っていた。これが日本であれば、「やかましい！　眠れない！」などと叫んで、近所からどなり込んできそうなものだが。

長髪にサングラスをかけ、洗濯し過ぎて色あせた緑色のシャツに穴の開いたジーンズという見るからに怪しげな雰囲気で、このパーティーの中に紛れ込んだぼくは、招待客のような顔をしてウェイターが運ぶコースターからときおりワインやカクテルを取って飲み、オードブルを勝手につまみ、見知らぬ客と雑談をした。そうしてしだいに酔いがまわって来る頭の中で、ビヤエルモサで十三歳の誕生日を迎えた女の子と踊った、あの小さな、控え目な、しかしアットホームなパーティーのことを思い出していた。この違いこそがメキシコの現実であり、ふたつの間には越えることのできない分厚い壁が立ちはだかっているように思えた。

やかましい音楽から開放され、ぼく達がこの町をバスで出発したのはすでに朝の三時をかなり過ぎていた。バスの座席に身を投げて目を閉じても、まだ耳の奥でエレキギターの音がこだましていた。

（注）Vivien Leigh(1913-1967) 英国の女優。一九三九年の映画『風と共に去りぬ』のスカーレット・オハラ役。

メリダはスペイン人が一五四二年に建設した町で、今日ユカタン半島の中心都市です。しかし、おそらくこの町の地中にもマヤの都市が眠っているのでしょう。彼らはメキシコシティでしたように、ここでもインディオが築いた町を徹底的に破壊して、彼らの屍《しかばね》の上に教会の聖堂を中心にしたヨーロッパ風な町を築いたのです。

さて、ここからふたたびケスラー伯爵の話になりますが、ベラクルスで伯爵を乗せた船は二日間航海して、十一月二十六日にプログレソという小さな港町の沖合三海里（約5・5キロメートル）に停泊しました。そこからメリダの町までは目と鼻の距離です。伯爵はボートでプログレソに上陸し、ふたたび列車に乗ったのです。

伯爵が車窓からはじめて目にするユカタン半島の風景は、メキシコ中央高原とはまったく違っていました。大地はどこまでも平坦で、石ころだらけで、やせて農耕にはまったく適していなかったのです。川らしいものもなく、水は雨水と地下水に頼っていました。そのためにインディオはセノーテと呼ばれる池を掘って、水を手に入れたのです。それでも植物だけは旺盛な繁殖力をみせて、いたるところに奥深い密林を形成していました。「このようなあまりに厳しい自然環境の中では、ひとは生きる自由というものをもちえず、自然を隷属させるか破壊するかのいずれかの選択を絶えず迫られる」と、伯爵は書いています。

その日のうちにメリダに入った彼は、鋭い観察力でつぎのように書いています。

「ここのひとたちは、これまでに見たメキシコ人とは少し違っていた。彼らよりも肌の色が白く、痩せていて無気力だ。ユカテカ人（ユカタン人）のAに言わせると、『メキシコ人は不潔で、馬に乗るし、盗みもする。しかしユカテカ人は清潔で、馬に乗らないが、嘘をつく』ということだ。」

ひとは生まれたときすでに、好むと好まざるにかかわらず、自身で選択できない自然環境が待ち受けているのです。その環境がたとえ過酷であっても、適応して生きていかなければなりません。環境に反発することはときとして自らの不幸を意味し、環境が過酷であれば死を意味し、しかし運よく環境を隷属させることに成功すれば、それは生きるための重要な手段となりえるのです。しかし、このユカタン半島のようなとりわけ厳しい自然環境にあっては、それは言葉で言うほどけっして容易なことではありません。たとえ自然を隷属できたと思っても、すきを見せれば逆襲に遭い、簡単に人間は押しつぶされるのです。「共存」という現代人が机上で作り出した、いかにも心地よい説得力のありそうな言葉は、厳しい現実に直面したときはじめて、単なる幻想に過ぎなかったのだということを、ユカタン半島を歩くことによって身をもって知るでしょう。

## 九月二十日

メリダに来て一応安い宿を探して泊まったが、それでもこれまでに泊まった宿に比べると高かった。だから気に入らなかった。そこで安い宿を探しはじめたのだが、なかなか見つからない。

夜、ひと影がまばらな中央広場《ソカロ》の石段に腰掛けて物思いにふけっていると、若者がひとり近づいてきてぼくに話しかけた。口ひげをたくわえた、なかなかハンサムなメスティーソだ。背の高さも日本人なみで、スタイルがよい。これで日本語が話せれば、日本へ行ってすぐにもファッションモデルにスカウトされそうな感じだった。彼の名前はルイスと言い、聞くと、昼間レストランで働きながら夜学に通っていると言う。大の日本人ひいきで、ぼくにビールをおごってくれ、自分の家族の写真まで見せてくれた。彼はすでに結婚してこどもがひとりいたが、現在はいっしょに生活していない。その理由を聞くと、自分たちの家をまだもっていないからだ、と説明した。奥さんとこどもは奥さんの実家で生活していて、ときおり会いに行っていっしょに食事をするのだとも言っていた。この国の若者も、日本同様にマイホームを持ちたいという夢があるようだ。

彼から安いペンションの住所を手に入れたので、明日はそこを訪ねてみることにする。

## 九月二十一日

はじめて会う家主に少しでもよい印象をあたえようと、午前中に久しぶりに床屋で散髪をすませ、着古してはいるが清潔感が漂うこざっぱりとした服装で、昨日ルイスから教わったペンションを訪ねた。

その家は比較的広い通りに面していたにもかかわらず、同じような表情の家々が隙間なく連なった都市型の町並みの中にあったために、探すのに多少てまどった。しかし、通行人に助けてもらって何とか探し当て、呼び鈴を押して家人が出て来るのを待った。

ぼくの前に現れたのは小太りの、小麦色の肌をした見るからに混血という感じの中年女性だった。

背はぼくより低かった。このひとがどうやら家主らしく、部屋の管理と下宿人の食事の世話をしているらしい。建物は平屋で、かつてスペイン人が建てた、このあたりではごく平均的な住宅のようだ。入るとすぐに小さな噴水を置いた狭い中庭があったが、とりたてて気を引くようなものではなかった。この中庭をコの字型に囲むようにして部屋が並んでいた。そのうちのひとつ、玄関を入ってすぐ左側にあった部屋が家主夫妻の寝室になっており、彼女はドアを開いて、大きなダブルベッドの置いてある部屋の様子をわざわざぼくに見せてくれた。その隣には応接セットを置いた居間があった。中庭に面した外廊下を真っすぐ通り抜けた突き当たりには、家主の家族と下宿人たち――全員学生だった――の居間兼食堂があった。

私の部屋は、スペイン人が統治した時代の名残《なごり》をとどめて天井が高く、家具はまったく置いてなかった。ベッドの代わりにハンモックを吊って寝るようになっていて、便所とシャワーは共同だ。三食付きで一泊二五ペソだと言ったが、食事付きでこの値段なら悪くない。ほかにも彼女はいろいろと言ったが、まだこの国へ来て二ヶ月半ほどのぼくの貧しいスペイン語能力では理解できないことが多かった。そこで仕方がないから、ルイスを連れてもう一度訪れることにした。ペンションを出るとその足で、すぐに彼が働いているというレストランへ向かった。

レストランは幸いペンションから比較的近いところにあった。この店では土曜日になると生演奏があるということで、日本製の真新しいエレクトーンが一台置いてあった。彼の仕事は午後四時に終るので、それまでこの店でビールを飲んで待つことにした。そのビール代は払わなかったけれど、きっと彼が払ってくれたのだ。

彼ともう一度ペンションを訪ね、女主人が何を言っていたのかやっとわかった。それは「いつから部屋を借りるのか」という点と、「とりあえず手付金を五〇ペソ払ってほしい」ということだった。そこで十月十日から借りることに決め、その場で手付金を払った。

学生たちのデモが暴徒化しているというので、夜になるとどの店も早々とシャッターを下ろし、町の中心部はひっそりしていた。パトカーのサイレンの音だけがひどく騒々しかったが、非常事態という殺気立った雰囲気はなかった。

明日はチチェン・イツァ遺跡へ行くことにする。

**九月二十二日**

親切な車に市内で拾われ、めざす一八〇号線の入口まで運んでもらった。そこから先はドイツ人の運転するステーションワゴンに拾われた。彼はぼくと同じようにチチェン・イツァ遺跡へ行くと言って、車中でビールをご馳走してくれた。

チチェン・イツァ遺跡は観光化が進んでいるせいか、周辺にあった宿の宿泊料金は軒並みに高かった。それでもあきらめずに探して、やっと一泊三〇ペソのペンションを見つけた。

このあたりの道路沿いには、ところどころに小さな洞窟のようなものがあった。遺跡へ行こうと思って歩いていると、とある洞窟の中から話し声が聞こえてきた。何だろうと思ってのぞいてみると、上半身裸になった男とこども四人が頭から足まで泥をかぶって、一生懸命土を掘っていた。「何をしているの?」と聞くと、「レンガの目地に詰める土を取っている」と言った。ここで彼らからマヤ族の言葉を三つ教わった。

curén　すわってください

tusyucavín　どこへ行くのですか

nale　さとうきび

はじめて見るチチェン・イツァ遺跡は強い日差しの中に整然とあった。一八〇号線で分断された遺跡の北側の部分は、あのメキシコ中央高原に数々の要塞都市テゥーラを築いたトルテカ族の建築の影響を強く受けていた。その中でもひときわ目立つ「ククルカンの神殿」は、九段の階層からなるピラミッドで高さが二十四メートルにとどき、四方から上る石段の数はそれぞれ三百六十五段あった。この数字は一年間の日数と同じだったから、きっとこの石段を上ることに特別な意

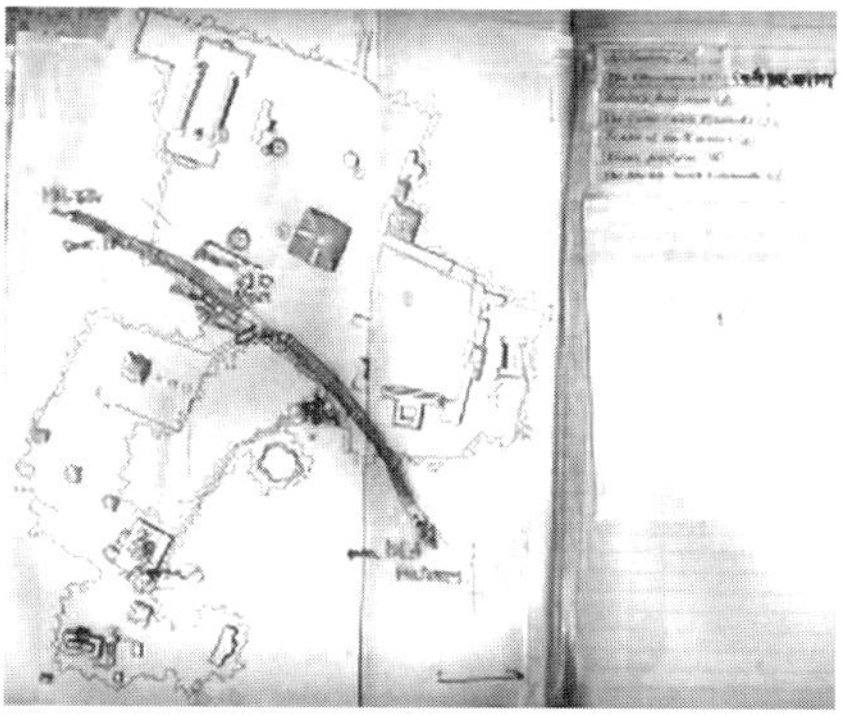

チチェン・イツァ遺跡

味があったに違いない。頂上には箱型の小さな神殿が建っていた。

　このピラミッドはどちらかと言うと女性的で、繊細で優美なプロポーションをしていたが、どことなく毅《き》然とした気品を漂わせていた。人間で言えば貴婦人といった感じだ。しかし長い年月、風雨にさらされていた石段はものの見事にすり減り、過ぎ去った歳月の重さを感じさせた。昔、マヤ族の長《おさ》たちが神々に畏敬の念を強く抱いて上った同じ石段を、ただ単に好奇心しか持ち合わせていないけち臭い現代人のぼくは、転げ落ちないように鎖につかまり、不格好に尻を後ろに突き出して恐る恐る這うようにして上っていかなければならない。これを見たマヤの神々の愉快そうな笑い声が、澄み渡った空のどこからともなく聞こえてきそうだ。

　一方、国道一八〇号線で分断されている南側のプウク・マヤ時代（注二）の遺跡は、観光用に完全に整備されていて、どことなくそっけない感じさえしたが、しかし、そのことを差し引いてもなお、誇り高いマヤ族のかつての栄光を垣間見ることができた。

　このプウク期の遺跡の中に、「戦士の神殿」と呼ばれてい

戦士の神殿

る頂上に神殿跡を残す低い基壇があった。その東側に連続する低い円柱群は、石を五段あるいは六段に積み上げただけのいたってシンプルなものだったが、同じ高さで等間隔に規則正しく並んでいる様子は、神殿を守る戦士の直立不動で整然と並ぶ姿を連想させた。この列柱は単にそれだけのものであったのか、それともさらにその上に何か屋根のようなものが載っていたのか、それはぼくにはわからない。

「戦士の神殿」の入口にはチャクモール（注二）と呼ばれる、腹の上に皿を抱えて横たわる一対の化身像があったが、おそらくこの皿に捕虜たちのまだ生温かさが残る心臓と血を入れて、神々への永遠の信仰と忠誠を誓ったのだ。その奉納の時期はきっと天体の動きと密接に関係していたに違いない。

このプウク期の遺跡の中に「生け贄《にえ》の泉」というのがあった。それは地面が陥没してできたらしい大きな穴（直径約六十六メートル、地上から水面までの深さ二十メートル）で、スペイン語で「セノーテ」と呼ばれる井戸のひとつだ。ユカタン半島ではよく見かける。ここに生け贄を投げ込んだらしい。手すりのない縁に立っておそるおそる中をのぞき込むと、ほぼ垂直に切り立った崖の底のほうに深い緑色をした淀んだ水面が見えた。それは日本で言う「奈落の底」を連想させ、一種不気味な感じさえしたのだが、ここに投げ込まれたものはだれもおそらく生きて這い上がることはないだろう。思わず吸い込まれそうな闇を感じて、ぼくは無意識に後ずさりをしていた。

（注一）古典期後期（五五〇～八三〇年）から後古典期（九五〇～一五三九年）にかけて栄えたマヤ文明の建築様式。
（注二）古典期終末から後古典期にかけてメキシコから中央アメリカにかけて見られる、仰向けの状態でひじをつくような姿勢で上半身を起こして、顔を九十度横へ向け、両手で腹部の上に皿や鉢のような容器をかかえてひざを折り曲げている人物像。死んだ戦士を象徴し、神へ生け贄などの供物を運ぶ役割を担う。

---

このチチェン・イツァの都市が存在したのは西暦四〇〇年ごろからで、十三世紀以降に衰退がはじまったようです。常識的に考えても、現在修復されて保護されている広大な建築群が、すべて同時期に建てられたとは考えにくいのです。それはおそらく長い年月をかけて増築し続けられたもので、そのようなことができたのも、マヤ族が神々に対してある種の非常に強い畏敬《いけい》の念をもち続けたからだと思います。

十世紀末にメキシコ中央高原でトルテカ族が多くの要塞化された都市を築いて後、十一世紀に入ると、チチェン・イッツァも彼らの支配下におかれるようになります。そして、そのことが建築様式にも強い影響をあたえたのです。

現在、遺跡の中を横切る国道一八〇号線を境にして、その北側にある「ククルカンの神殿」と呼ばれるピラミッドや「球戯場」「尼僧院」「戦士の神殿」などの建築群は、トルテカ族の様式の影響を強く受けており、一般に「トルテカ・マヤ」と呼ばれています。ちなみに「ククルカン」というのは羽毛をもった蛇のことで、トルテカ族の神ケツァルコアトルにあたります。

一方、道路の南側のもっと古い建築群はプウク様式の影響を強く受けており、一般に「プウク・マヤ」――プウクとはマヤの言葉で「低い丘」という意味らしい――と呼ばれています。この様式は、ユカタン半島のプウク地方に古くからあった建築様式で、今は密林の中に孤立して点在していますが、カバー、ラブナ、サイルといった遺跡に共通の様式です。石田英一郎はこれに関連して、「割り石をまじえたコンクリートで、壁面はモザイクのようにはめこんだ繊細な四角い切り石で飾られ、幾何学的文様の美を十二分に発揮する。この種の装飾の埋まる垂直の正面は、しばしば一枚の壁となって、巨大な櫛のように屋上にそそり立ち、ピラミッド上の神殿などに一段と偉観を添えた」と書いています。この文章で気になるのは傍点を付けた「コンクリート」ですが、これはぼく達が現在使っているコンクリートとは違った種類のものだ、という風に理解すればよいでしょう。

一方ケスラー伯爵は、まずウシュマル遺跡を一八九六年十一月二十八日に見学し、その後十二月一日から三日にかけてチチェン・イツァ遺跡を訪れています。それはこの遺跡が広く知られて観光資源になるずっと以前のことですから、遺跡はまだ保護されず野放しの状態だったと思われます。そこで伯爵は詳しい記述を書き残しています。

「チチェン・イツァの遺跡はウシュマルよりも広大である。ピラミッドの頂上からは、密林の上に突出した周囲の神殿や残骸の山をさらに見ることができる。この憂鬱な眺めはほかを圧している。この都市の広さは直径一八キロメートルあって、おそらく数十万人が生活していただろう。しかし、それにしてもこれほどの大量な神殿と宮殿には驚くばかりである。なぜなら、それらがすべて石造だからである。しかし、今ではそれもすべてが密林の中にあって、神殿内の部屋には蛇のぬけがらやトラの足跡が残っている。……この都市でもっとも神聖なものは蛇で、おそらくこの蛇は創造と破壊を行う太陽の力の象徴だったのだろう。弓形になったピラミッドの角に上段から下段に向かって巻きつき、歯をむき出して階段を上るものを見守っている。その羽毛をつけた蛇の間を、四つの階段が頂上の神殿の四つの門に向かってのびている。神殿の正面入口にある列柱には、竜がまるで列柱の表面につけた縦みぞのように巻き付いている。」

といった調子です。

あるいは、印象派絵画に造詣の深かった伯爵は、ここでもマヤ族の残した色彩に関心を示しています。

「神殿の内陣には、マヤの芸術家たちの自然観察のはじまりを明らかにする壁画が残っていた。マヤ人の生活の一場面を描いたその絵は、エジプトのマスタバ（注）にある壁画と同じように壁全体を覆っている。顔料は、薄く艶やかに塗られていて、図柄の美しい輪郭は、すべて茶色に塗られているようである。これらの色彩は自然に従わず、象徴的な意味付けに従って選ばれていて、たとえば黄色は戦争を、青色は平和を、緑色は悲しみを表しているように思える。彫塑性と遠近法はない。表情を正確に描写しようとしていないし、個性を出そうとしてもいない。図形はまるで象形文字のように上下に連なっている。」

（注）古代エジプトの個人の墳墓。先王朝時代末期からとくに古王国時代全般にかけ、さらには後世まで盛んに造られた。

---

## 九月二十三日

午後一時ごろまで遺跡の中を探索した。それから近くの小さな町までヒッチハイクをして、居心地のよさそうな安宿を探した。一泊三五ペソ、三〇ペソ、二五ペソ、二〇ペソ……結局価格を優先して、公園に面した便所、シャワー付きで二〇ペソという一番安いペンションに泊まることにした。ここにしばらく滞在して遺跡に通うことを決め、部屋に入るとさっそく下着の洗濯にとりかかった。

マヤ族の言葉には魅力的な隠喩が多いと聞いていた。今日もそのマヤ族の言葉を、道ばたで土木作業をしていたインディオからひとつ教わった。

visyecáva　あなたの名前は何ですか?

今日は遺跡を見学しないで、そこから二キロメートルほど離れたピステという小さな村を訪れることにした。

村に入りインディオの民家を写真に納めてから、路上で上半身裸のこども達がビー玉を使って遊んでいるのを何となく眺めていると、突然、ライトバンがけたたましい音楽を鳴らして村に入って来た。見るとコーラの宣伝カーだ。近くにいた村人に聞くと「コーラを買えば親切にビンのふたを取ってくれて、今夜の映画がただで見られる券をくれる」と、うれしそうな顔をして言うのだ。それを聞きながら、映画館など近くにあるはずはないのだからどこで上映をするのだろうか、とぼくは不思議に思った。ぼくがまだ五、六歳のころ、夜めずらしく村の小学校の運動場を借りて映画があったりすると、地面にすわるために座布団代わりのむしろを一枚もって、浮き浮きした気持ちで出かけていったものだ。あれは娯楽というものが少なかった時代のことだ。ソフトボール用のバックネットに大きな白布を垂れかけて映した。途中でフィルムが切れたりすると、映写機をいったん止めてその場で修理をするのだが、その間は周囲が真っ暗になった。もしかすると、この村でもそんな光景が見られるのだろうか。

かつてのキリスト教に代わって、米国の商業主義がこんな貧しい村にまで入り込んでいることに今さらながら驚いていると、こども達が宣伝カーの周りに集まって来て音楽にあわせて楽しそうに踊りはじめたので、ぼくもいっしょになって踊った。すると近くの家の中からおばさんたちがゾロゾロ出て来て、よそ者のぼくの周りに輪ができた。みんなもの珍しそうな顔をしてぼくを見ていた。この音楽はメキシコの北方の音楽だと、彼女たちのひとりが教えてくれた。

それにしても半端じゃないほど暑かった。だからこどもはみんな半ズボンしかはいていない。しかし、以前何かの報道写真で見たアジアのこども達のように、みょうに腹だけが大きくふくらんでいるのは、十分な栄養をとっていないせいだろうか？　気がかりだ。皮膚病にかかっているこどももいた。骨と皮だけになった痩せた子犬を大切そうに抱いているこどももいた。

村の中心にわずかばかりの空き地があった。真ん中に比較的大きな木が一本生えていて、その下に木のベンチがひとつ置いてあった。植栽と呼ぶようなものはほかにない。これをどこかの国で聞いたふうな「広場」という一言で片付けてしまうには、あまりにも貧しい空間だった。そのベンチに腰掛けて休憩していると、痩せて頬がこけ、長い白髪を無造作に背中で束ねた小柄な老婆がひとり近づいて来た。そして、ぼくの隣に腰掛けてさかんに話しかけた。見ると、彼女の前歯はほとんど抜け落ちている。言っている言葉はよくわからなかったけれど、何か一生懸命ぼくに訴えっている切迫した様子が、わずかに充血した彼女の目の奥から伝わって来た。ぼくはそんな彼女から目をそらすことができなかった。やがてぼくは、さも了解したかのような顔をして、彼女に向かってうなずいていた。ああ、ぼくはしてはならないことをしてしまった！　こんなぼくは何という偽善者か、我ながらそんな自分が許せない！　しかし、よそ者のぼくに一体何ができるというのか！　ぼくはあなたによりそうことはできない。

運命が彼らを追いつめたのかもしれない、と思う。自分たちの祖先が築いた偉大な文明から見捨てられ、彼らは地を這う土埃《つちぼこり》となって今を生きている。そして、よそ者が侵入してくると宙を舞ってみせるのだ。「埃にまみれた生温いコーラ」、ほとんど忘れかけていた、あのメキシコへ入ってすぐに見た荒涼とした大地が、ぼくの目の前にピントがぼけた映像のようになって、突然姿を現した。彼らは雨期になると水溜まりの中でよどみ、乾期になると風に操られて当てもなく舞う埃だ。やりきれない！

夜は蚊に悩まされた。明日はここを出発してカリブ海へ向かうことにする。

---

地を這い、風に舞うこの埃は、誇りを失ったインディオの現状を象徴しているかのようです。「誇り」は埃となってコーラのビンにこびりつき、ふき取ってもふき取ってもこびりつき、やがてふき取るのを完全にあきらめてしまい、無気力状態に陥り、そしてあるときからそれがあたりまえの日常になってしまうのです。

ケスラー伯爵は彼らの無気力を指摘したが、その奥にひそむ征服され続けた者のルサンチマンを、果たして彼は感じとっていたのでしょうか。彼らインディオは長い間、自らの閉ざされた闇の世界に浮遊して生きてきたのです。

---

## 九月二十七日

今朝、めずらしく雨が降った。すぐにやんだが後は曇り空が広がり、幸いそれほど暑くなかった。これは絶好のヒッチハイク日和《びより》だ！ ぼくは勇んで荷造りに取り掛かった。と言っても、荷物といえるものはそれほどないのだけれど。

かなりの時間道路沿いに立って、やっと一台の車を捕まえることに成功したが、その荷台には先客の若者が五人いた。ぼくをいれて合計六人が一台の車に乗っているのだから多少窮屈だったが、もともと交通量の少ない道路では贅沢を言ってはいられない。数少ないチャンスを確実にものにしなければ先へは進めない。

聞くと、彼らは全員メリダの学生で「イスラ・ムヘーレス（注一）へこれから遊びに行く」と言った。みんな愉快で気さくだ。その彼らが日本人のぼくを歓迎するつもりなのか、突然般若心経《はんにゃしんぎょう》（注二）を唱えはじめた。何でも、日本人の教師に教わったのだそうだが、こんなキリスト教の国で仏教の経文を聞くとは驚きだ。カンジーザイボーサツ、ギョウジンハンニャーハーラーミータージー、ショウケンゴーオンカイクードーイッサイクーヤク……何となくマリアッチのリズムが混ざっているような、妙におどけた感じで唱える彼らの経文を聞くともなく聞いていると、いつのまにかぼくの想いは遠い昔へ飛んでいた。

離れに隠居していた祖父が、祭壇に安置した高さ五十センチメートルほどの青磁色の菩薩像に向かって、半ば日課のようにしていっしんに経文を唱えていた光景が浮かんできた。あれは般若心経ではなかったと思うが、彼は近づく死を恐れ、できれば極楽浄土へ行きたいと願って祈っていたのだろうか……白髪混じりの坊主頭、度のきついメガネ、でっぷり太った大柄な体つき。かつては町会議員をしたこともあるという祖父の少し後ろにちょこんと控えて、ウチワでゆっくり祖父をあおぐ、背中の曲がった小柄な祖母。あれは古びた庭の木々に蝉しぐれがうるさく響く夏の午前だった……それは家父長制（注三）がまだ根強く残っていた戦後のことで、家長である祖父のもとに四国から後妻として来た祖母は、自身にこどもができなかったせいか血のつながりのないぼくを可愛がってくれ、よく五右衛門風呂に入れてくれた――しかし、そんな祖母の死に目にぼくは会わなかった。いや、会おうとしなかった……　突然、経文が甲高い笑い声に変わり、ぼくは思わず我に返った。

彼らとはプエルト・ファアレスという小さな船着場で別れた。ぼくはそのあたりで今夜の宿を探したが、二軒しかない宿のひとつは宿泊料が高くて話にならず、もう一軒は「ひとり客は泊めない」

とそっけなく断られた。仕方がないから、無理をしてでも今日のうちにコスメル島へ渡ることにした。

島へ渡る船を探して、マリンキャップをかぶったひげズラのおっさんが運転する小さなバスで、プエルト・モレロスと言う名前の船着場まで来た。ここからだと、しかし、島まで三時間もかかると聞かされて、さらにバスを乗り継いでプラヤ・デル・カルメン――カルメンの浜――という洒落《しゃれ》た名前の船着場まで行くことにした。そこからだと一時間で島に渡れる、と誰かが教えてくれたからだ。

夕闇がせまる中を、やっとの思いでプラヤ・デル・カルメンにたどり着くと、そこは波に打たれて自然にできた海辺から、木で作った長さ五、六メートルほどの粗末な桟橋がひとつ沖へ向かって突き出ているだけの、いたって簡素な船着場だった。周囲には木造の小屋が一軒建っているだけで、ほかに建物らしいものは見当たらない。そこに今しもコスメル島に渡る小型フェリーが一隻、まるでぼくの到着を待ちかねていたかのように、エンジン音を低く響かせて停泊していた。もしも船がなかったらどうしようかと不

プラヤ・デル・カルメン

安に思っていただけに、内心ホッとした。これで今日のうちに確実に島へ渡れる。船賃は三〇ペソだった。

桟橋から顔を突き出してのぞいて見ると海水はすごく澄んでいて、海底の砂や石が手にとどきそうなほど近くにはっきりと見えた。日本のプラスチックゴミのうち寄せる汚い海辺を見慣れているぼくには、その様子はかえってそっけないほどだった。波も静かだ。

ぼくはすぐにひとりの若者と親しくなり、いっしょに甲板のベンチに腰掛けて船の出港を待った。近くまで迫ってきているヤシの木の群れが、いつの間にか砂浜に黒い影を落としていた。それでもまだ上空は昼間の明るさを残して、雲ひとつなく生き生きと輝いていた。しかし遠くの水平線では、これから訪ねようとしているコスメル島の明かりが、宝石を散りばめたようにキラキラと低く漂いはじめた。この時間になるとさすがに乗船客も少なく、外国人といえばぼくひとりだけだ。近くには、目を閉じて抱き合っているカップルもいた。夜風が肌に心地よく、昼間の暑さがまるで嘘のようだ。

ぼくは船の小刻みな揺れに身をあずけながら、ひとりでよくこんなところまで来たものだという想いで、いく分感傷的になっていた。

やがて島に着くと、宿の客引きをしているこども達がにぎやかに出迎えてくれた。この国では、どこへ行っても元気に仕事をしているのはこども達ばかりで、父親はたいていテキーラを飲んで酔っぱらっているか、どこかの飲み屋で女を口説いている。

（注一）カリブ海に浮かぶ小島で、直訳すると「女たちの島」。

（注二）仏教の全経典の中でも最も短いもののひとつ。古くから日本の信者に愛唱される経典で、複数の宗派において読誦経典のひとつとして広く用いられている。

（注三）家長である男性が権力を独占し、父系によって財産の継受と親族関係が組織化される家族形態に基づく社会的制度。

**九月二十八日**

コスメル島は資産家の保養地になっているせいか、それともカリブの風に吹き飛ばされたのか、魚や塩の匂いというものをまるで感じさせない。宿の宿泊料金も高かった。それでも辛抱強く交渉して、一泊四〇ペソの部屋を三〇ペソに値切ることができたので、数日間滞在することにした。

**九月二十九日**

宿は舗装した道路に面していた。玄関を出て、すぐに道路を右に折れて二百メートルほど歩くと海岸通りに出た。

朝からまさにぬけるような青空だ、何と素晴らしい日だ。この空と海の色を全身にタトゥーにして彫り込み、海鳥になって高く、高く舞い上がりたいと心底思った。ぼくは空に向かって叫びたい衝動にかられた。ぼくは自由だ！と。それほどすべてが真っ青だった。日本の空のように、我が物顔で交錯する目ざわりな電線やケーブルなどありはしない。ぼくは海に向かって両腕を思いっきり広げて背伸びをし、ひとつ大きく欠伸《あくび》をしてから、ゆっくりと歩きはじめた。

ジーンズを切って自分勝手に改造したショートパンツにサンダル履きという服装で、海岸通りを足の向くままにまず南へ下った。本当に水がきれいだ。透明な水からしだいに薄いブルーに色が変わり、さらにその沖は深みのあるブルーだ。これこそがはじめて見る「マリンブルー」に違いない。その中をヨットの白い帆がさも退屈そうにゆっくり動く風景は、まるでデュフィ（注）の世界そのものではないか。いや、それ以上だ。何という至福のときか。それにしても人影を全然見ないのはどういうことだろうか？

朝食代わりのビスケットをかじりながら「サンフランシスコの浜」という名前の、狭い砂浜までやって来た。そこには車が四、五台止まっていて、みんなけっこうにぎやかに海水浴を楽しんでいた。ぼくはなぜか急にうれしくなって、そのままの服装で海にスタスタ入って行った。

陽が陰ってそろそろ街灯がともりはじめる夕方、今度は海岸沿いを北へ向かって歩いてみた。ちょっとした入江にはボートやヨットが寄り添うように停泊していて、その近くでは、マリンキャップをかぶった大柄の男がひとり、ベンチに腰掛けてなぜか気取ったポーズでギターを引いていた。夜は、家の中にいるよりも外にいる方が涼しい。

（注）Raoul Dufy（1877-1953）二十世紀のパリを代表する画家。「色彩の魔術師」とも言われ、地中海の青い海と空を好んで描いた。

## 十月二日

今日も快晴で通りはひっそりとして、海を見ても誰も泳いではいなかった。それでもぼくは岩だらけの岸壁から飛び込んだ。

夕方が近づき、陽が陰り涼しい風が吹きはじめたころ、どこから現われたのか、太っちょのおばさんと四人のこども達が海に入ってにぎやかに遊んでいた。みんな海水着のような気のきいたものは身につけていない。おばさんの場合はハワイのムームーに似た簡単な普段着で、通りを歩いていて汗をかいたからそのまま海に飛び込んだ、という自然な感じだろうか。それとも、汗で汚れた着衣を海水で洗濯するつもりだろうか。ぼくもイソイソとその仲間に加わった。

やがて入江に街路灯がともりはじめると、その中に停泊中のヨットの白い船体が青白く浮き上がった。夕焼けが美しい。島のどこかで一日の労働を終えて家へ帰る途中なのか、ツルハシを手にした労務者の一団を荷台に乗せたトラックが、周囲の静寂を突き破るようにけたたましいエンジン音と排気ガスをふりまいて、ぼくのそばを走り過ぎていった。

この時間になると船着き場でも照明が入り、海沿いに店をかまえる数軒の酒場が本格的な営業をはじめた。ヤシの葉で屋根を葺いて、それを四本の柱で支えているだけの簡単な東屋《あずまや》の中にテーブルが四つ、五つと並び、ウェイターが立ち、どこからともなく客が集まって来て思い思いにビールやテキーラを飲みはじめ、マリアッチのテンポのよい音楽がスピーカーから流れて、笑い声と話し声が交錯する。今日の仕事は終わった！　明日のことはまた明日考えよう！　とにかく、今夜は酒だ、テキーラだ、音楽だ、マリアッチだ！

明日は、この島を出てテゥルム遺跡へ向かうことにする。

---

カリブ海に面した風通しのよい高台にあるテゥルム遺跡は、十六世紀の初めに沖合を航行していたスペイン船隊によって偶然発見された、と言います。この都市が建設されて機能していた時期は比較的新しく、西暦一三〇〇年から一五〇〇年の間と思われ、それはコルテスの率いるスペイン軍がアステカ族を滅ぼす、少し前ぐらいまでのことでした。これはマヤ族が建設した最後の都市のひとつとされています。

旅行者Kがコスメル島へ渡った船着き場プラヤ・デル・カルメンは、聞くところによると高級リゾート地に発展して、現在では高層ホテルが建ち並び、当時の面影は微塵もないということです。世の中からしだいに詩情が消えていくような気がして、非常に残念です。

## 十月三日

コスメル島からプラヤ・デル・カルメンに引き返す船の中で、突然、とがった口ばしをもつ巨大な魚が海上高く飛び上がるのを目撃し、乗船客の間から思わずどよめきが起きた。空の青さよりさらに濃い色をした水面から空中高く、銀色に輝く腹を見せて飛び上がる雄姿は、非常にダイナミックで、水族館で見るイルカの曲芸などの比ではなかった。これは明らかに、青白い人間たちへの野性の挑発だ！

テゥルム遺跡は、今まで見てきた遺跡のうちでも規模が小さいほうだったが、カリブ海の青空と

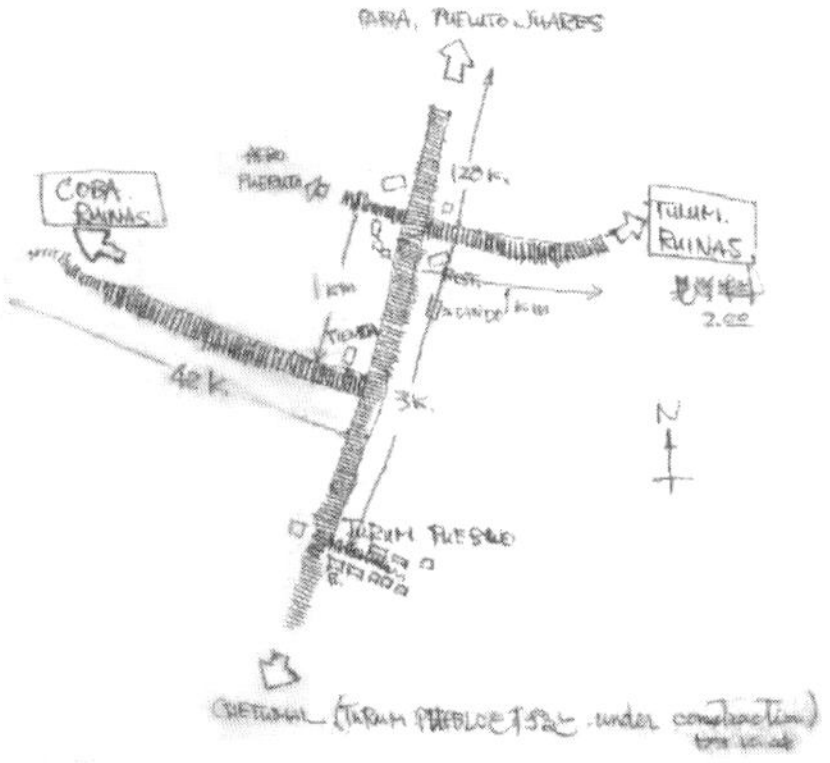


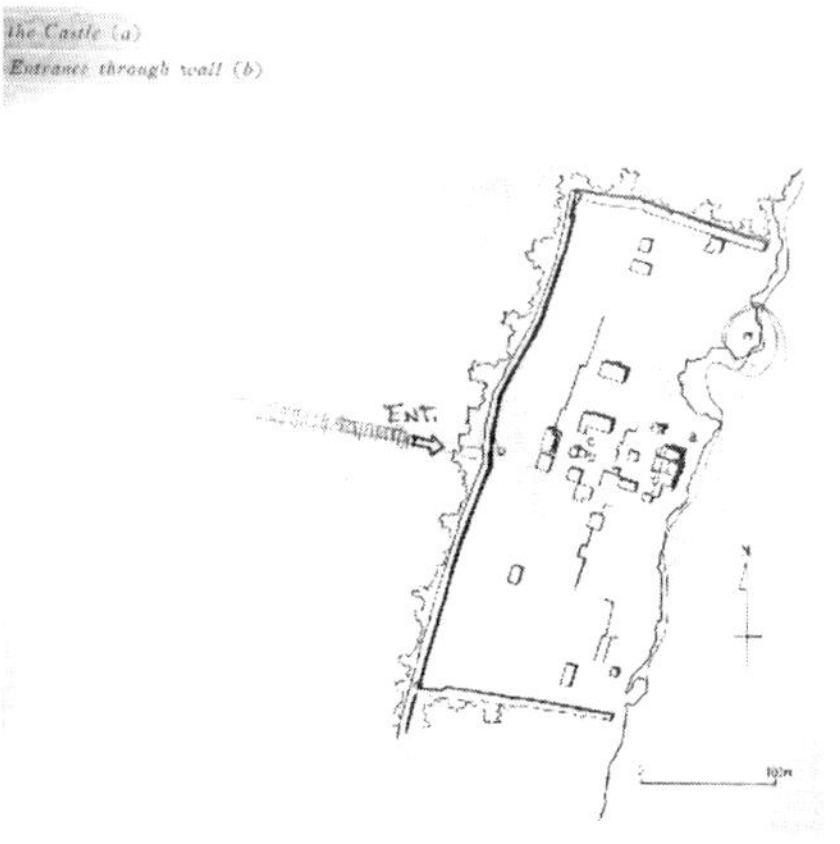


テゥルム遺跡

海を背景にして崖の上にストイックに建つ様子は、実にドラマチックで、感動的でさえあった。それはカリブ海の風景を借りた、さしずめ「借景の遺跡」と言ったところだ。

　この遺跡は、残念なことにそのほとんどは瓦礫《がれき》と化しており、それがまるで箒《ほうき》ではき集められたかのようにして、敷地の一角に山積みにしてあった。周囲に見学客の姿はほとんどなかった。

　遺跡でふたりのメキシコ青年に出会い、親しくなった。遺跡から一ヶ所だけ海辺に続く急な小道がついていた。ぼく達はそれを下って行った。降り切ると猫の額ほどの小さな砂浜があって、水際の砂の中になぜか野性のヤシの木が一本、根元を塩水に洗われながら寂しそうに生えていた。これにぼく達のうちのひとりが器用によじ上ってココナッツを取った。砂地に座り込んで心地よい潮風を頬に感じながら、小型ナイフを使って手早く皮をむき、穴を開けて果汁をすすり、白い果肉をかじった。これがなかなか美味しかった。まさに野生の味だ。

　このあたりの道路は、午後になるとバスも来なければ車も通らなかった。仕方がないから、ぼく達は遺跡から四キロメートルほど離れたところにあるテゥルム村まで歩き、そこで一泊することにした。

この村の入口に民家を改造した、この村に一軒だけという小さな雑貨屋があって、そこの主人が部屋を斡旋してくれたのだ。と言っても、普通のホテルや民宿のような気のきいた施設があるわけではない。ぼく達は夕食付きで一泊一六ペソという格安の部屋に、ハンモックを借りて寝ることになった。

このあたりは電気がきていないらしく、夜になると周囲は漆黒の闇と化した。まだ明るいうちに、雑貨屋が用意したトルティーヤと豆スープで手早く食事をすませると、ぼく達はハンモックを借りて、雑貨屋の主人がもつロウソクの明かりをゆいいつの頼りに、畑のあぜ道のようなところを歩いて宿へ向かった。

宿に着いて見ると、それはユカタン半島で普通に見かける民家そのものだった。中へ入ると全体が土間になっていて家具はなく、もともと空き家だったのか、ガランとして生活の匂いがまったく感じられなかった。これはすごい家だ、と内心驚きながら見回していると、足が妙にむず痒《かゆ》くなった。なんだろうと腰をかがめて足元に暗いロウソクの明かりを近づけると、何とアリが群れをなし

テゥルム遺跡への道

てウジャウジャ這い回っているではないか。しかも奴らは、履いたサンダルの隙間からのぞくぼくの素足を夕食にしていた！　反射的にぼくはほとんど恐怖に近い驚きを感じ、あわててアリを払い落として吊っておいたハンモックに飛び乗った。

　布団が狭い部屋を効率よく使おうとする日本人の生活の知恵なら、ハンモックは同じように狭い部屋を効率よく使おうとする、インディオの生活の知恵にちがいない。すぐにたたむことができてかさばらず、どこへでも簡単持って行くことができる。引っかけるフックさえあれば簡単に取り付けることができ、その中で横になると適当にゆらゆら揺れてまるでゆりかごのようだ。その上、地を這う肉食アリからも逃げることができるとなれば願ったりかなったりだ。

　やれやれ、これで助かった。とホッとしていると、今度は空中から無数の蚊の集中攻撃をうけた。サンクードだ！　血に飢えた吸血鬼だ！　ぼく達の血はきっと久しぶりにありつく若くて新鮮な血に違いない。服の上から、ハンモックの編み目の隙間から、ところかまわず攻めてきた。こんなところで生活していたら、マラリヤにかからない方が不思議なくらいだ。

ユカタン半島のこの原始的な「ほったて小屋」は、ベラクルス周辺でKが見た民家と非常によく似ています。おそらく気候も似ているのでしょう。屋根を寄せ棟風に乾燥した木の葉で葺き、壁は木の細い枝を大地に差してバラバラにならないように横木で結んで作っただけの、きわめて簡単なもので、木と葉さえ用意すれば家族全員の手で、あるいは周辺住民に少し手伝ってもらうだけで数日間で完成しそうだし、屋根の葺き替えなども簡単にできそうです。建物の角には、きっと屋根を支える太い支柱があるはずですが、外観だけ見るとその確認はなかなか難しくて、そこは直角になってはおらず——あえて直角にする必要性もないのですが——ゆるやかな曲線を描いています。結局、全体としては楕円形に近い形で、自然に逆らわない優しい形をしています。

この民家は、ユカタン半島で暮すインディオの貧しさをそのまま表していますが、同時に、この地方の気候にもっとも適した住居とも言えそうです。

---

## 十月四日

彼らふたりが朝一番のバスでプエルト・ファアレスに行くというので、まだ暗い五時ごろにバスのクラクションでたたき起こされた。

ぼくは昨夜からの蚊の猛攻で完全に寝不足だった。それでももう一度だけテゥルム遺跡を見ようと、彼らと別れてひとり寝不足で重い体にバックパックを背負って、遺跡まで歩いた。

ちょうど遺跡の近くまで来たとき、はるか前方で太陽が昇りはじめた。空は快晴に近かった。やがてその光の中に、高台にある遺跡がシルエットとなって突然黒々と立ち上がり、みるみるうちに黄金の輝きに縁取られたではないか！　ぼくはこの予期しなかった風景のあまりの美しさに唖《あ》然として眠気《ねむけ》を忘れ、まるで金縛りにでもあったかのように、しばらくその場を動くことができなかった。これほどの自然の美しさに遭遇することができた自分は、何と幸せ者だろうか！　ひざまずいて、誰かにこころから感謝したい気持ちでいっぱいになった。

手持ちの粗末な資料によると、この近くの密林の中にはもうひとつ「コバー」という遺跡があるらしかった。しかし、この遺跡の見学は無理だろうと最初からあきらめて、十一時ごろから道路沿いに立って、プエルト・ファアレスへ行くバスと車を待った。バスが来るのが早いか、それともヒッチハイクで車を捕まえるのが早いか……しかし、いつまで待っても車はおろか、人っ子ひとり通らなかった。道路を横切る動物の姿もなかった。舗装道路だけが定規をあてて線を引いたように、まっすぐにのびていた。ぼくが立っている周辺を除いて、すべて樹木に覆われて森閑としていた。

いつの間にか太陽は上空に達し、容赦なく照りつけた。アスファルトの下に眠っていた地熱が目さめて噴き出し、まるでこんなぼくを面白がるかのように、路上でユラユラ揺れていた。ああ、ぼくの脳みそはひからびて、今にも砂漠の砂になってしまいそうだ。

ヒッチハイカー殺すに刃物はいらぬ、車の一日も来なきゃいい。今夜もあの肉食アリと蚊の巣窟でハンモックに寝るのか、と半分あきらめかけていたところ、午後二時ごろに運よく——本当に運よく——コバー遺跡を見学に行くという車に拾われた。この車に乗っていたのはメキシコシティの建築家や作家の男性三人組で、プエルト・モレロスに休暇で来ていた。

コバー遺跡への道は、最初の四十キロメートル程度までは舗装してあったが、そこから先は道路と呼ぶには躊躇するほど石ころの多い山道になっており、四輪駆動車でもない限り通れないひどい道だった。仕方がないから、ぼく達は車をその場に放置して歩くことにした。

こうしてやっとたどり着いた先には、まるで瓦礫《がれき》の山のようになった大きなピラミッドがひとつだけそびえ立っていた。周囲の密林はインディオの手で刈り取られて、一応草地になっていた。ピラミッドの頂上にはポツンと、今にも転げ落ちそうな心細い様相で小さな神殿が建っていたが、石段もないのでそこまで上ることはとうてい不可能だった。せっかく来たのに、と思いながら、ぼくは恨めしそうに見上げて、思わず深いため息をもらした。

そこからさらに二、三キロメートル奥地へ入るともうひとつ遺跡がある、とピラミッドを管理するインディオは言ったが、ぼく達は彼の差し出す見学者名簿に名前と住所（ぼくの場合はパスポート番号）を書いただけで、奥へ進むのをあきらめてすぐにひき返した。しかも帰りに突然のスコールに遭い、放置しておいた車にたどり着いたときには全身ずぶ濡れになっていた。

今夜は彼らの泊まる民宿で夕食をよばれ、酒を飲んで台所の床に転がって寝た。しかし、久しぶりにウィスキーにありつけたのは幸運だった。貧しい旅を続けていると、こうしたちょっとした幸運がすごく大切なことのように思える。

## 十月五日

午前三時に起きて彼らはコスメル島に渡り、ぼくはもうひとつの島「イスラ・ムヘーレス」に向かうために、四時に来るという始発バスを待つことにした。見ると、バスが止まることになっている場所の近くの雑草の中に壊れかけた小型トラックが一台、雑草に埋もれるようにして放置してあった。そこでぼくはそのかたむいた荷台に横になって、バスが来るまで星を見ながらもうひと眠りした。

始発バスでプエルト・フアレスに着くと、ちょうどイスラ・ムヘーレスに渡る船が停泊しており、すぐにも出港だった。まだ夜もあけぬというのにおおぜいの乗船客がいた。

　この島がイスラ・ムヘーレス、つまり「女たちの島《イスラ》」と呼ばれるようになったのは、何でもその昔この島に女ばかり（きっとこどももいた）住んでいたかららしい。では亭主たちはどうしていたのだろうか？　彼らは海賊業に忙しくてあまりこの島に帰って来なかった、ということらしい。

　それは少し歩くとすぐに反対側の海に出てしまうほど細長い、小さな島だった。まるで小柄な女のガリガリに痩せたあばら骨のようだ。コスメル島よりも砂地が多く、海水浴には適しているように見えたが、コスメル島ほどの高級感はなかった。ここはさしずめ庶民のリゾート地といったところだろうか。

　予想していた通り、宿の宿泊料金が高いので一泊だけして、明日は早々にメリダへひき返すことにした。

## 十月六日

　プエルト・ファレスの汚い食堂で昼食にタコスをほおばっていると、ぼくの皿のすぐ隣で、あの肉食アリが一匹――ぼくの存在などまったく無視して――タコスからこぼれ落ちた肉片に喰いついていた。アリの体の少なくとも四倍はありそうな肉片をものともしない貪欲さだ。まるで油断もすきもない。人間も動物も、ここでは同じように過酷な生存競争を強いられているが、最後に勝ち残るのは間違いなく奴らであって、人間ではない。

プエルト・ファアレスでは、運よく一発でメリダ行きの車を捕まえた。これがヒッチハイクの醍醐味だ。運転手の話し相手さえしていれば、無料で目的地まで運んでくれる。おかげでぼくのスペイン語もかなり上達した。

日本を出て三ヶ月がたった。

## 十月十日

出発する前に五〇ペソの手付金を払っておいたメリダのペンションに、家主と約束した通りに今日からしばらく滞在して、周辺の遺跡を見学する。

ルイスとも再会して、彼の家を訪れた。彼の母親と姉とこどもに紹介され、ぼく達はハンモックに揺られながら酒を飲み交わした。今夜は月がとても美しかった。

このところまた体調が思わしくない。

## 十月十三日

バスに乗ってウシュマル遺跡を訪ねる。

この遺跡は、メリダから南へカンペチェ（注）に向かう道路の途中——メリダから約八十キロメートル離れたあたり——から少し密林に入ったところにあった。ここは観光用に十分整備されていて、遺跡は期待していた通りに素晴らしいものだった。とくに入口を入ってすぐ右手にそびえる、「魔法使いの館《やかた》」と呼ばれる高さ三十メートルにも達するピラミッドの角《かど》の取れたプロポーションは、緊張感が漂う中にもある種の有機的な輝きを感じさせた。まるで魔法使いがかぶっている帽子のようだ！　誰がどのような設計図を描いてこのような形にしたのだろうか？　きっと彼はミケランジェロやレオナルド・ダ・ヴィンチのような天才だったに違いない、いや、もしかすると偉大な神官だったかもしれない。そして彼の手足となって、毎日多くの奴隷が汗を流しながら黙々と石材を運んだにちがいない。ならば彼らを統率するための設計図や施工図、あるいは完成予想図のようなものがあってもよいはずだ。それは石板に墨《すみ》のようなものを使って描かれたか、あるいは地面に小枝を使って描かれたかもしれない。などと勝手に想像をふくらませながら、ピラミッドの東側の側面に張り付いている急な石段をよじ上った。頂上から振り返ると、そこには広大な密林のパノラマが展開し、彼方からマヤ族の勇敢な戦士たちの雄叫《おたけ》びが聞こえて来るような錯覚さえおぼえた。

このピラミッドの西側に隠れるようにしてひっそりと建つ

魔法使いの館

「尼僧院」は、中庭を囲む背の低い四棟の建物で構成され、いずれの建物も非常に装飾性が強かった。とくに中庭に立って眺める周囲の壁面は、切り石を自在にはめこんだ幾何学的なモザイク模様で覆われ、閉鎖的な雰囲気の中にもきらびやかな「祭り」の熱気を感じさせた。それぞれの切り石はある種の法則性に身を任せているようでもあり、何らかの役割を担っているようでもあり、まるで砂に散りばめたダイヤモンドのように、古代マヤ文明の寓話の円熟した最後の輝きを今なお生き生きと発していた。

それとは対照的に、単調に仕切られた建物の内部には装飾らしいものは何もなかった。「尼僧院」という名前からすれば、ここで女性の神官たちが集まって何か作業をしていたかのような印象だが、実際は宮殿だったらしい。しかし、窓がなく狭くて暗い室内はあまり快適とは言えなかった。もっとも快適性などという言葉は、ぼく達の近代文明が造り出した造語かもしれないが。

「尼僧院」の中庭を囲む四面の壁のうち、南面の壁だけに先端が鋭角をした通り抜けが中心にあって、この開口部を通して二十メートルほど先に「海亀の家」「総督の館」と呼ばれるふたつの建物が見えた。そのうちのひとつ、「総督の館」の外壁の装飾も

「尼僧院」のそれに劣らず素晴らしいものだった。

こうした細密で美しい装飾に出会うと、いつもワクワクする何とも言えぬときめきがこころの底からわき起こるのはなぜだろうか？　それにしても実に素晴らしい装飾群だ。いつまで見ていても飽きない。ぼくはすごく幸せな気分に浸った。

ウシュマル遺跡から帰る途中、カバー遺跡へ立ち寄ってメリダに行くというフランス人の車に運よく拾われた。そこでぼくも彼といっしょにカバー遺跡を見学することにした。

ウシュマル遺跡

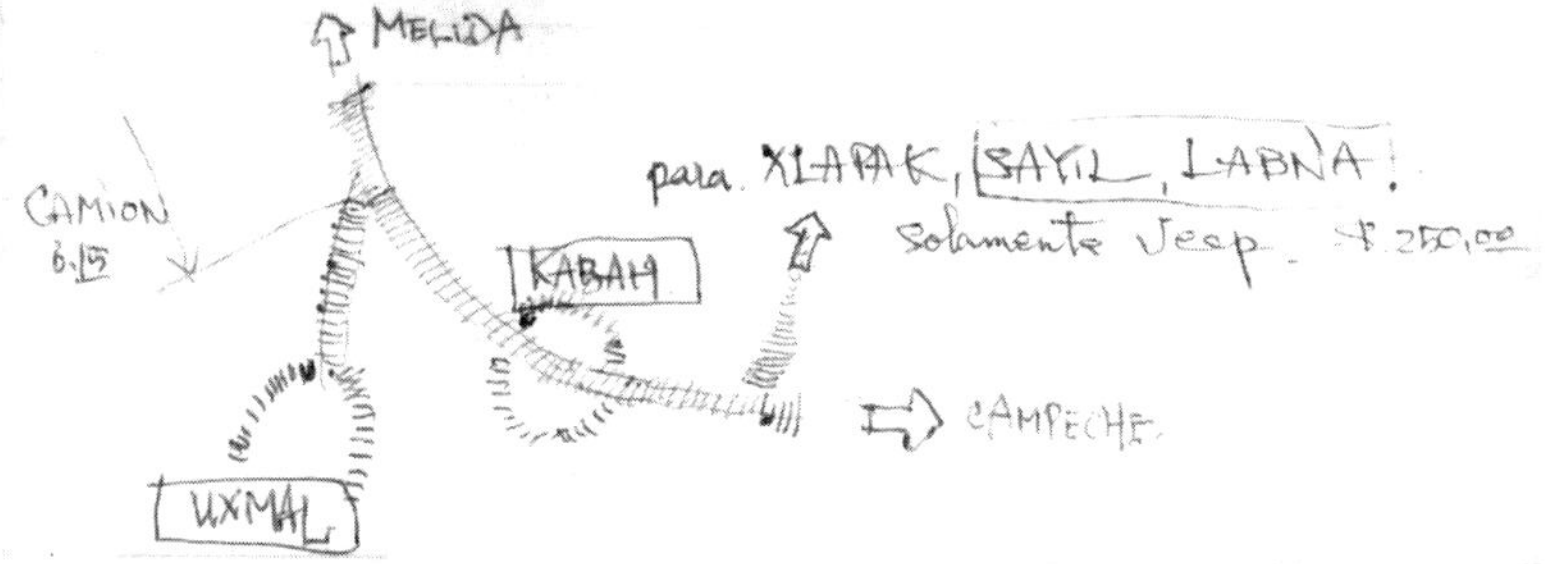

この遺跡は、ウシュマル遺跡からさらに数キロメートル、カンペチェ方向に南下した道路沿いにあったが、それほど素晴らしいとは思わなかった。ウシュマル遺跡を見た後だっただけに、余計にそう感じたのかもしれないが。

サイルやラブナといった遺跡もここから近かったが、密林の奥にあるために四輪駆動車でしか近づくことができなかった。その料金は、日帰りのガイド付きで二五〇ペソだそうだ。無理をしてでも行こうかどうしようかと、今、迷っている。まるで時計の振り子が左右に揺れるように、気持ちが「行く」と「行かない」の間を揺れ動いている。

（注）メキシコ湾岸にある都市で、カンペチェ州の州都。

---

ウシュマル遺跡はマヤ建築の集大成とも考えられており、その建設が行われたのは、マヤ古典期の後期、すなわち西暦七〇〇年から八〇〇年ころと推定されています。

これらのプウク地方に分布する遺跡はどれも、メキシコ中央高原あたりの遺跡、たとえば旅行者Kがこれまで見て来たテゥーラやテオティワカン、あるいはメキシコ湾に近い低地のエル・タヒン遺跡に比べると力強さや荒々しさの点で劣っているが、「尼僧院」でもわかるように、装飾上の技術において明らかに進歩が見られ、より洗練された、繊細でより幾何学的な造形を築いているようです。それは、エル・タヒンなどにおいて装飾が建築の掛け替えのない一部として肉体化されていたのと異なり、ここでは技術的に進歩しているだけによりいっそう装飾化が進み、建築の表層として装飾だけが先へ独り歩きしているようにさえ感じる。しかもウシュマル遺跡の場合は、テオティワカンのような都市全体の調和とか建築相互の関連性といったことよりも、個々の建築の個性とか質の向上といった点に重点が置かれていたようです。

ケスラー伯爵は十一月二十八日にこの遺跡を訪れ、これをギリシャのアクロポリスにたとえています。

「……そそり立つ無数の巨大なピラミッドからなるこの都市には、その配置に対してまったく計画性がないようだ。それらは平地に対して水平ではなく、空に向かって垂直に配置している。その特質は高さのリズムである。宮殿と神殿で構成された密集したアクロポリスの集合体で、今は密林の中にそびえ立っている。」

さらに伯爵の描写はそれぞれの遺跡の詳細に及び、最後に、もっとも特徴的なピラミッド「魔法使いの館」について、つぎのように書いて締めくくっています。

「この都市の中では、中央神殿だけがピラミッドとしてそびえ立っている。それはどこからでも見ることができて、周囲に対しておそらく自らの意志で、近寄りがたく薄気味悪く、閉鎖的な印象をあたえている。石造のもつ陰鬱で重々しい量感と、アラベスク模様の豪華な美しさがもっている怪しげな象徴性によって、まるで神の神託を伝える場であるかのような姿で、足元の密林の中に埋没する広大な都市の荒れ果てた遺産を見おろしている。」

## 十月十四日

ウシュマル遺跡のピラミッドは何回見ても素晴らしい。観光客のための単なる観賞用「マネキン」と化した今でも、なおマヤ族の誇りと格調の高さを感じさせずにおかないのは、時間の流れに耐えうるある種の普遍的で根源的な美しさを備えているせいだろう。

それに比べて現在の日本には、現われてはすぐ消える、ただ単に表面的な美しさしか関心のない、軽薄で浮草のような流行が多過ぎる。そうした現象が結果としてもたらすものはぼく達の時代の調和と統一ではなく、無責任な混乱と無秩序と荒廃した精神でなくて何だろうか。

遺跡からの帰りはムーラという町までヒッチハイクをしたが、そこから先の車が捕まらなかった。仕方がないからバスに乗った。

この国のバスにはファースト・クラスの高速バスと、それよりもはるかに見劣りのする庶民的なセカンド・クラスのボンネットバスがある。しかし、セカンド・クラスと言ってもバカにしてはいけない。旧式な形をしていて座席のすわり心地もよくないが、しかし本当によく走る。騒音と排気ガスを周囲にまき散らしながら、どんどん車を追い抜いて行くから不思議だ。

夜七時ごろにメリダに帰った。

夜のレストランでひとり食事をしているときに、口ひげを携えた、目もとが涼しい、いかにも上品そうな小柄な痩せた白髪の老人と親しくなった。彼は医者だったが現在は引退して、ホテルを回っては旅行者の世話をされているそうだ。かつて二回日本へ行ったことがある、とおっしゃった。

そのうちの一回は、日本が世界に向けて自国を宣伝するために募集した作文に応募して入選したときで、もう一回はメキシコでの日本人観光客の世話が認められて、日本政府から勲章を受けたときだそうだ。それが一体いつのことだったのかは訊《き》きのがしたが、たいした親日家がこの町にはいるものだと感心した。彼から手渡された名刺には、「ドクトル・オティリオ・R・ビリャヌエヴァ」とスペイン語で印刷してあった。

もうひとつ驚いたことがあった。それは、彼がこのメリダで「ノグチ・ヒデヨ」に医学を学んで、強い影響を受けたという事実だ。ノグチ・ヒデヨ、野口ヒデヨ、野口英世……ぼくはこの老人の口から、この思いがけない日本人の名前を聞いたとき、しばらく名前を反芻《はんすう》しながら記憶の片隅を探っていた。野口英世、医者、火傷、そして○○病の研究者……しかし、なぜこのメリダに?

その野口英世の記念像がこの町にあるそうで、明日はぼくをそこへ案内したいと彼は言った。格別興味があるわけではないが、せっかくの申し出だから行って見ることにする。ぼく達は午後二時に、このレストランで待ちあわせる約束をして別れた。

ぼくに「野口英世」という名前に聞き覚えがあるとすれば、それは遠い昔の義務教育の教科書の中だったでしょうか。彼は美化されて、今でも日本人のこころの中に生き続けているようです。

一九一九年（大正八）、野口英世（1876-1928）は黄熱病の研究のためにロックフェラー医学研究所の依頼でメリダにやって来て、翌二〇年まで滞在しています。一九一九年と言えば、ちょうどヨーロッパで第一次世界大戦が終結した翌年のことです。当時二十九歳の医学生だったビリャヌエヴァ氏は、そのときに彼の身近にあったのです。

そして一九四〇年（昭和一五）、彼は日本の国際文化振興会が募集した「紀元二六〇〇年記念国際懸賞論文」に応募し、参加記念賞を受賞しました。つまり、旅行者Kが書いている「日本が世界に向けて自国を宣伝するために募集した作文に応募して入選」というのは、どうやらこのときのことらしいのです。さらに「日本政府から勲章を受けた」というのは、一九六五年（昭和四〇）のことのようです。これだけ知っただけでも、ビリャヌエヴァ氏の親日度が決していい加減なものではないことがよくわかります。

彼は一九七七年一月三十日、八十六歳でその生涯を閉じています。ですから、Kと出会った数年後に亡くなられたことになります。

## 十月十五日

約束通り午後二時にレストランへ行くと、すでにビリャヌエヴァ氏は待っておられ、すぐに野口英世像のある病院にバスで案内してくだされた。

像は町のはずれにあった。それは想像していたよりも小さく、高さ七十、八十センチメートル程度の控えめなもので、足元に「○○大学寄贈」と刻んであった。これはある種のひと達にとってはきっと特別な意味をもつ像だろうが、野口英世の名前すら思い出すのがやっとだったぼくには、残念ながら何の感情もわかなかった。別れ際に、老人は明後日夕食に招待したいとおっしゃったので、ぼくは喜んでお受けした。

夜、ルイスたちと飲み歩いた。ビール、バカルディ、ブランディー、テキーラ……四軒もハシゴ酒をしてしたたかに酔った。

## 十月十七日

貧乏旅行なのでどうしようかとさんざん迷ったが、結局、自分の好奇心と冒険心を抑えることができなかった。こうしてぼくは遺跡を見るために四輪駆動車を借りてインディオの運転手と道先案内人を雇い、密林の中へ分け入った。

それは予想以上にひどい道だった。雨期でぬかるんだ水はけの悪い、車がやっと一台通ることができる程度の細道は、誰もが同じ道ばかり往来するものだからさらにぬかるんでいた。しかも、ところどころでわだちが深くなって、そこに泥水が溜まり、これにタイヤがはまり込むと、ときとして四輪駆動車といえども動きを封じられた。上空には、周囲のやせ細った樹木や蔓《つる》が網の目のように絡み合って覆いかぶさり、空を見るのも難しいほどトンネル状態になっていた。道は何ヶ所か広くなっていたが、これは対向車が来たときにすれ違うためのものだ。しかし、対向車などは一台もなかった。

このあたりの道はすべて「使い捨て」になっていて、ひとつの道が通行不能になると、そこから少し離れた場所に新しく同じような細道、つまり迂回路を作る。そのほうが、道を補修するよりも簡単で安上がりなのだ。とは言っても、使い捨てられた道に親切に「通行不能」の立て札が立っているわけではない。そのために道先案内人は、その道が新しくできた道か、それとも使い捨てられて通行不能になった道か、見極める知識をもっていなければならなかった。もしもその判断を誤れば、四輪駆動車といえども深いぬかるみにタイヤを取られてしまう。しかも周囲は隙間なく樹木が絡み合う密林だ。それはまるで、大海に筏《いかだ》で漕ぎだすように危険で心細いものだった。ぼく達は慎重にゆっくりと進んでいった。

十分慎重だったつもりだが、それでも立往生してしまった。タイヤがわだちの深みにはまってしまったのだ。三人で泥まみれになりながら必死に動かそうとしたが、まるで泥水の精にからめとられたかのようにタイヤは空回りを繰り返すばかりで、どうしても動かなかった。前に進まないのは困るが、引き返せないのはなお困る。助けを呼ぼうにも、周囲は深閑として人の気配がまったくなかった。

結局、密林で働くインディオが近くを通る幸運にすがるしかない、ということになって、心細い気持ちで三十分、いや一時間ほど待っただろうか――ひどく長く感じられた。聞き耳を立てていると、ささやくような話し声と木々をかきわけるようなかすかな物音が聞こえて来た。インディオが近くを通っているのだ！　反射的にぼくの道先案内人がその方角へ向かって走った！

こうしてぼく達は、五十、六十センチメートルはあろうかという長い山刀をもった、上半身裸の屈強な男たち六人と出会い、やっと救われた。

もう立往生はごめんだ、とばかりにぼく達はいよいよ慎重にノロノロと進んだ。しかし、暗くならないうちに密林を抜け出さなければ、と思うと、内心決しておだやかではなかった。

やっとの思いで、まずラブナ遺跡に着いた。しかし、ゆっくり観賞してなどいられなかった。あわただしく写真を数枚撮り、さらに先へ進んだ。急がないと陽がくれる！

サイル遺跡には夕方着いた。幸い、まだ写真だけはフラッシュなしで何とか撮れる明るさだった。

この周囲にはほかにもいくつか遺跡があったが、見学をあきらめた。結局、一日かけてやっとふたつの遺跡を見学し、メリダに帰りついたのは夜の九時ごろだった。

我らがケスラー伯爵は十二月八日にラブナ遺跡を訪れました。そして、ここでも詳細な観察を試みて、最後につぎのように書いています。

「遺跡の上にのしかかっている植物は巨大で、壁全体をその梁《はり》もろともひとまとめにして巻きついている。乾燥した根が宮殿の部屋の中の水分を手に入れようと、まるで人間の腕のようになって天井を締めつけている。」

その背後に、はたして彼は密林の不気味な闇を感じとっていたのでしょうか？

---

**十月十九日**

今日は朝九時のバスに乗ってカバー遺跡に行き、帰りにふたたびウシュマル遺跡に立ち寄った。カバー遺跡ではマヤ族の神々のひとり、雨神チェックの巨大な像を見つけたので、簡単にスケッチをした。その迫力に圧倒されて、スケッチに予想外の時間を費やしてしまったけれど。

今夜、下宿で学生数人とはじめていっしょに食事をした。メキシコの普通の家庭の夕食は軽食だと聞いていたが、一日中何も食べていない空腹感も手伝って、なかなか美味しかった。

夜、彼らに誘われてプログレソまでドライブをした。この港には非常に長い桟橋が海に突き出しており、ぼく達はその先端にすわって夜風に吹かれながら、はるか沖合で漁をするイカ釣り船の頼りない真珠のような漁火《いさりび》を追った。今夜の風はなんて優しいのだろう！

以前にも書きましたが、プログレソはケスラー伯爵がユカタン半島に船で上陸した最初の地点です。

伯爵はカバー遺跡を一八九六年十二月九日に訪れ、樹海から顔を出す無数の残骸の山を見て驚嘆の声をあげたのです。

「広大な都市、無数の建物、豊かなシンボルと装飾、それらが豊かな腐葉土と樹根の海へゆっくりと沈んでいっている様子が、（ほかの遺跡同様）ここでもはっきりとわかる。」

遺跡が放置されたまま、厳しい自然の力によってしだいに破壊され、樹海の中に埋没していく様子を、「腐葉土と樹根の海へゆっくりと沈んでいっている」と伯爵は表現しました。それは、あたかも底なし沼へ迷い込んで、もがきながら自分自身の体重でしだいに沈んでいく老いた巨象のようでもあったのです。

---

## 十月二十一日

メリダの下宿でハンモック生活に入って、すでに十日が過ぎた。天井が高く、家具もなにもない、ただ広いだけの部屋の真ん中で、天井にぶら下がった裸電球を見つめながらハンモックにゆられているのも悪くない。ときおり、口から昔の歌がこぼれるほどだ。

今日は一日中雨が降ったり止んだりしていた。

---

## 十月二十二日

午前中にジービルチャルテゥン遺跡を訪ねる。

それはメリダからプログレソに行く道の途中から、東へ五キロメートルほど入ったところにあった。いくつか点在していた遺跡の中でも、一番奥に残っていたものがとくに素晴らしくて、それに見惚れて草地の中を歩いていたら、周囲に放牧していた牛の糞《ふん》を踏みつけてしまった。それも一番新しい糞を！　ああ、何という不運！

帰りは、これが走るのか、と思わず目を見張ってしまったほどボロボロの車が、メリダまで三ペソで行くというので乗ることにした。幸運にも、エンストすることなく無事にメリダに着いたけれど。


資料によると、マヤ文明遺跡の神殿や宮殿の表面を固めている石灰モルタルは、この土地から産出する石灰岩をオーブンで焼いて粉末状の焼き石灰にし、それを冷やした後に水と砂と砂利を混ぜて作ります。

この石灰モルタルで固められたボールト天井の形と構造は、（調査によると）遺跡によりさまざまで、純粋なボールト天井とは言いがたいことが指摘されています。そのために壊れやすく、いったん亀裂が入るとそこから雨が漏《も》って、長い年月の間に表面の石灰モルタルを溶かし、神殿内の壁に残された貴重な絵を傷つける結果となるそうです。近年ではこうした自然の力による破壊以外に、火災や遺跡区域への人びとの入植、観光客たちのこころない落書きなども問題になっていると言います。

## 四

旅行者Kはユカタン半島で、テゥルム、チチェン・イツァ、ウシュマルなどかなりの数の遺跡を見て回りました。そして、今、ふたたびメキシコ中央高原へ向けて旅を続けようとしています。

---

**十月二十六日**

今日、メリダを出発する。

この町にはかなり長く滞在していたから、ルイス以外にも友達が何人かできた。その中には四〇ペソをぼくから借りたまま、メキシコシティに逃げた腹立たしい奴もいる。タコス売りの兄貴は日本に帰ったらハガキを送ってくれと言い、思い出にぼく達はたがいの帽子を交換した。

ルイスには別れを告げずに出発することを決めた。もう二度と彼に会うことはないだろう。もう二度とこの町を訪れることもないだろう。

下宿の女主人に別れの挨拶をすませ、九時発のバスでまずウシュマルまで出て、そこからヒッチハイクをすることにした。そのバスの中で、メリダで知合った若者に偶然出会った。どこへ行くのか訊《たず》ねると、これからウシュマル遺跡の観光客にハンモックを売りに行くと言った。

最初に捕まえた車は、加工工場へエネケン（注）を運ぶトラックだった。好奇心から、ぼくは工場までついて行った。

それは国道一八〇号線から少し横道に入ったところにある小さな村の中にあった。工場と言っても、普通の住宅を改造しただけの二階建てだった。見上げると、外壁が完全に撤去された二階の奥に大きな機械が一台据え付けてあり、ガチャガチャと耳障りな金属音をたえず発して忙しく動いていた。そこへ束にしたエネケンの葉が一階から運び上げられ、ひとの手で束が解かれると、ベルトコンベアでつぎつぎに機械の中へ送り込まれていった。

一方、一階では、その機械から繊維状に切断されて落ちて来たエネケンを、作業員が黙々と束にしていた。天井からはエネケンの水分が絶えずポタポタ落ちて、それが彼らの足元に青汁のような緑色の水溜まりを作っていた。我慢できないというほどではないが、周囲には青臭い独特な匂いと蒸気がたちこめていた。

こうしてできたエネケンの束は裏の空き地に運ばれて、ふたたび束をほどいてユカタン半島の強い日差しで乾燥させた。これがハンモックや敷物やロープの材料に使われるのだ。この工場の従業員は二十人くらいだった。だれが持っているのか、ラジオからかすかにマリアッチが流れて来て、どことなくのどかな雰囲気が漂っているのもメキシコらしい。

つぎに捕まえた車は大型のタンクローリーで、ベラクルスまで行くと言った。しかし、ぼくは途中のカムペチェで下ろしてもらった。今夜は、ここで一泊することにした。

（注）リュウゼツラン亜科の一種で、中米原産の植物。ユカタン半島はエネケンの世界的産地で知られている。二十世紀初頭まで、メキシコ輸出品の中でコーヒー豆につぐ地位にあったが、人工繊維ナイロンの登場によってエネケン産業は急速に衰退した。ちなみに、テキーラもこのリュウゼツランの一種を原料として作られる。

**十月三十日**

今日は六五キロメートルほどしか先に進めなかった。原因は交通量が極端に少なかったせいで、なさけないことにチャムポトンという町からカルメンまでのわずか数キロメートルの距離でも、車を拾うことができなかった。

メキシコ湾沿岸は今日も限りなく晴天なり。ここでは雲ひとつなく澄みわたった青空とジリジリと照りつける太陽と、そして、はるか彼方の一本の水平線がゆいいつの風景だった。この暑さをまぎらそうとしてブツブツ意味不明の独り言をつぶやきながら、ぼくは辛抱強く車を待った。

ひとつの町に長く滞在するのもよいが、体がついなまっ、てしまって、その後の旅が疲れる。バックパックが肩に重い。ついにヒッチハイクをあきらめて、この名もない小さな町で今夜は泊まることにした。

## 十月三十一日

午前中ふたたびヒッチハイクを試みたが、今日も車は来なかった。路面に張りついた自分の影をにらみつけながら、それでも我慢強く待ち続けた。

そんなぼくを気の毒に思ったのか、飲み物やタバコをくれる人がでてきた。ビールをおごってくれるひともいた。それでも車が来ないので、ついにあきらめて町まで引き返してバスに乗ることにした。

こうして夜、月が出るころにやっとカルメンに到着した。すぐに宿を探したが時刻が遅すぎたせいか、どこも満室だった。結局、公園のベンチで寝ることになり、適当な寝場所を探して公園の中をウロウロしていると、そのあたりにたむろしていた暇な学生たちが「妙な男がいるぞ」とでも言いたげな顔をして、ぼくのまわりに集まって来た。そのうちの数人は、酒を飲んでマリファナを吸っていた。さも気持ちよさそうに、まぶたを半分開いた生気のない目で話しかけてきた。そして、ぼくにも「マリファナを吸え」と言ってさし出した。この国では、学生の間でマリファナが流行しているようだ。彼らにつきまとわれて、十二時ごろまで寝させてもらえなかった。
やっと彼らを追い払ったかと思うと、今度は蚊が集まって来た。

## 十一月一日

今日も車が捕まらなかった。仕方がないからバスに乗って、ひとまずフロンテーラという町まで行き、そこからふたたびヒッチハイクをはじめた。しかし、とにかく暑い。ぼくの頭の中はこの暑さで今にも沸騰しそうだ。

ぼくは風　ひ弱な風。
あっけらかんとした空気の中で
ぶつぶつ独り言をつぶやく風。
今日も野をさすらい
川を渡ろうとする。
願わくはあなた　ほれそこにいるあなた
この風を過去の自縄から解き放ちたまえ。
それがかなえられれば　よりいっそう
軽くしなやかに舞ってお見せできようものを。

## マリアッチの軽いリズムにのせて

### 十一月二日

ふたたびビラエルモーサの町に入った。しかし、なぜかここでも宿はすべて満室で、交渉してやっと宿の廊下にハンモックを吊って泊まることができた。格安で一泊一〇ペソなり。

### 十一月八日

ヒッチハイクでピチュカルコという山間の小さな町まで来る。

周囲にはなだらかな起伏の牧草地帯が広がって、植物は十分に雨水を吸って鮮やかな、生き生きとした色彩を惜しげもなく周囲に放っていた。それはあのユカタン半島の密林の色あせた緑とはまったく違う性質のものだ。

その気になればさらに先へ進むこともできたのだが、日本の箱庭の風景に似ているような気がして何となく気に入り、一泊することにした。

安宿に荷物をおき、さっそく共同シャワーを使って体の汚れを落とした。それから公園をブラブラ散歩していると、また暇な学生たちがまわりに集まって来た。

明日は何とかサン・クリストバル（ラス・カサス）までたどり着きたい。

## 十一月九日

ヒッチハイクが思うようにできなかったので、今日もサン・クリストバルまで行くことができず、やっとタピルラという山間の小さな町までバスで来た。

このあたりも山あり、谷あり、川あり、絶壁ありで風景が美しく、牛たちがのんびり草を食む様子は非常に牧歌的だ。

夜中に、雨が激しく降った。

## 十一月十日

昨夜の激しい雨はいつの間にか霧雨に変わって降り続いていた。こうして空から水が落ちて来るというのに、どうしたことかペンションの水道の蛇口から水が一滴も落ちてこない。どうやらこの町は現在断水状態のようだ。

いくら待っても霧雨はやみそうになかった。道路沿いに立っていても車は一台も通らなかった。肌寒かった。一面に乳白色の靄《もや》がたちこめて視界が非常に悪く、すべての風景は暗い影になって、寄り添うようにしてまどろんでいた。これはヒッチハイカーにとって最悪の状況だ。そこで仕方なく、おとなしくバスに乗って一九〇号線まで出ることにした。やがて靄は消えたが、霧雨は相変わらず降り続いていた。

バスは起伏の激しい、しかし一応舗装してある道路を、ときには谷間を、ときには連山を眼下に見ながら這うようにして走った。ときおり集落の赤茶けた切り妻屋根が見え隠れして、車窓から見る風景は変化に富んでいた。それはいいが、しかし、相変わらず走る車を一台も見ないのはどういうことだ。これではヒッチハイクができない。

サン・クリストバルへ向かう分岐点でふたたびヒッチハイクを試みたが、ここでもなかなか車が来なかった。仕方がない、またバスに乗ることにした。幸い、このころには雨がやんでいた。

地図の上ではサン・クリストバルまであと五十キロメートル程度だが、道路はさらに蛇行がはげしくなり、上り坂はさらに急になった。この町は標高二二〇〇メートルの高地にあるから、メキシコシティよりわずか百メートル低いだけだ。ほとんど下界を見下ろすようにして、マッチ箱のような小さなバスはゆっくりと進んだ。ぼくは少しだけ暖房の効いた車内で、ウトウトと居眠りをはじめた。

こうしてやっとたどり着いたサン・クリストバルは、高地のせいか思いのほか寒かった。晩秋か初冬に突然タイムスリップした感じさえした。急いでバックパックの底からもう一枚上着を引っ張りだした。今日は、ひさしぶりに肩をすぼめて歩くことにしよう。

## 十一月十一日

鼻先にさわやかな冷気を感じる朝だった。空気は澄んで、メキシコシティのようなスモッグはない。目を覚ますとなぜか浮き浮きした気分になって、さっそく通りへ散歩にでかけた。朝食にご飯と味噌汁というわけにはいかないが、今朝は気分をかえてパンとインスタントコーヒーにしてみよう。

この町の近くにチャムラという名前の村があって、そこの民家が日本の民家によく似ていると聞いていた。興味があったので見学に行こうと思い、通りすがりのひとに道を訊《たず》ねると、「市場《メルカード》のそばからバスが出ている」と教えてくれた。「では市場はどこか？」と聞くと、指差してあっちだと言った。

言われた方角へしばらく歩いていくと、右側の家並みが途絶えて急に視界が開けた。その向こうに目をやると、おおぜいのインディオの姿が目に入った。市場だ！　近づいて行くと、女たちが路上にうずくまって目の前に布地を広げて手作りのアクセサリーを売っていたり、あるいはその日畑で取れた野菜を並べて客が寄って来るのを待っていたりした。若い娘の姿はあまり見なかったが、見かけたとしてもそんな女たちの影に隠れるようにしておとなしくすわり込んでいた。何をする様子もなく乳飲み子を抱えている女もいれば、荷物をそばに置いて男たちの動きをジッと見つめている女もいた。彼女たちの無造作に伸びた長髪はどれも黒々として艶がなく、肌は茶褐色に焼けてい

た。しかもたいていは寒さをしのぐためと日差しを避けるために、ショールのようなもので体を包んでいた。

一方男たちはと言えば、多くは白色の中折れ帽をかぶり、立ち話をしたり、数人で商談をしたり、あるいは妻とおぼしき女のそばにかがみこんで、何やら小声で話しこんでいたりした。

空気は澄んでさわやかだったが日差しは思いのほかきつく、しばらくすると肌が焼けるような感触さえぼくは覚えた。こんなにおおぜいのインディオが集まっている市場を見るのは、もしかするとはじめてかもしれない。そのためにぼくは少しだけ上気していた。

チャムラへ行くのは実はバスではなく、ほろのついた小型トラックだった。荷台に乗っていたのは数人のチャムラ族だ。ひとりの女は厚手の布を体に巻きつけ、その中に乳飲み子を抱えていた。若い娘は髪を三つ編みにして、母親が編んだのだろうか色柄のセーターを着て、足首までとどく長いスカートをはいていた。そのほかに、何かいっぱい詰めたずだ袋を抱えた老婆と若者がいた。みんな口を閉ざし、ぼくのようなよそ者に対しても決して馴れ馴れしくはなかった。たとえ偶然彼らのひとりと目が合ったとしても、ちょっと笑ってみせるか、あるいは完全に無視された。それでも彼らは近年観光客に毒されてきて、彼らを相手に商売をして金持ちになった者もいる、と聞いている。

ぼく達のトラックは、舗装していない起伏のある山道を、ゆっくり揺れながら進んでいった。周囲は低い小山や丘だったり、トウモロコシ畑や野菜畑だったりしたが、ほとんど人家はなかった。

どこをどう走ったのか、気がつくと村の近くまで来ていた。そこで最初に目についたのは、いかにもスペイン人が建てたという感じの白く塗られたコロニアル様式の教会だった。葉が土色に変色しかけたトウモロコシ畑の向こうに、いちだんと高く建っていた。それはこのあたりの風景に不釣り合いなほど際立っていたが、この場所をチャムラ族は「世界のへそ」と呼んでいるということを、ぼくは事前に知っていた。「へそ」は身体の中心だ。

教会の敷地は周囲の畑と区分するように、白く塗った塀で四角く仕切られていた。そのすみにあったシンプルな門をくぐり抜けると、短く刈り込んだ草地が広がっていた。その一番奥に教会があるのだ。塀がぼくの背丈よりも低いせいで、この草地から周囲のなだらかに傾斜する農村風景を見渡すことができて、雰囲気は決して閉鎖的ではなかった。

教会の扉は分厚い木製で青緑色に塗られていた。「さすがキリスト教だ。よくもまあ、こんなところまで教会が入ってくるものだ」といく分感心しながら、気軽な気持ちでぼくは重い扉を押し開け、中へ一歩足を踏み入れた。するとそこに現れたのは、意外にも外観の白壁とはまったく対照的な隔絶された闇の異次元だった！

この思いがけない状況に一瞬「しまった！」と感じ、ぼくはひどく動揺した。そしてまったく無防備なまま、つぎにどのような行動に出るべきか決めかねて、闇の一番奥に高く群がって怪しくゆれるロウソクの炎だけを見つめていた。周囲には、何とも言えぬ香りと煙が立ち込めていた。こうなると目が闇に慣れるのを待つしかない、と思いながらも足元を探るようにして恐る恐るロウソクの炎に向かって足を滑らせていくと、すぐそばで何かが蠢《うごめ》いていることに気づいた。反射的に、ぼくはユカタン半島の民家で見たあの食肉アリの群れを思い出し、ギョッとして思わず後ろへ飛びのくように一歩引いた。しかし、落ち着いて目をこらすと、それはうずくまるインディオの女たちで、さっきから闇だと思っていたものの一部は、彼女たちが頭からすっぽりかぶった黒い布だったのだ。このキリスト教からかけはなれた何とも言えぬ異様な、土俗的な雰囲気の中で、キリストの衣の下を借りてしたたかに生き続けるマヤ族の小宇宙を、ぼくはそのとき直感した。ここが彼らの言う「世界のへそ」なのだ！　ユカタン半島で神々に見放されて密林の中へ消えたインディオの血が、ここに生き続けていると。ロウソ

クの炎は、あたかもそれ自体が無言の神託者のようでもあり、インディオの歩むべき道を示す道標《みちしるべ》のようでもあった。その雰囲気に戸惑いながらも、彼女たちにカメラを向けようとすると、どこからともなく小柄な男が近づいてきて「撮影してはならぬ」とぼくに手で合図をした。
ついに闇が深く支配する館《やかた》にたどり着く。

いくえにも堆積した闇の隙間に
小さなひからびた身を横たえ
魂を浮遊させながら地《ち》の声と語る。
あなた様はいったい何物か　あなた様は祖先か
それとも血塗られた化石か

選ばれた女《もの》たちは闇に爪をたて
性をかきむしって悶《もだ》え　蠢き
ついには大地の子宮と結ばれ
やがて遠い故郷《ふるさと》へと旅立とうとする。
懐かしいあの故郷へ。
神々とともに喜び　悲しみ　唄い　踊り

ともにすべてを語ったあの故郷へ。
そのときこそ男たちは御前にひれふして
すべてを偉大なる母たちに託す。
ここに神話はふたたび蘇《よみがえ》る

選ばれた女《もの》たちよ
神託を杖《つえ》にしてあの頂きをめざせ。
道は果てしなく険しく
闇はさらに深く行く手をさえぎり
寂寥《せきりょう》の風はあしもとをさらう。
しかし選ばれた女たちよ　ひるむではない
あの頂きを大いなる調和が支配して
もろ手をあげてお前たちを迎えてくれるだろう。
そこにこそ至福の宴《うたげ》が
そして　すべての終わりとはじまりが

教会の周囲のなだらかな斜面には、「わら（Paja）」で葺いた茶褐色の寄せ棟屋根がいくつも重なり合うようにして、まるで鋭利な棘《とげ》のようにトウモロコシ畑の中に突っ立っていた。暑いユカタン半島と違い、冬はかなり寒くなるらしく、そうした家々の壁は骨組を木で組んで上から土を塗り込んだ土壁になっていた。これなら断熱性能はよさそうだ。

農家の内部はワンルームになっていて、それほど広くはなかった。全面が土間で、中央に火を燃やしている形跡があり、一方の角にベッドのようなものが置いてあった。非常に原始的な感じだ。見上げると小屋うらが露出しており、一番高いところに「煙出し」になる小さな穴が開いていた。もちろん、この穴には雨が入らないように覆いがしてあったが。以前、同じような工夫をした農家を日本の東北地方でいくつも見たことがある。あれはすべて囲炉裏《いろり》を使う農家だった。

ユカタン半島の民家と同じようにここでも窓というものはなく、出入口がその代わりをしているだけだった。

入口を入った正面の、この家で一番重要な場所と思われる壁に白色の大きな十字架がこれ見よがしにかかっていたが、先に教会の中で土俗的な雰囲気を見ていただけに、この場にそぐわないような白々しさを感じた。どうやらこの家は観光客用に準備したものらしく、狭い室内を見るだけでぼくは五ペソも取られた。

歩いていると、民族衣装をまとったチャムラ族の若者が近づいてきて「写真を撮ってくれ」と言うので、「いいよ」と気軽に答えてカメラを向けると、それを待っていたかのように「二〇ペソ出せ」と言った。「何を言っているんだ！　君が自分から撮ってくれと俺に頼んだのではないか！　それなのになぜ金を払わなければならない！」と抗議した。結局、ぼく達の商談は決裂してしまったが、こんなことになるのも、金持ちの白人観光客が惜しげもなくカネをばらまくせいだ。本当にこの村は観光づれしている！

一応村を見て回り、さて帰ろうとすると帰りのトラックがない。近くにいた男をつかまえて理由を聞くと「今日は日曜日だから、もうトラックはないよ」という何ともそっけない返事だ。「しまった、今日は日曜日だった」と気づいてはみたものの、ほかに交通手段がないのだから仕方がない。車がまったく通らないのだからヒッチハイクもできない。かと言って、こんなところで野宿をする気持ちにもならず、あきらめて運転手付きで小型トラックを一台借りきって、豪勢に町まで帰ってきた。ぼくもたいした観光客だ！

---

はるか昔、ユカタン半島のマヤ族の儀式はおそらく白日のもとで行われたのです。それは彼らにとって実に光《ひかり》の部分だったのです。それがあるときこの光と決別し、自らが築いた都市を捨て、密林の奥深くへ姿を消しました。以来、闇の中に深く潜行して長い年月が経過し、もはや彼らの吐息さえ聞こえなくなってしまいました。しかしここ、チャムラの教会の内部に広がる闇はその魂が水となって地下水脈に合流してこの地にたどり着き、湧き水となって密かに噴き出し、大いなるコス

モスとふたたび接触を試みているかのように見えます。それは新たなはじまりのとき、再生のときを予感させるのです。

教会に一歩足を踏み入れると、もはや壁も天井もなければ時の流れもない無限空間なのです。あるのは闇と静寂と、床にうずたかく積まれたロウソクの頼りなくも怪しげな光だけです。その弱々しい光はインディオ自身の脆弱な精神と、彼らがこれまで生きて来た風に舞う埃のような人生を物語り、同時に今後も続くだろう同じような人生を予言していますが、それでもなおこの光は、闇の力に負けず神秘的な輝きを精一杯放ち、闇もまたこの光に応えるかのように自らの力を誇示しようとしているのです。両者はこの教会の小空間でささやかに共存して、時空を越えて密かに生き続けるのです。このロウソクの光はもしかすると、ユカタン半島でマヤ族の祖先が見失った「希望」の最後の輝きなのかもしれません。

ぼく達の文明にとっての光とは科学であり、科学の進歩を武器にして闇の世界を切り開いて征服することこそが、その究極の目的であるとすれば、かつてマヤ族が目指していたものは、光と闇のそれぞれの世界を尊重しつつ受け入れ、両者を祭儀と崇拝によって調和と共生の世界に導くことにあったと言えます。

あるいは、こういうことも言えると思います。

チャムラ族がこの地のことを、いや、さらに限定して言えば、このキリスト教の衣をまとった闇の小空間を「世界のへそ」つまり世界の中心と呼ぶのは、このへその緒をたどればその先にはマヤ族の祖先たちが畏敬してやまなかった大いなるコスモス、すなわち太陽、月、星々が集う混沌として、なおかつ調和のとれた原始の闇が開けると信じているからです。へその緒は、文明が螺旋《らせん》状に集束してたどり着く閉ざされた明《めい》とも暗《あん》ともつかぬ「空虚」と同質の細いトンネルで、このトンネルを通じて彼らはかつて祖先が求め、現在は分断している大いなるコスモスとの交信を再開し、地上に同質の異空間を再現しようとするのです。こうして人間の魂が本来もっていた太古の祈りが地の果て、闇の彼方よりへその緒をつたってオーラとなってここに蘇《よみがえ》り、女たちの肉体の深部に潜む自らの闇の部分と絡み合うのです。日本人のKが見た、頭から足の先まで黒い布で覆い、ひれ伏し、蠢《うごめ》きながら陶酔する女の姿こそそうした行為そのものなのです。この黒い布の「黒」は、まさに大いなるコスモスと同化したいという彼女たちの強い欲望の表れであり、それが叶えられた瞬間、歓喜が火花となって肉体をつらぬき、熱狂と陶酔を呼び覚まし、彼女たちはこの地上の異空間をはかない羽虫《はむし》となって、あてもなく彷徨《さまよ》うのです。

　これと同じような光景の片鱗を、Kは早い時期にすでに見ています。七月十四日の日記に、ツァカテカスという町で迷路のようにいりくんだ、汚らしい石畳みの通路にうずくまるインディオのことが記されています。そのときに見た彼女たちの羽織ったショールの色は、「世界のへそ」でKが見た女たちの黒い布と重なり合うのです。

そんな彼らにもし何かあるとすれば、いつでも地の埃《ほこり》となり、いつでも闇の一部になろうとする「心地よさ」、あるいは「いさぎよさ」ではないでしょうか。残念ながら、ぼく達が近代文明の光の中に身を置いてそれを観察している限りにおいては、彼らの闇の真の中身は見えてこないのです。ただ推測するだけで終わるのです。

この後、Kはさらに体調を悪くして、回復するまでサン・クリストバルに滞在することになります。

## 十一月十五日

昨夜遅く、気持ちが悪くなり便所で吐く。と言っても、食欲がなくて毎日ほとんど何も食べていないのだから、出てくるものといえば酸味のきつい胃液だけだが。

頭痛はしだいに治まったがまだ体が多少熱っぽくて、歩くと妙にふらついた。仕方がないからベッドに横になっていると、いつの間にか眠ったらしい。目の前に日本料理がつぎつぎに現れて、それをぼくはつぎつぎに平らげているのだ。すき焼き、水炊き、しゃぶしゃぶ、天ぷら……繰り返し、繰り返し……それは鮮やかな色彩に覆われているのだが、不思議なことに味がわからない。香りがない。いくら食べても満腹にならない。ふっと目を覚ますと、口のまわりのシーツがいちめんに涎《よだれ》の海になっていた。何ということだ！

## 十一月十六日

寝てばかりはいられない。体力をつけるために少しは運動をしなければと思い、石畳の通りを危うい足取りで散歩していると、この町で知合ったばかりのふたりの若者から声をかけられ、自分たちの部屋がこの近くだから遊びに来ないか、と誘われた。べつに断る理由もないのでフラフラついて行くと、道幅がせいぜい一メートルほどしかない細い路地に入り、少し歩くと木の扉があった。これをくぐると雑草の生えた狭い中庭に出て、それに面した、日本流に言えば六畳ほどの広さの部屋に入った。ベッドと机とイスがあるだけの粗末な部屋だ。どうやらふたりとも学生らしい。そこですすめられるままにイスに腰掛けて雑談をしていると、彼らのうちのひとりがシンナーをビニール袋に入れて吸いはじめ、いきなり妙な言葉を口走りはじめた。あげくの果てにぼくが大切にしているスペイン語辞書を取り上げて、目の前に刃渡り一二センチメートルほどの小型ナイフを突きつけ、「これを返してほしかったら二〇ペソ出せ!」とろれつが回らない口調でわめきはじめた。二〇ペソと言えば日本円にしてわずか三六〇円ほどだ。見ると、もうひとりの若者は戸口の壁にもたれかかって腕組みをして、この様子をニヤニヤ笑いながら見ている。相手がラリっているとはいえ、これは確かに強盗の一種だ。しかし、今のぼくには病み上がりで体力がないから、こんなケチな強盗のせいで怪我をするのもばからしい。そう思うと急に肝がすわって「じたばたしてもはじまらん。ええい、どうにでもなれ!」と腕組みをして様子をうかがっていると、ぼくの胸のポケットを指差して「そこに二〇ペソ入れてあるだろう」と言う。ラリっているにしてはよく観察している。「わかっているなら腕ずくで取れよ」と内心思いながらも無視し続けていると、そのうちにしびれをきらしたのか「一〇ペソでいいから出せ」と譲歩して来た。こうしてぼく達はこの金額で合意に達し、ぼくは無事に辞書を取り返して開放された。こういうケチな強盗がいるのも人々の生活が貧しいせいだろう。

**十一月十九日**

朝、通りを歩いていると、昨日ぼくから一〇ペソふんだくってもうこの町を逃げ出しているだろうと思っていた若者ふたりが、十数メートル先からふたたび声をかけてきた。見ると、親しげに笑顔で手さえ振っているではないか。さすがにこれには腹が立った。わずか一〇ペソのことで腹を立てることもなかったのだが、何だかバカにされているような気がしたのだ。あの程度のことは悪事のうちに入らないのか？　それとも教会で昨夜懺悔をして、もう罪を許されたとでも言うのか、バカヤロー！　ぼくは彼らの呼び声を無視して憤然と歩き続けた。

**十一月二十一日**

体調は相変わらず悪く、宿の女主人がいろいろと心配してくれるが、果汁しか喉を通らない。そこでついに近くの開業医を訪ねた。診察料は二〇ペソで高くなかったが、処方箋をもって行った薬局の薬代が高かった。そのために、ぼくは一〇ドルも使ってしまった！

もうこれ以上この町に滞在できない。無理をしても、明日はオアハカに向けて出発することにした。


---

このサン・クリストバルから隣国グアテマラの国境までは、もうそれほど遠くないのです。この時期、Kはこのままグアテマラに入ろうか、それともいったんメキシコシティに引き返そうかと迷っています。

それというのも、日本を出てからまもなく五ヶ月が来ようとしており、そろそろメキシコからの出国を考える時期に来ていたからです。当時のメキシコ政府は、日本人旅行者が入国ビザを持たずに国内に滞在できる期間を最長百八十日間と決めていました。そのために彼はいったん出国する必要があり、その場合、北へ、つまり米国へ出るか、あるいは南へ、つまりグアテマラへ出るか、ふたつの道が考えられたのです。

しかし結局、「ミトラ」「モンテ・アルバン」のふたつの遺跡を見たいがために、彼はオアハカを経由していったんメキシコシティへ帰ることにしたのです。

十一月二十二日

今日はサンタ・セシリア（注）というキリスト教の祭りだそうだ。町の中心部ではいたるところでマリンバなどを使った演奏があり、にぎやかだった。

夜十時発の夜行バスで、オアハカに向けて出発する。

（注）英語ではSaint Cecilia。音楽家と盲人の守護聖人とされるキリスト教の聖人。

十一月二十三日

朝、オアハカの町に入った。疲れていたので、最初に目についた宿に飛び込んだ。

この町はおよそ標高一六〇〇メートルの高地にあり、サン・クリストバルより五百メートルほど低かった。

十一月二十四日

オアハカの近くには「ミトラ」という遺跡があるので、午前中に見学した。遺跡そのものは、ユカタン半島の遺跡に比べるとはるかに見劣りするが、周囲に広がる山々との関係はじつに素晴らしかった。しかし、厳しい気候のせいか、あるいは土地が肥沃《ひよく》でないせいか、植物はあまり育っていなかった。遺跡の北側に隣接して、これまでに見たものとはまったく違う外観の教会があった。ここにもキリスト教はスペイン軍とともにやって来ていた。

ミトラ遺跡は、オアハカから南東へ四五キロメートルほど入った谷にある、西暦七五〇～一〇〇〇年ごろ、あるいは後古典期前期九〇〇～一二〇〇年ごろのサポテカ族の遺跡で、標高一六八〇メートルに位置します。オアハカが標高一五五〇メートルですから、それよりさらに百三十メートル高い場所にあることになります。

遺跡の壁には、日本で言えばベンガラ色に近い色彩が残っていて、装飾は繊細で幾何学的な装飾の繰り返しが見られる。しかし、ユカタン半島のウシュマル遺跡のような寓話を感じさせる独創的なものは見られません。

ケスラー伯爵もこの遺跡を訪れています。旅行記を読めば、それが一八九六年十一月十八日から翌十九日にかけてであることが判る。伯爵はオアハカからラバに引かせた車に乗って行ったのです。

「今でもまだ、三つの神殿ピラミッドと四つの大きな死者の宮殿の残骸が残っている。背が

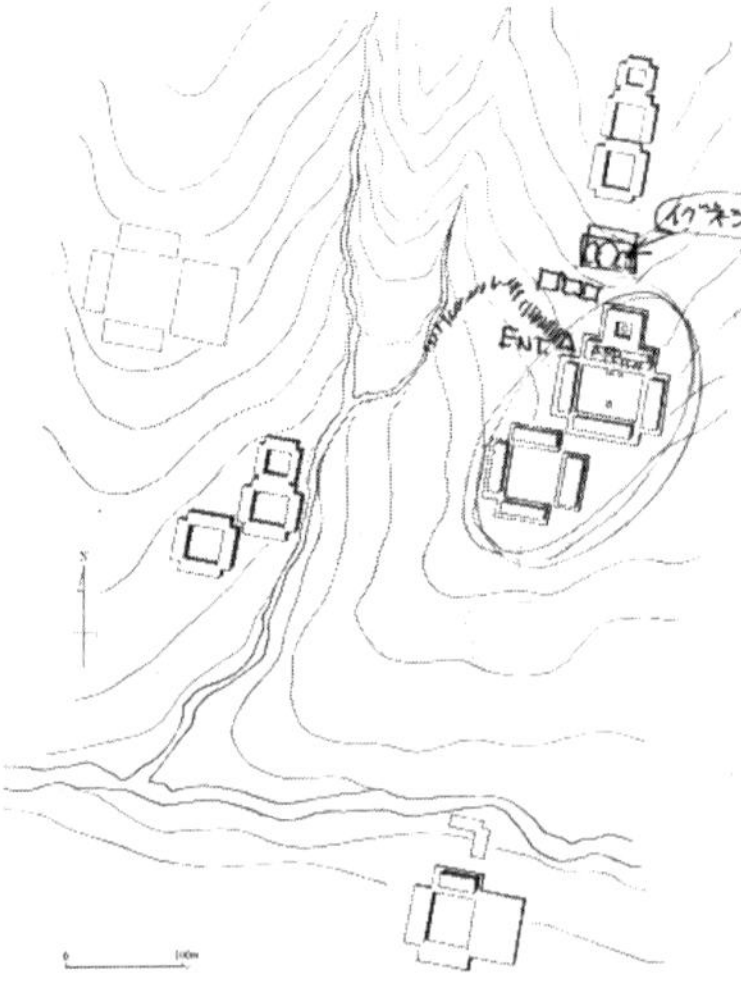

ミトラ遺跡

低くがっしりとして横に長く、宮殿は谷の北東斜面に建っていた。谷の底を走る一本の急流が、今日ミトラと呼ばれている村と遺跡を切り離している。遺跡のプランはどれもみな同じで、三つの中庭のまわりにそれぞれに四つの長細い窓のない広間があって、その地下には霊安室にあたる丸天井のホールがある。」

と書いています。

Kはサン・クリストバルで原因不明の病気になり、それが完治しないまま旅を続けていたためにヒッチハイクをあきらめて、バスを使って移動しています。このころの日記にはあまり多くのことが書かれていませんが、それも体調がすぐれなかったせいでしょう。

---

**十一月二十六日**

今日はなぜか体調がよい。モンテ・アルバン遺跡へは歩いて行けると聞いたので、思い切って歩くことにした。途中、市場《メルカード》に立ち寄って昼食用の果物を買い込んだ。

オアハカはそれほど大きな町ではなかったから、歩いて郊外まで出るのもさほど苦にならなかった。やがて町はずれにさしかかると小川にぶつかり、これを渡ると道路は蛇行しながらしだいに上り坂に変わり、周囲の家もまばらになっていった。歩き続けたせいで少し汗ばんだ感じになり、もうどのくらい歩いたかと立ち止まり振り返ると、オアハカの町がすでにはるか右手下方に小さく見えていた。もうこんなに歩いたか、と思いながらしばらく休憩を取った。

遺跡へ向かうらしい観光客の車が、ときおりぼくのそばをあわただしく走りすぎて行った。すると、どこから現われたのか突然数人のこども達が車に追いすがるようにして、大声を出しながら走って行った。その中には空き缶を一生懸命叩いている子もいた。どうやら彼らは運転手の注意を引いて、あわよくば車を止めさせ、手にした素朴な焼き物を売りつけようという魂胆らしい。この光景は、メキシコに入国したころコーラをもってバスに駆け寄ってきたこども達の姿と、ぼくの中で重なった。

やがて、いつのまにかオアハカの町は山か

モンテ・アルバン遺跡

げに隠れ、さらに一キロメートルほど歩くとめざす遺跡に到着した。

この遺跡は山並みの一部を切り取った平地に、南北を軸にして配置されていた。ピラミッドは頂部が削り取られたようになって破壊されていて、神殿はなかった。その神殿跡地とも思える場所で休憩しながら、周囲の連山をしばらく眺めていた。樹木が深々と茂るという感じではなかったが、どこまでもなだらかに果てしなく続く山々の緩やかな起伏は大海の力強い波のうねりを連想させ、そのような中にあるこの遺跡はまるで大海に漂う一枚の筏《いかだ》のようでもあり、どこまでもはかなく孤独だった。そしてはるか谷間には、あのオアハカの町が一片の白いジュータンを敷き詰めたように、小さく輝いていた。そのときぼくはこの町をすごく愛おしく感じだ。

モンテ・アルバンの最初の建設は紀元前六〇〇年から四〇〇年ごろと思われ、テオティワカンとならんで、当時もっとも高度な文化水準を備えていた都市と考えられています。そのことは、ピラ

ミッドの基壇を飾る「ダンサー」と呼ばれる数枚のレリーフの美しさに表れています。しかし、今日ぼく達が見ることのできる遺跡群はもっと新しく、西暦五〇〇年から一〇〇〇年のものと推定されています。周囲に展開する自然界の躍動感と緊張感にみちた広大なパノラマと、ピラミッドの静的で幾何学的な形態のコントラストが、とりわけ印象的な遺跡です。

---

## 十一月二十九日

体調は相変わらずよくないが、今日はオアハカをバスで出発してクエルナバカまでやって来た。ここまで来れば、メキシコシティはもう目と鼻の先だ。しかし、一日中バスに乗っているのも疲れるものだ。

## 十二月二日

ソチカルコ遺跡は、クエルナバカの町からそれほど遠くない。

モレロス通りから小さなボンネットバスに乗った。今日が日曜日だったせいか、バスの中は地元のインディオでスシ詰め状態だった。その中に、ぼくはエネケンで編んだ袋をひとつ肩にかけて体を押し入れた。口にこそ出さないが、連中にはぼくが「グリンゴ」の仲間だということぐらいすでにお見通しで、最初に目があった男に「遺跡《ルイナス》に行くのだ」と告げると、親切に下りる場所を教えてくれ、近づくと止まるよう車掌に声をかけてくれ、スシ詰めなのにみんなぼくのためにわざわざ通路を作ってくれた。そのちょっとした親切が何ともうれしい。おかげでバス停留所の看板も何もない、遺跡に一番近い五キロメートル手前のT字路で無事に下車することができた。

バスを下りてから遺跡までの道は、モンテ・アルバン遺跡へ行ったときの坂道ほど急ではなかったが、やはりなだらかな上り坂が続いた。周囲にインディオの姿はなく、道ばたには日本の朝顔によく似た花が咲き乱れ、牛たちが黙々と草を食む牧場やトウモロコシ畑が広がっていた。空はどこまでも青かった。もしも桃源郷というものがこの世に存在するとしたら、そこはこういう場所ではないかとさえ思ったほどだ。ぼくは何だかすごく幸せな気分になっていた。ゆっくり歩いたつもりだったが、遺跡に着くころには額にじっとりと汗をかいていた。

ソチカルコ遺跡への道

遺跡は、基壇に刻み込まれた八匹の羽毛の蛇——ケツァルコアトル神（注）——の巨大なレリーフが圧巻だった。そこにはユカタン半島のマヤ文明遺跡で見たものと同じような人物像が描かれていることから、おそらく彼らの様式からの影響もあったのだろう。

明日は、首都メキシコシティに入ることにする。偶然出会ったスイス人旅行者から安いペンションの住所を聞いていたので、まずはそこへ身を寄せよう。

（注）戦いを拒み、運命に従う神。Kはトルテカ族のトゥーラ遺跡を訪れたときにはじめてこの神の像を見ており、そのことは八月十二日の日記に書かれている。

メキシコシティから南西へ八十キロメートルほど行ったところにあるソチカルコ遺跡は、古典期後期の西暦六五〇年から九〇〇年あたりまで栄えた都市とされています。当時はテオティワカンが衰退し、メキシコ中央高原に権力の空白が生じた不安定な時代だったようです。つまり動乱期ということになるのでしょうか。そのために外敵からの守りを考えて、このような高地に建設されたと思われています。日本で言えば、戦国時代の山城のようなものです。

# 第二章　新たな旅立ち

十二月のメキシコシティには日本の晩秋の雰囲気があります。

旅行者のひとりから聞いていた安いペンションを電話などして探し当て、そこに無事落ちついたKでしたが、体調は相変わらず悪かったのです。十二月四日の日記には、つぎのようなことが書いてあります。

「昨夜は下痢がひどくて、便所にひんぱんに行った。そのせいでよく眠れなかった。今日も一日ベッドに寝たきりだった。ペンションの女主人が心配して薬をくれた。薬代が高いので、何とか医者にかからないで治したい。」

それでも彼は南下する決心をしだいに固めていきます。それはメキシコに入ってまもなく六ヶ月になろうとする時期でした。幸い彼は質素な旅を心がけてきたので、旅費は半分ほどしかまだ使っていなかったようです。そのことが南下の決心をする重要な動機になったと言えます。

メキシコシティで体調の回復を待っている間に、彼はメキシコ大学とオリンピック選手村、メキシコ中央高原で最も古い都市遺跡と言われているクイクイルコ（注）の三ヶ所を見学しています。やがてコレラの予防接種をすませ、隣国グアテマラのビザを手に入れるためにグアテマラ大使館を訪れ、クリスマスも間近い十二月十七日にメキシコシティを出発しています。

（注）Cuicuilco　メキシコシティ南部にある、紀元前にさかのぼるメキシコ中央高原最古の遺跡。紀元前八〇〇年ごろから人々の定住と都市化がはじまったが、西暦一五〇年ごろ、近くにあるシトレ山（Xitle）が大噴火を起こし、溶岩流に覆われて滅びた。

一

Kにとってこれから先の旅は、グアテマラとホンジュラスで遺跡を見れば、その後はひたすら南下するだけの旅でした。「とにかく、やってみなければわからない。行動すればおのずと結果は出る。体力の許す限りヒッチハイクで進もう」と決めていたらしく、一応、インカ文明遺跡のあるペルーまで行くことを目標にしていたようです。

しかし、メキシコシティからペルーまで陸路をたどるとなると、かなりの距離がありました。しかも途中、数多くの国を通過して行かなければなりません。その中でひとつ気になることは、パンアメリカン道路が一ヶ所、パナマと隣国コロンビアの間で分断されていることでした。この間をどのようにして通過するか。地図を見ながら、彼はいつも考えていたようです。できるだけ安い費用で渡る方法はないかと。

## 十二月十七日

パンアメリカン道路の南下を開始する。

まずバスを使って市外に出て、そこからヒッチハイクをはじめたが、車がなかなか捕まらなくて、初日はそれほど先へ進まなかった。

## 十二月十八日

昼ごろにやっとオアハカへ行くという車を捕まえた。運転していたのはメキシコの青年で、隣にすわる彼の奥さんらしい女性は米国人だった。道路は山間の下り坂が続き、周囲の風景はダイナミックで素晴らしかった。途中、見晴らしのよい場所でふたりは車を止め、草地に敷きものを敷いて食事をした。ぼくもそれをご馳走になった。

## 十二月十九日

三台目の車を、あの見覚えのあるミトラ遺跡へ行く別れ道で拾おうとしているときに、同じようにヒッチハイクをするカナダの青年と親しくなった。

ぼく達は、近くのレストランで休憩していたテワンテペクへ行くという救急車を偶然捕まえ――霊柩車よりはましだ――、頼み込んで乗せてもらうことにした。先客として、オアハカへ遊びに行っての帰りだという青年ふたりがいた。

テワンテペクは、太平洋に近い町で標高は非常に低かった。そのためにオアハカから下り坂が続いた。病人用のストレッチャーが置いてあるところへ四人も乗り、しかもカーブの多い坂道を長時間下ったものだから、体を支えているのが大変でかなりの重労働だった。

やっとテワンテペクに着いたと思ったら、今度は宿がどこも満室だった。そこでぼく達はグアテマラから休暇で来ているという夫妻と知り合い、彼らから「ここから十八キロメートルほど行ったサリナクルスという港町にある教会は、無料で泊まれる」という情報を得て、そこまでバスで行くことにした。

こうして今夜のベッドは、キリスト教徒たちが祈りを捧げる広い礼拝堂の木製の長イスだ。硬くて寝心地はあまりよくないが、野宿をするよりはましだ。シャワー室がついていて自由に使うことができたのはよかった。

## 十二月二十日

朝、カナダの青年と別れてふたたびひとり旅をはじめる。

運よく、昨日テワンテペクまで乗せてもらった救急車にふたたび出会ったので、フチタンという町まで乗せてもらった。

さらに一台車を乗り継ぎ、何とか一八五号線との分岐点までたどり着いたのだが、そこは見渡す限り草原で、運が悪いことに折しも強風がブーン、ブーンわめきながら吹き荒れ、ぼくの腰あたりまで青々と茂った草が激しく波打っていた。その風がまるでぼくに噛みつくように襲いかかって来た。バックパックを背負ってかなり重いはずのぼくでさえ、腰がふらついて思わず転びそうになったほどだ。しかも草原だから、風よけになるようなものは何もなかった。偶然にも近くに鉄製の細い交通標識が立っていたので、それにあわててしがみついて体を支え、走り過ぎる車に手を上げた。

後になって思うと、その様子はかなり滑稽《こっけい》だったかもしれない。ドライバーの何人かは、さも面白いものを見るという表情でぼくを見つめながら、横を走り過ぎていった。中には、「ガンバッテネ！」とでも言いたげに楽しそうに、ぼくに向かって手を振る不心得な奴もいた！　しかし、とうの本人は必死だ。このときほど止まってくれない車を恨めしく思ったことはない。

一時間ほど強風にさらされた後、やっと一台車を止めることに成功した。こんなところで野宿かと、かなり深刻に考えていたときだっただけにホッとした。

それはベラクルスから来たという商用車で、運転していたのは中年のメキシコ人だった。聞くと「タパチュラまで行く」と言う。ベラクルスはかつてぼくが訪れたメキシコ湾に面した港町で、タパチュラといえばこれから行こうとしているグアテマラの国境に近い町だ。ぼくはそのとき「しめた、これでいっきに国境まで行ける！」と、内心こおどりして喜んだ。

タパチュラまで一台の車で行くことができるのは、ぼくにとって願ってもない話に違いないが、途中一睡もしないのは疲れる。助手席でひとりグウグウ寝るのはヒッチハイカーの仁義に反する、とぼくはかってに決めていたからだ。

やがて夜になった。対向車などまったくないのだが、それにしても曲がりくねった真っ暗な夜道は恐ろしくて、ぼくは車の前方から目がはなせなかった。ときおり雨が降り、風も強まった。運転手は突風にハンドルを取られそうになっていた。走っている場所がいったいどのあたりか、ぼくにはまったく見当がつかない。突然、横から何かが飛び出してきて避けきれず引いた。車を止めて調べてみると野うさぎだ。これが重要なタンパク源となって明日の食卓をかざるのか？　この死んだ野ウサギを積んで、車はさらに走った。

途中、ぼく達は道路沿いで深夜営業をしているバーに立ち寄って、ビールを飲みながら一休みした。薄暗いホールには円形テーブルがいくつか置いてあった。客は真夜中にしては多かったがそれでも空席が目立ち、それほど耳障りではない軽音楽が流れ、隅のテーブルでは十五歳くらいの、まだ幼さが顔に残る娼婦《プッタ》が四、五人腰掛けて、言い寄る客を待っていた。男たちは思い思いに彼女たちと値段交渉をして、話がまとまればホールの一番奥にあるカウンターの横をすり抜けて、奥へ消えていった。そこには細長い中庭があって、それを囲むようにして外廊下が続き、個室が並んでいた。運転手が「おまえもちょっと遊んでいったらどうだ」とぼくに目配せしたが、眠くてそれどころではなかった。早くタパチュラに着いて宿でゆっくり寝たかった。

## 十二月二十一日

まだ夜は明けていなかった。海岸線に出ると寒さは遠のいたが、相変わらず風が強く吹いていた。

道路はしだいに直線コースが多くなり、ヘッドライトの中に道路沿いの草木がシルエットになって浮かんでは後方へ散った。何時ごろかはわからないが、眠気を覚ますためにぼく達はたがいの知っている歌を歌いあった。わけの分からぬ歌を大声で……

タパチュラにかなり近づいたころに、車を止めてぼく達は車中で仮眠を取った。

朝日がちょうど車の正面から昇り、その強い光を顔に感じてぼくは目を覚ました。夜間は気づかなかったが、周囲は緑鮮やかな牧草地になっており、牛がのんびりと草を食んでいるのどかな田園風景が広がっていた。

朝八時ごろ、やっとタパチュラの町へ入った。彼に朝食をおごってもらい、これまでのすべてのことに対するせめてもの謝礼として、ぼくは日本からもってきていたトラの子の千円札を彼に贈った。これに感激した彼は、「この町にはおおぜいの日本人が住んでいる」と言って、ぼくを日系人が経営する小さな雑貨店に連れて行ってくれて、店番をしていた日系人らしい小柄な若い女性に紹介してくれた。そこで彼とは別れたのだが、彼は別れを惜しんで目に涙さえにじませていた。そう言えば、ぼくは彼に名前を聞くのをうっかり忘れていた。

ぼくが行った雑貨店は浜田さんという日本人が経営する店で、店番をしていた女性は山崎さんという日本語をカタコトで話す日系二世だった。彼女の両親は父親が東京近郊、母親が熊本県の出身だそうだ。そこでぼくは明日彼女の家の昼食に招待されることになり、この店の前で待ち合わせる約束をした。

一泊二〇ペソの安宿を見つけたので、この町にしばらく滞在することにした。どうやらこの町は現在水不足らしく、中庭で洗濯をしていると宿の主人が「水が少ないので、残りの洗い物は明日にしてくれ」とわざわざ言いに来たほどだ。

## 十二月二十二日

よく寝た。目を覚ますと午前十一時だった。

ぼくと山崎さんが約束した待ち合わせ場所には、彼女の姉というひとも来ていた。ふたりの案内で山崎家を訪ねると、着物を着た小柄で小太りの、初老の女性が奥から笑顔で出て来られた。彼女が山崎のお母さんだ――その表情はまさしく日本のお母さんだ!

お母さんはまだ日本にいるときに、先にタパチュラに来て仕事をしていたご主人と写真だけで見合い結婚をして、この土地に移民船で渡って来られたのだそうだ。それは若い女性にとってどれほど不安なことだったか知れないが、どんなに苦しくても帰ることを許されない片道切符だった。

最初の移住者たちが上陸した港(プエルト・マデーロ)がこの町の近くにあったことから、この周辺に日本人が多く住み着くことになった。その子孫は今でも近くの村に住み、榎本武揚(注)の像も記念に立てられていた。みんな真面目に働いたから第二次世界大戦中もていねいに扱われて、対日感情は非常によかった、とお母さんはおっしゃった。この町の周辺では綿、コーヒー、バナナなどが生産されていて、人びとの生活は非常に豊かで、そのために現在では中国人（華人）なども多く住んでいるそうだ。

しかし時は流れ、ひとは老い、今は二世の時代に移った。山崎家はご主人が存命のころは手広く事業をしていたが、七、八年前に脳卒中で亡くなられてからは三人の娘さん——ひとりは浜田さんの店で働き、もうひとりは教師になり、もうひとりは家事を手伝っている——とともに、肩を寄せあうようにしてひっそりと暮らしておられた。二世の彼女たちは、もうカタコトでしか日本語を話さなかった。それでもお母さんだけは日本人であり続けようとして、今でもミソ、醤油から豆腐まで自分で作っておられる。ぼくは醤油を作る桶を見せてもらった。正月には、この町に住んでいる日本人に手伝ってもらって、モチもつくそうだ。

最近、山崎家は郊外のいわゆる「コロニア（植民地、居留地の意味）」と呼ばれている新居住地の一角に家を新築中で、ぼく達は連れ立ってその現場を見に行くことになった。コロニアという言葉が示すように、そこには日系人以外の外国人も多く住んでいた。

さらに山崎家で夕食もご馳走になり、ぼくは日本を出て以来、今日初めて味噌汁を飲んだ。醤油の味も久しぶりだった。今では豆スープやトルティーヤやタコスも美味しいと感じ、とくには日本料理を食べたいとは思わないが、醤油の味だけはどうしてもぼくの舌から離れようとしなかった。

明日は昼食に招待されている。

今、町はクリスマス気分でいっぱいだ。日本でもなじみがあるクリスマスソングが繁華街に流れ、店先には色のついた豆球が点滅し、通りではこども達が数人集まって笹をもって何やら歌いながら歩いていた――どうやらこのあたりでは、こういう連中が近づいてくるといくらかカネをあげないといけないらしい。しかし、この国では日本のように、単にデパートが儲ける商業主義のクリスマスではない。スペインに支配されて当初押しつけられた宗教とは言え、もはやキリスト教は完全にこの国の血となって人々の皮膚の下に流れていた。山崎さんの娘さんたちも敬虔なクリスチャンだった。

（注）えのもと たけあき、一八三六〈天保七〉～一九〇八〈明治四一〉。江戸時代の武士（幕臣）、明治時代の化学者、外交官、政治家。

---

日本からメキシコへの移民の歴史は、明治時代まで遡ります。

一八九一年（明治二四）に外務大臣となった榎本武揚は、当時、移民導入による国内の開拓を積極的にすすめていたメキシコに強い関心を示し、翌九二年（明治二五）に外務大臣の職を辞した後、「殖民《しょくみん》協会」を設立してメキシコへの移民政策を促進しました。これはあのポルフィリオ・ディアスがメキシコで独裁政治を行っていた時代のことです。ついでに言えば、あのケスラー伯爵がメキシコを訪れたのは一八九六年、つまりこの移民政策がはじまる前年のことです。

最初の移民船は一八九七年（明治三〇）に横浜港を出港し、移民たちはタパチュラ市の西二十五キロメートルにあるサン・ベニート（現プエルト・マデーロ）に上陸し、エスクィントラ村に入植しました。総勢三十五名。その多くは貧困農家の次男坊や三男坊など、土地を与えられずにいずれは生家を追い出される運命にあったひと達で、彼らは海外での生活にゆいいつの活路を見出そうとしたのでした。しかし実際は、彼らの新天地への期待はことごとく裏切られ、過酷な生活をしいられたと言います。大抵は鉱山で働きました。その労働環境は劣悪で、そのことはインディオがやはり鉱山で酷使されたことを思い出させます。しかし、もはや彼らには帰る国はなく、目の前の厳しい現実から目を背けることは許されなかったのです。もしも目を背ければ、即座に死という現実に直面したでしょう。

この最初の入植を記念する榎本武揚像が、現在エスクィントラ村に建てられています。

山崎のお母さん、てるさんは一九〇五年（明治三八）一月十五日に熊本県大浜に生れました。そして、旅行者Kも書いているように写真だけの見合いをして、未来の夫である山崎磯吉氏が待つメキシコのマンサニージョ港に向けて、一九三八年（昭和一三）のはじめに横浜港から汽船平洋丸で出港したのです。それは彼女が三十三歳のときですから、晩婚と言えるでしょう。

一方、夫となる磯吉氏はすでに一九二八年（昭和三）からタパチュラで自動車修理工場を経営しており、一九三四年（昭和九）にこの工場はフォードのチアパス州総代理店に昇格しています。そして、不幸にも脳卒中で突然亡くなられるまで、途中に第二次世界大戦をはさみながらも、事業は順調に発展していったのです。

---

## 十二月二十三日

山崎のお母さんがぼくのために日本料理を作ってくださる。通りすがりの怪しげな旅行者を、ただ日本人ということだけでこんなにも親切にもてなしてくださるとは、感謝の気持ちでいっぱいだ。

## 十二月二十四日

今夜はクリスマス・イヴだ。夕方、世話になった謝礼にと思って、通りがかりの花屋で買った菊の花束をもって山崎家を訪れた。

聞くと、今夜は浜田さんの家にみんなで集まって食事をするのだそうだ。そのために今ちらし寿司を作っている、とお母さんはおっしゃった。

浜田さんと言えば、ぼくがこの町に入って山崎さんと出会うきっかけになったあの雑貨店の店主だ。彼は、若いにも関わらずこの町に二軒も店を構えている働き者で、奥さんはメキシコ人のしっかり者だ。ふたりには三人のこどもがいて、一番末の女の子「なみ子ちゃん」が今かわいい盛りで、ぼくのよい遊び相手になった。

浜田さんの家は町はずれにあったので、ぼく達は寿司の入った大きな入れ物を抱えて車で出かけた。食事はまずシャンパンで乾杯をしてはじまり、食後はプレゼントの交換だった。意外にも、ぼくもプレゼントをもらった！　家の周囲では、バクチクがやかましく鳴り響いていた。山崎さんの娘さんたちは、夜中の十一時から教会へミサに出かけた。

お母さんの話によると、現在、メキシコでは外国製品の輸入が禁止されているのだそうだ。だからこの町では、外国製品は隣国グアテマラから川を渡って密輸入された。このことは人びとの間で公然の秘密になっているのだそうだ。

同様に、民間人がピストルのような武器をもつことも禁止されていた。そのためにこれもグアテマラから密輸入されたが、人々は公然と持ち歩いていた。これを警察は「セ・アーセ・デ・ラ・ヴィスタ・ゴルダ（目が太っていて何でも入る）」するのだそうだ。つまり日本の言葉に置き換えると、「見て見ぬふりをする」ということだ。しかもこの町には、こうした武器を使って人を殺すことを生業《なりわい》にした殺し屋がいて、恨まれた人は彼らの手によって抹殺される。それを彼らは白昼堂々と実行するので、毎日のように殺人事件が新聞紙面をにぎわせていた。

一方、それを取り締まる警察は「セ・アーセ・デ・ラ・ヴィスタ・ゴルダ」を決め込んでいた。ようするに、人を殺そうと思えば殺し屋に頼むほうが手っ取り早く、警察はいつも頼りにならないということらしい。法で裁けないのなら自分たちで裁くしかない、ということだ。しかし、考えようによっては、現在のこの国の秩序と繁栄はこのことわざ通り、見て見ぬふりをすることによって保たれているのかもしれないが。人々に言わせると、メキシコよりもグアテマラの方が治安がよいそうだ。

## 十二月二十五日

今日はクリスマスだが、昨夜とはうって変わり静かな一日だった。

正午ごろ、山崎さんのお宅に出かけて昼食をご馳走になった。そして、午後はずっとお母さんのそばにいて、ご主人が生きておられたころのことについてお話を聞いた。ご主人が脳卒中で急に亡くなり、それまで町で一、二と言われるくらい手広くしていた商売が根元から音をたてて崩れていったこと。商売を引き継ぐ男子もなく、ついに娘さんたちも働きに出なければならなくなったこと。このように書くとまるで悲劇の主人公のようだが、とうの本人たちはみないたって元気で明るかった。もはやこの国は彼女たちにとって、紛れもない母国なのだ。少なくとも二世の娘さんたちにとっては。

ぼくは、この山崎さん一家の心温まるもてなしに感謝しながらも、お母さんに明日出発することを告げた。もしかするとペルーからの帰りにもう一度訪れる機会があるかもしれないが、しかしそ

——のことは口に出さなかった。口に出せば約束することになるような気がしたからだ。

最後に「もしかするとペルーからの帰りにもう一度訪れる……」と書いていますが、結局、Kは二度とタパチュラを訪れることはなかったようです。

さて百八十日間と決まっているメキシコ滞在期間が終わりに近づこうとする今、彼の旅もいよいよグアテマラに入って行きます。

## 二

現在グアテマラという国になっているこの地域は、メキシコから南下して来たスペイン軍によって、一五二四年に征服されました。

やがて十九世紀に入ってスペインが衰退する中で、一八二一年にいったん国家として独立しますが、すぐにメキシコに併合され、一八三九年に最終的な独立を勝ち取ります。そして、一九六〇年から一九九六年まで内戦状態にあったと言いますから、旅行者Kが訪れた当時は、まさにその最中だったと言えるでしょう。しかし、彼はそのような状態にあることを当時まったく知らずに入国したようです。

この国は山岳地帯がおおく、人口の過半数をマヤ族系のインディオが占めています。そういう点では、民族色の非常に強い国だと言えます。そして、マヤ文明遺跡「ティカル」があることでも広く知られており、Kもこの遺跡を是非見たいと思っていたのです。

## 十二月二十六日

タパチュラの町から国境までは、わずか十四、十五キロメートルしか離れていなかった。ぼくは周囲にサトウキビ畑が広がる人気のない舗装道路を、小さなボンネットバスに乗ってメキシコ側の検問所まで行き、通行税二・五ペソを払って川に架かった橋を渡った。そこにもやはり簡単な検問所があった。パスポートを見せて名前やパスポート番号などを指定された名簿に書き込み、簡単な荷物検査を受けた。ここを通過するともうグアテマラ国内だ。小さな貨幣交換所が目についたので、もっていたメキシコ紙幣（ペソ）を全額グアテマラ紙幣（ケツァル）に換えた。

しばらく歩いて、周囲をトウモロコシ畑に覆われた細い道路で手をあげると、すぐに夫婦らしい男女ふたりとこどもふたり、合計四人が乗った四輪駆動車が止まってくれた。「どこへ行くのか？」と運転していた男に聞いたら、「近くへ行くだけだよ」と言ったが、この際そんなことはどうでもよい。「近くまででもいいから乗せてくれ」と頼んで乗せてもらった。こんな人家のない辺鄙《へんぴ》な場所で立ち往生は御免だ。とにかく少しでも先へ進まなければ！

どういうわけか、この家族の周囲を木々が取り囲む小さな家で、ぼくはささやかな昼食をご馳走になった。

こうしてKは、その夜八時ごろにはすでに首都グアテマラシティに入っています。この国の首都は、度重なる地震のために過去四回首都を移転しています。壊れた瓦礫を撤去して修復するよりも、放置してほかの土地に新たに建設する方が手っ取り早く、しかも安上がりだと考えたのでしょうか？　もしもそうなら、ユカタン半島の密林の中に作った道の考え方に似ています。道が通れなくなったら放置して、近くに新しい道を作ればよいという考え方に。

現在の首都は一七七六年に移転されて建設がはじまったもので、標高一五〇〇メートルの高地にあります。その建設の指導にあたったのはメキシコから来たルイス・ディエス・デ・ナバロというひととその弟子たちで、彼らによってここに典型的な碁盤目状のプランをした都市が完成したのです。中国で言えば西安、日本で言えば京都のような都市計画でしょう。

## 十二月二十七日

昨夜ペンション・メーサに転がり込んだ。この安宿のことは、メキシコに入ってすぐに、自転車旅行をしていた米国人の若者から聞かされていた。どうやらその筋では有名なペンションらしい。

泊まっている連中のほとんどは、米国やヨーロッパからやって来た白人の若者たちだった。

この宿では各部屋に五、六人が寝泊まりしていた。ぼくは同室のボリビア人とすぐに仲よくなった。この若者はすでに何年も旅を続けていて、そのうちに英語を勉強してヨーロッパに渡ると言っていた。彼は母国の新聞社に月四回、定期的に海外のニュースを送って、その収入で何とか日々の生活費を捻出していた。

今日は午前中にひげを剃り、水しか出ないシャワーを浴び、たまっていた洗濯物を洗った。この町は高地にあるので比較的涼しくて、シャワーを浴びた後は中庭で日光浴をして体を温めなければ、歯がうまくかみ合わないほど寒かった。

中庭は四方を壁に囲まれた狭い空間で、南海の砂浜で日光浴をする解放感はなかったけれど、周囲にはぼくと同じように仕事をしない、暇をもてあましている白人の若者がゴロゴロしていた。男は短パンに上半身裸という格好で、女はブラジャーで胸を隠して、読書をしたり、友達と雑談をしたり、イヤホーンを耳にして音楽に聴き入ったりして、白人たちの小さなコロニーを作っていた。しかし日差しがきついので、みんなサングラスをかけていた。ぼくもかけていたけれど。

## 十二月二十九日

午後からバスで旧首都へ行ってみた。そこは現在も町として機能していたが、町並みは以前訪れたサン・クリストバルに似ているような気がした。おそらくどちらもスペイン人が建設した町だからだろう。

　歩いていると、サンタ・クララという名前の、今は廃墟になっている教会にぶつかった。入口に置いてあった説明書を読むと、一七〇〇年に建設されて一七一七年に地震で崩壊し、一七四三年に再建されて一七七三年――首都を現在の場所に移す三年前――にふたたび地震で崩壊し、今はそのまま放置されていると書いてあった。崩れかかったまま灰色の断面を醜く露出するボールト天井や、うす暗く陰湿な感じのする地下室などを見ていると、ピラネージ（注）の銅版画に描かれた風景を思い出した。しかし、それも今はこども達の格好の遊び場になっているようだ。こどもは何でも遊び道具に変えてしまう遊びの天才だ。これではさすがのピラネージも形なしだ。

　この教会の向かい側には小さな公園があって、そのいっかくに水をなみなみとたたえた共同洗濯場があった。教会の前に公園があるというのは珍しくなかったが、そこに共同洗濯場が付いているのは珍しい。この町に住むインディオの女たちは、みんなきっとここまで来て洗濯をするのだろう。洗濯をしながら楽しくおしゃべりをするのかもしれない。

（注）Giovanni Battista Piranesi（1720-1778）十八世紀イタリアの画家、建築家。

## 十二月三十日

今日は日曜日だから、たいていの店は閉まっていた。しかし、ペンション・メーサの隣にある一見うさん臭そうな、それでいて働くお姐さんが妙に色っぽい小さなカフェテリアだけは営業していた。この女を目当てにこの店にやって来る男も多いらしい。同室のボリビア人もそのひとりだが、ぼくの場合はこのカフェへ行ってトルティーヤを買う。メキシコを放浪しているうちに、どうやらパンよりもトルティーヤの方が好きになってしまったようだ。

ペンション・メーサの前の緩やかな坂道を、五ブロックほど下ると踏切に出た。単線だ。線路と言っても、遮断機などという気のきいたものはないし、第一、列車が通った形跡があまりない。この線路沿いに、広さにしてベッドが一台入る程度のみすぼらしい小屋がいくつか、出入口を線路に向けて建ち並んでいた。昼間は小屋の中に誰もいない様子でドアを閉ざし、都心に近いというのにひっそりとしていた。窓はない。ところが、周囲が夕闇に包まれるころになると小屋に明かりがともり、男たちがどこからともなく集まって来て、小屋の前を落ち着かぬ様子でうろつきはじめ、にわかに騒がしくなった。それに応えるかのように入口に小麦色の肌をした小柄な混血女が立ち、部屋の明かりを背にそのシルエットが浮かび上がった。娼婦だ。そのひとりに近づいて行くと、女のやせた肩越しに、天井からぶら下がっている裸電球と簡単なベッドが見えた。部屋に入ると、消毒液《クレゾール》の臭いが鼻をついた。見まわすと部屋の隅に、消毒液を入れてあるらしい洗面器がひとつ置いてあったから、彼女たちが男を相手に「ひと仕事」終えた後に、これにまたがって商売道具を洗うのだろう。隣室からは男と女のおきまりの声が聞こえてきた。訊ねると、女はパナマから北上して来たと無表情な顔で言い、一回一ドルだとつぶやいた。どういう理由があって母国を離れたのだろうか？　この国に家族はいるのだろうか？　昼間は何をしているのだろうか？　目もとに少しだけ陰りがある女の顔を眺めながら、ぼくはそんなことを思った。

地元の若者たちは、そんな彼女たちに対し「セニョリータ！」と優しく呼びかけた。この場末の天使たちよ。誰だ、彼女たちを公衆便所だなんて言う奴は！　そう言う奴は、死んでもきっと天国へは行けない。

## 十二月三十一日

今日は日本では大晦日だ。

ぼく達のペンション・メーサもいつもと雰囲気がちょっと違って、今日は緑色の草のようなもの——その名前はピーノ（スペイン語で松という意味）と言った——を中庭の床に敷き詰め、いつもならこの時間は人気がなく静まりかえっている談話室に照明がともり、ビートルズの曲が流れ、若者たちが集まって妙に落ち着かぬ様子で雑談をしていた。いや、見ていると妙に真剣な様子だった。ひょっとして彼らは、夜中の十二時になると、一般人なみに「ハッピー、ニューイヤー！」などと叫びながら、クレージーにおたがいの肩を抱き合おうなんて計画しているのではないか？　この思いつきに妙な胸騒ぎを覚えたぼくは、同室のボリビア人が「一ドルずつ出しあって、今夜四、五人で友達の家を訪ねて酒を飲まないか」という話をもって来たので、これ幸いとそちらに便乗して、一時この宿を逃げ出すことにした。どうやら今夜だけはここにいないほうがよさそうだ。

ぼく達は迎えに来たグアテマラの青年たちと連れ立って、夜の九時ごろ宿を出た。このグループの中に、サンフランシスコから帰って来たばかりという二十二歳の学生がいて、みんなで彼の家に行くことになったのだ。

彼の家へはタクシーで乗りつけ、ぼく達は家族全員——その中にはこども九人と、犬二匹を含む——に出迎えられた。部屋に音楽が流れ、テーブルのまわりに思い思いに腰かけるとすぐに酒が出てきて、にぎやかなおしゃべりがはじまった。それが一段落すると全員で記念写真を撮った。これが緊張の一瞬だ！

こうして、やがて午前零時が近づいた。

## 一九七*年

### 一月一日

午前零時になると同時に、家の外ではバクチクがいっせいに鳴り響き、それを合図にぼく達は全員立ち上がってたがいの肩を抱き合い、この新しい年を祝った。「フェリース・アンニョ・ヌエヴォ！（新年おめでとう！）」実に新年らしい新年だ。

表へ出ると、いたるところでいっせいに花火が上がり、そのやかましさは鼓膜が破れんばかりだ。しかも、バクチクの煙と臭いが周囲一面にたちこめて、まるでロンドンの霧がすべてこの町に引っ越して来たようなありさまになっていた。

しばらくするとこの興奮がおさまり、夜の静寂が町にもどって来ると、ぼく達はテーブルにふたたび着いて食事をはじめた。トウモロコシの粉の中に野菜や肉を詰めて、木の葉に包んで蒸したものをみんなで食べた。この料理の名前を確かタマヨ（注）と言ったと思うが、このあたりではこれが一番のご馳走で、こういう特別な祝いの席にはかならず出て来るのだそうだ。

食後しばらく雑談をした後、ぼく達は「ダンスに行こう」ということになり、家族と別れてほろ酔い気分で外へ出て、ペンション・メーサの方角へゆっくり歩きはじめた。この日ばかりは公共交通がすべて休業になっていて、車も走ってはいない。途中、とある家に寄って新年のあいさつをしてさらに酒を振舞われ、ペンション・メーサの隣にあるカフェテリアまで帰って来た。しかし、この店だけは今夜も開いていた。奥の部屋ではすでに、色っぽいお姐さんを相手にダンスがはじまっていた。ぼく達もこれに合流した。そして、もう一度「フェリース・アンニョ・ヌエヴォ！」と口々に言いあった。この町の連中ときたら、今夜は全員がアルコール漬けだ！

（注）トウモロコシの粉で具を包んで蒸したタマーレスという料理があるらしいが、もしかするとこの料理のことかもしれない。

## 一月二日

今朝四時半ごろに寝たから、ぼくは完全に寝不足だった。

サクレウ遺跡では建設当初の姿が完全に復元されている、と聞いていたので訪ねてみようと思い、宿を引き払って西へ向かうことにした。それはいったんメキシコへ引き返す方角になる。

元日の翌日というのに、グアテマラシティはもう平常通り機能していた。ぼくはまず宿に一番近いバス停からバスに乗り、ひとまず町外れまで出た。そこからヒッチハイクで車とトラックを乗り継いで、ケツァルテナンゴという名前の町まで行った。

この町へ行く途中、山間に美しい湖を見た。その名前をアティトラン湖と言った。このあたりから周囲はにわかに秋の雰囲気に包まれはじめ、なだらかな起伏の中にトウモロコシ畑と稲《いね》を植えた畑が点々と、まるでパッチワーク模様のように広がっていた。そのなんとも言えぬ色合いの隙間を埋めるようにして、赤瓦屋根と白壁の農家が点在し、これに気を取られていると、ときおり、先端にソフトボールのような丸い形をした緑葉がついているだけの、びっくりするほど背の高いヒョロリとした木が、直立不動の姿勢で視界をさえぎった。一方、牧場では白黒のまだら模様をつけたホルスタイン牛の群れが、ゆっくりと草を食んでいた。こうしたすべての風景が夕闇の迫った澄みきった青空の下で長い影を落とし、感動的に展開していった。

ケツァルテナンゴの入口あたりの平地の風景もまた素晴らしかった。木々の散在する牧場で遊ぶ牛の群れと、その間をゆるやかな弧を描いて静かに流れる小川。遠くの山のふもとに見える農家の屋根の重なりと、近くを、頭に大きなカゴをのせてゆっくり歩いて行くインディオの女たち。彼女たちはみんな、この風景を写し取ったかのような、細やかな原色をモザイク風にあしらった民族衣装をまとっていた。なんと自然は偉大な美の女神だろうか。それに比べて、この毒々しい色のアスファルトを敷いた道路の、無神経で非人間的な醜さはどうだろう。この道路こそ、まさしく資本主義に毒された人間たちだけがなせる技《わざ》に違いない。

遠くから眺めるケツァルテナンゴは、まるで突如として大地から吹き出し、一瞬にして凍りついた茶褐色の噴炎のように見えた。この町の中には二十六万八千人住んでいるそうだが、その半分はキチェー族というインディオで、残りはこの国で「ラディノ」と呼ばれているスペイン人社会に同化したインディオだ。そして、この噴炎の中心でひときわ高く吹き出して自らの存在と権力を誇示し、足元にひざまずくことを人々に強要しているのが、どの町でもよく見かける教会だ。道路はそのひときわ高い尖塔にぴったりと照準を合わせて、一直線にのびていた。

町の入口の近くで車を降りた。歩いて町に入ると道路は上り坂に変わり、すぐにアスファルトから石畳に変わった。何世紀にもわたってひとの歩みを支えてきた敷石のすり減った丸味のある柔らかさが、まるで久しぶりの出会いを喜ぶ柔和な母の笑顔のように、ぼくの足の裏を温かく迎え入れてくれた。これこそ旅の疲れがどこかへ消えていく瞬間だ。そのとき、なぜかサン・ミグエルのマリアの顔が浮かんできた。あの町の石畳も同じように温かかったことを思い出した。彼女は今ごろどうしているだろうか？　真面目に教師をしているだろうか？

本当はウエウエテナンゴまで今日のうちに行き着く予定にしていたのだが、ケツァルテナンゴの町の様子が閉鎖的で妙に神秘的な感じがしたので、予定を変更してこの町で一泊することにした。それは単なる好奇心に過ぎなかったけれど、ぼくの気分はけっして悪くなかった。

---

アティトラン湖はグアテマラシティの西、およそ七十キロメートルの高地にある美しい湖で、現在周囲は保養地になっています。石田英一郎は著書「マヤ文明」の中で、「この湖の周辺に、キチェー、カクチケルなどのマヤ系の部族が住む。スペイン人の手でカトリックに改宗せしめられたインディオが、いかに彼らの祖先の信じた異神の神々を、キリスト教の聖者やマリアやキリストとさえ、たくみに習合させて独特な信仰生活を送っているかを見るためには、このあたりほど面白い土地はない。ことにアティトラン湖の北およそ三十キロ、キチュー族の都であったチチカステナンゴの町のサント・トマス寺院や、近郊にあるパスクア・バハとよぶ小山の頂などでは、ほとんど公

然とマヤ古来の祭礼や行事が、キリスト教のクルス（十字架）の前で行なわれている」と書いています。ユカタン半島の密林の中で骨となり水となって地下水脈の流れに合流した彼らの魂は、ここでも地表に噴出していたのです。

このアティトラン湖からチチカステナンゴを通ってさらに北西に進むと、旅行者Kが訪れたサン・クリストバル・ラス・カサスからチャムラへ、あのチャムラ族が「世界のへそ」と呼んだ場所にたどり着きます。あいだに存在する国境さえ意識しなければ、その地理的な距離はきわめて近いのです。

## 一月三日

ケツァルテナンゴの朝は一面にガスにつつまれて、ぼくの吐く息も白かった。「こんな日はヒッチハイクも大変だ」とまるで他人事のようにつぶやきながら、ぼくは市外に向かってゆっくり歩きはじめたが、本当のことを言えば天候が心配だった。しかし、陽が昇るにつれてしだいに晴れてきたのでホッとした。高地の天候は気まぐれだ。

二台の車を乗り継いでウエウエテナンゴまで来たが、その途中の風景も昨日見た風景と同じように素晴らしかった。空は青く澄み渡り、天候はおだやかで、ときおり道ばたの草地に寝転んで、のんびり日光浴をしている牧童や農夫の姿を見かけたが、これを悠々自適な生活とでも言うのだろうか。いずれにしても、効率を追求するぼく達の利潤追求型社会とはまったく無縁な世界だ。

予定を変更して、今夜はウエウエテナンゴで一泊することにした。

**一月四日**

復元されたサクレウ遺跡へはタクシーしか行かなかった。しかし、その二、三キロメートル手前までならバスが行くというので停留所を探したが、あるひとはここだと言い、別のひとはあっちだと言い、まるで要領を得なかった。結局、近くで遊んでいたこどもを捕まえて、停留所まで連れて行ってもらった。バスは黄色と緑色のツートンカラーの、派手なボンネットバスだった。

「白い大地」と呼ばれているこの遺跡は、低く垂れ下がる雲の色に溶け入るようにして、いかにもさみしそうな様子で起伏のある田園風景の中にあった。規模は小さく、見学料が

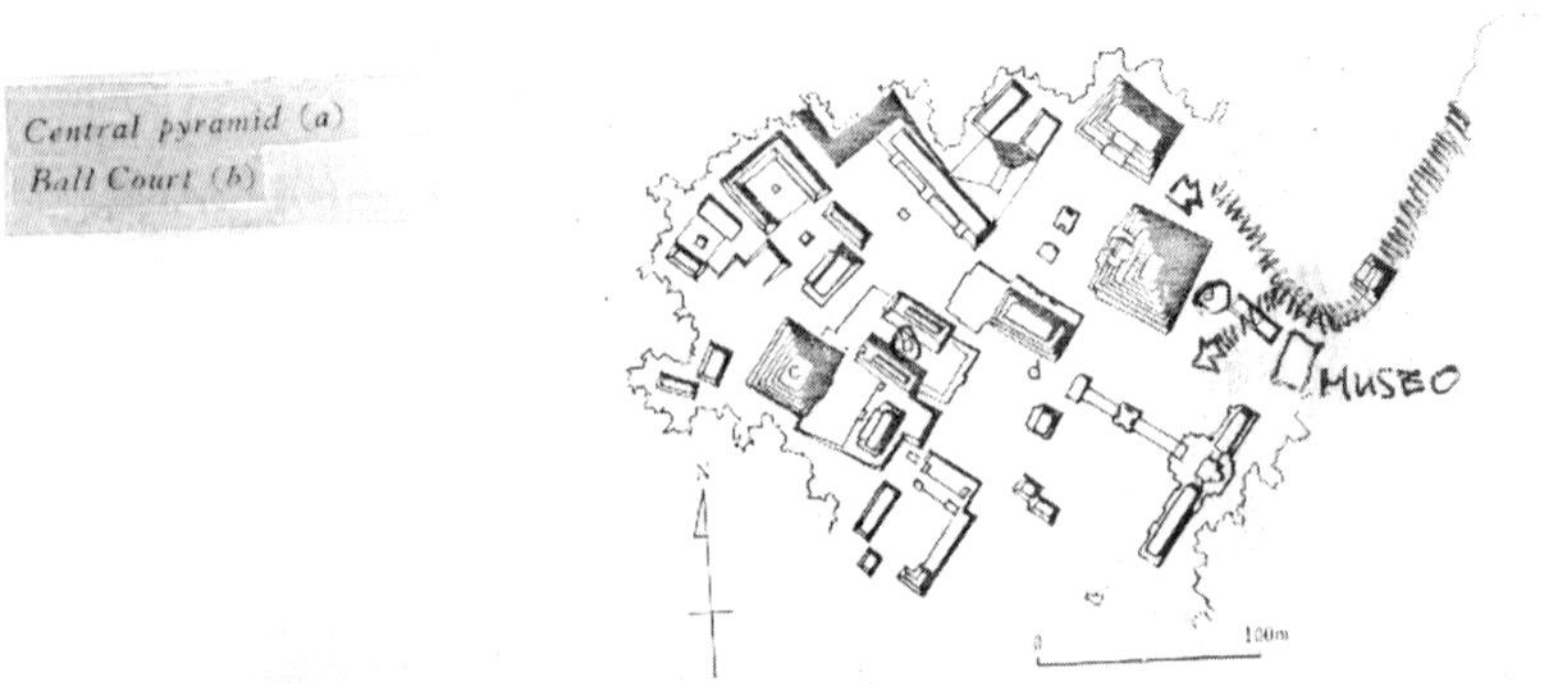


サクレウ遺跡

無料だったにもかかわらず見学者はまばらだった。遺跡を補修して塗ったスタッコ（漆喰）には亀裂が入り、全体的に薄汚れてみすぼらしく、見学者のこころない落書きまである始末だ。今や歳老いて「灰色の大地」と化しているようだ。近くにあった小さな博物館には復元した当時の写真が飾ってあり、スタッコの白色が生き生きと輝いていた様子がわかった。それは魂を失った死体に死化粧をするようなものだったが、それでも現在のみすぼらしい姿よりはましだ。ぼくはわざわざここまで見に来たことを少しだけ後悔し、何の感情の高まりも覚えぬまま、十分とそこに止まらずにバス停へ急いだ。

いつ来るかわからぬバスを待つのは退屈だ。ついにあきらめて、町までの道のり六、七キロメートルを周囲の風景を楽しみながら歩くことにした。ときおり雨がぱらついた。ぼくはどうやらまた風邪を引いたようだ。

この国には小さなカフェスタンドが多い。そこに行くと、多少濃いめの紅茶といった感じのコーヒーを一杯わずか十セントで飲ませてくれるのだが、砂糖をあらかじめ入れてあるのには閉口した。しかし、そんなコーヒーを今日は五杯も飲んでしまった。

旅費を節約するために禁煙をしていたが、最近また吸いはじめた。この国にタバコのばら売りがあるのがよくない、一本だけなら安いからつい買おうかという気になってしまう、などと自分の意思の弱さを棚に上げて言いわけをする。たとえタバコをひと箱買う金がないインディオでも、一本買うくらいのカネは持っている。

---

サクレウは、マム族というこのあたりに多く住んでいる部族が建てた都市で、標高一九〇〇メートルの位置にあります。一五二五年にスペイン軍によって征服されましたが、一九四〇年代に大規模な発掘と復元が行われました。

---

## 一月五日

サン・マテオという町にもマヤ文明の遺跡があって、そこへ行くバスがカルバリオ教会前から出るらしい。そこでぼくは眠い目をこすりながら早朝五時に出る始発バスを待った。まだ夜はあけていなかった。停留所といっても切符を売る建物があるわけでも、「バス停留所」という看板が立っているわけでもなく、単に小さな売店が一軒あるだけで、そのあたりが停留所だということをぼくは近くにいた誰かに聞いて知っただけのことだ。

その停留所らしい場所には、朝早くからインディオがたむろしていた。さすがは民族色の強い国だ。男たちは一様に（汗を吸わせるつもりか）頭に手ぬぐいを巻き、その上からツバのある白色の中折れ帽子をかぶり、黒色のポンチョに紅白の太い縦縞の入ったズボン、といった服装だ。女は髪を後ろで三つ編みにし、ロングスカートをはいていた。路上に寝ている者もいれば、すわりこんで朝からビールを飲んでいる者、トランジスターラジオを大切そうにかかえて聴き入っている者、数人で雑談をしている者たちがいた。彼らはみんなどこかへ行くために、早朝からバスを待っているらしい。ぼくは売店で魔法瓶から注がれる薄いホットコーヒーを一杯買って、それをすすりながら体を温めようとした。寒さが体にこたえた。

バスの中で、偶然隣に腰掛けていた神父が親しく話しかけてきた。彼は米国人で、北海道と京都にいたことがあると言って、少しだけ日本語を話した。そんな彼の話し相手をしているうちに、バスはサン・マテオに着いた。別れ際に「神のご加護がありますように」と言って、彼はぼくのバス料金五セントを払ってくれた。感謝、感謝——本来であれば、ぼくの方が寄進しなければならないのだが。

このサン・マテオという町は、どこといって変わったところがなかった。ごく普通の町だ。しばらくあたりを散策して、売店のおばさんと世間話をして、早々と午前中にバスでウエウエテナンゴに帰って来た。結局、遺跡がどこにあるのかわからずじまいになってしまった。

午後シャワーを浴び、ヒゲをそり、宿の屋上で日光浴をした。そこはちょうど厨房の上あたりで、木造の粗末な小屋が四個と、洗濯場と物干し場があった。落下しないように周囲にネットフェンスをめぐらせていて、見るとまだ言葉も満足に話せない小さな男の子がひとり、そのあたりに転がっているタイヤやダンボール箱を相手に、キャッキャ、ウッウッと奇声を発しながら遊んでいた。裸足だ。きっとこの宿の従業員のこどもだ。はいている赤い半ズボンを押しのけるようにして、妙に膨れた腹からヘソがのぞいていた。日光浴をしているぼくのところにときおりやって来ては、「ミレ、ミレ（見て、見て）」と言って小さな手で何かを一生懸命に指差した。その子が急に泣き出しそうな顔をして近づいて来たので、どうしたのかと思って見ると、足の裏から血を流している。ガラスの破片でも踏んだのだろうか。もっていた軟膏を傷口に塗ってやると、うれしそうな顔をしてしばらく床にすわってジッとしていたが、そのうちにまた奇声を発しながら歩きはじめた。このネットフェンスで囲まれた粗末な箱庭で、この子はいくつになるまでひとり遊びを続けるのだろうか？　いつになったら、この子はこの檻から出られるのだろうか？

## 一月七日

ウエウエテナンゴを出発してグアテマラシティにふたたび帰り、ペンション・メーサにチェックインした。

## 一月十一日

ティカル遺跡へ向けて出発する。これでもう、この町に帰ってくることはない。

まずいつも通り、市内バスを使って郊外まで出た。そこで捕まえた最初の車は黒塗りのベンツだった。こんな高級車が止まるのは珍しい。運転していたのは建築家で、ぼくを親切に検問所まで連れて行ってくれた上に、そこに立っていた兵士につぎの車に乗せてくれるようわざわざ頼んでくれた。それというのも、そこは町の出入り口と言ってよい場所で、この検問所で車はかならず一時停車して、貨物車の場合は荷物検査をうけなければならなかったからだ。

検問所でつぎに拾った車はコバンというところまで行くトラックで、この荷台に乗るためには荷台を囲った高い塀を、ぼくはバックパックを背負ったまま、片手に寝袋をもって、一生懸命よじ上らなければならなかった。まるで獲物を求めて壁を這い上がるヤモリだ。

つぎに乗ったのもトラックで、同じようにヤモリに変身して荷台の高い囲いをよじ上った。

そして三台目の車で、ようやくティカル遺跡へ向う一本道の分岐点にたどり着くことができた。するとそこで、偶然にもペンション・メーサで顔見知りになっていたフランス人の青年と出会った。彼はティカル遺跡へ行くために、ここまで列車で来たのだそうだ。そうだ列車で行くという手もあった、とそのときぼくははじめて気づいた。

結局、そこからぼく達は地元のインディオを運ぶ小型トラックに二五セント払って乗り、サンフェリペという村まで行くことになった。

途中の道は自然林の中を真っすぐにのびる一本道で、舗装されていなかった。そのために道の凹凸がかなりひどかった。それにあわせてトラックははげしく揺れた。そのうえときおり対向車があると土煙がはげしく舞い上がって、荷台のぼく達に襲いかかった。

そのうちにいつのまにか周囲は夕闇につつまれ、果てしなく続くヤシの木々のシルエットがまるで影絵のように浮かび上がってきた。その南国特有の風景が、ぼくの気持ちをいやがうえにも感傷的にさせた。ときおりしっぺ返しを食うこともあるけれど、それでも自然は素晴らしい!

サンフェリペに着いたのはもうかなり遅い時刻だった。そのために宿を探すのをあきらめて、ぼく達はとあるレストランのベランダで夜明しをすることにした。

## 一月十二日

昨夜は雨が激しく降ったようだ。

今朝最初に乗った車は、わずか二十キロメートルしか離れていない橋の工事現場まで行くトラックだった。周囲にせまる密林の鬱蒼とした木々の間には粗末な民家が数軒見え隠れする程度で、人影はまったくなかった。

二台目でフローレス行きのトラックを捕まえた。荷台には、ぼく達と同じようにティカル遺跡へ行くグアテマラ人の青年ふたりが先客として乗っていたが、ここから先もひどい道で、まるで暴れ馬にでもまたがっているような気分だった。

フローレスは地図で見る以上に遠かった。密林の単調な風景の中を、まるではるか遠くの月世界に向っているような気分にさえなったほどだ。ときおりスコールがぼく達を襲い、そのたびに積んであった汚いテントの中に急いで潜り込んだ。おかげで雨と埃とテントにこびりついていた油で、頭から足の先まで泥だらけになった。

夕方五時すぎ、フローレスにやっとたどり着いた。偶然にも今夜はこのあたりは祭りだそうで、周囲の暗闇を怪しい足どりの酔っ払いがうろついていた。ぼく達は川むこうのサン・ベニートというところに、安いペンションを見つけた。

## 一月十三日

今日は運悪く日曜日だった。どうせ車など一台も走ってはいないだろうと、先へ進むのを最初からあきらめて、ぼく達はペンションでゴロゴロしていた。昨日乗ったトラックの揺れがひどかったせいで体の節々が痛かった。ときおり雨が降って、空気はひどく湿っていた。このあたりはもしかすると、今、雨期なのかもしれない。

町の祭りは十五日間続くという。しかも、今夜は日曜日だからとくににぎやかだった。雨あがりの道を、水たまりを避けながら、派手に着飾った娘たちが手を取りあって弾むように歩いて行った。みんな近くの湖に突き出した仮設ダンス会場へ踊りに行くらしい。彼女たちの浮き浮きした気持ちがその足取りに表れていた。やがて会場の方角からマリンバの音がかすかに聞こえてきた。どうやらダンスがはじまったらしい。

ぼく達も娘たちが放つ色香につられてダンス会場へ見学に行った。ぼくの相棒たちはすぐにひとりの若い娘と親しくなり、さかんに口説きはじめた。彼女はどうやら踊りたいらしいのだが、踊るためには二ドルを支払わなければならなかった。しばらくするとグアテマラ人の方がぼくのそばにやってきて、「二ドルのカネがないから、フランス人に彼女を取られてしまった」と言ってくやしがった。さもぼくに二ドルを貸してほしげな口振りだったが、そんなことはぼくの知ったことではない。

おじょうさん　おじょうさん
今日は年に一度の楽しい祭りだ
よかったらぼくといっしょにポルカを踊ってくれないか
ねえいいだろう?
だって　あんたを見ていると昔を思い出すのさ
カプチーノの味を口移しで教えてくれたあの子のことを

小さな舌の先で鼻の頭をなめてくれたあの子のことを
なにも言わず抱きついてきたあの子のことを
きっとあの子は親に捨てられてさみしかったんだ
でも　あんたはちがう
あんたは輝いているよ
豊かな小麦色の胸がマリンバのリズムで踊り
腰のくびれでギターの音色がささやいている
あんたはすごくコケティッシュだよ　最高だよ
だからあのころを思い出すのさ
とおの昔に忘れたはずの傷跡を
おじょうさん　おじょうさん
よかったらぼくといっしょにポルカを踊ってくれないか

ぼく達は近くに住む校長を訪ねて許可をもらい、今夜は無料で小学校の教室に泊まることになった。真夜中、床におもいおもいに寝袋を敷いて横になった。遠くでまだダンス音楽が鳴っていた。この踊りは朝四時ごろまで続くらしい。

## 一月十四日

仲間のフランス人が「昨夜ダンス会場で知合った娘が住んでいる町へ行く」と、突然宣言した。まるでメス猫を追いかける発情期のオス猫の表情だ。しかし、「その町まで行くには船しかなく、しかもカネがかかる」と知ると、今度は「行くのを止めた」と言い出した。どこの町へ行くつもりだったのか訊《たず》ねてもみなかったが、結局、彼はどうしたのだろうか? まあ勝手にするがいいさ、とぼくは連中と別れて、ふたたび気楽なひとり旅にもどることにした。

今日はよく晴れてかなり暑かった。通る車は相変わらず少なかったが、何とか小刻みに三台乗り継いで、目差すティカル遺跡の十五キロメートルほど手前の村までたどり着くことができた。ここからだともう遺跡まで目と鼻の距離だから、バス料金も安かろうと思い、通りがかった村人に訊ねたら五〇セントだと言う。そのくらいだったら払ってもよいと思い、バスを止めた。そこで念のために車掌にもう一度料金を訊ねると、「七五セントだ」と言うのだ。「さっきの話よりは二五セントも高いから乗らない」とぼくはぶ然と言い捨て、勝手にスタスタ先へ歩きはじめた。すると彼がわざわざ追いかけて来て、「五〇セントにまけておくから乗れ」ということになった。実にいい加減な話だが、おかげでぼくは二五セント得をした気分になった。

こうしてやっとたどり着いたティカル遺跡のそばには、観光客相手の小さな村とキャンプ場と、小型軽飛行機が離着陸できる程度の滑走路が一本あり、それに付属して係員が数人しかいない小さな出入国管理局もあった。きっと国外から自家用機で直接やって来るような特別な観光客のためにこの施設はあるのだろうが、けっして忙しそうには見えなかった。

ぼくはキャンプ場で五〇セント支払ってハンモックを借り、常設の小屋に泊まることにした。バックパックと寝袋をひとまず小屋に置いて、さっそく遺跡へ向かった。

熱帯林の高さは、二十メートルはゆうにありそうだった。その間をぬうようにして作られた小道をぼくは歩いた。周辺は下草が刈り取られてよく整備されていたが、それを一歩外れると、人間を寄せつけない密林の闇だ。光は周囲の高い樹木にさえぎられて、昼でも薄暗くじめじめしていた。その闇は奥へ進むにつれて深まり、ときおり鳥や獣のかん高い、透き通るような奇声がどこからともなく聞こえて来た。きっと彼らは人間に対してここは自分たちの領域だと主張し、それ以上入って来るなと威嚇しているに違いない。それを無視すれば、言い知れぬ不幸が身にふりかかると彼らは警告する。その背後には、滅び去った動物たちの激しい敵意と憎悪が住み着いていているような予感があった。

さて、どれほど歩いただろうか？　Ⅰ号神殿、Ⅱ号神殿と呼ばれるピラミッドに出た。広場を中心にして、東と西に対面するようにして立つこの一対のピラミッドは、今まで見てきた遺跡の中でも小型だったが一、二を争うほどに誇り高く、き然として、近づきがたい魅力をもっていた。その時空を越えたストイックな雰囲気が、何とも言えずよかった。しかし、全体のプロポーションは、頂上にある神殿に対してその基壇になるピラミッドが小さく、そのために安定感を欠いているようにも思えて、何となく日本のひな人形の男雛と女雛を連想させた。

もしマヤ文明がまだ栄えていれば、ぼくなどさしずめ最も早く神に捧げる生け贄《にえ》になっており、このピラミッドの急な石段を生きた二本の足で上ることなどとうてい許されなかっただろう。そんなことを思いながらも、何の戸惑いも、畏敬の気持すらもなく石段を上っていく自分が恐ろしかった——そういえば今まで、ぼくはどれほど多くのピラミッドを上り下りしたことか。

石段を上りきって振り返ると、果てしなくどこまでも続く樹海が見渡せた。それを暴力的に切り裂いて、いくつかの神殿が痩せこけた灰色の顔をのぞかせていた。その様子はまるで大海に突き出た岩山のようでもあり、悪意に満ちたサタンのけば立った背骨のようでもあった。樹海はユカタン半島で見たものよりも奥深く、陰鬱な感じさえした。あの中に迷い込めば、きっと生きては帰れないだろう。そう思ったとき、突然ぼくの中の何かがざわざわと激しく揺

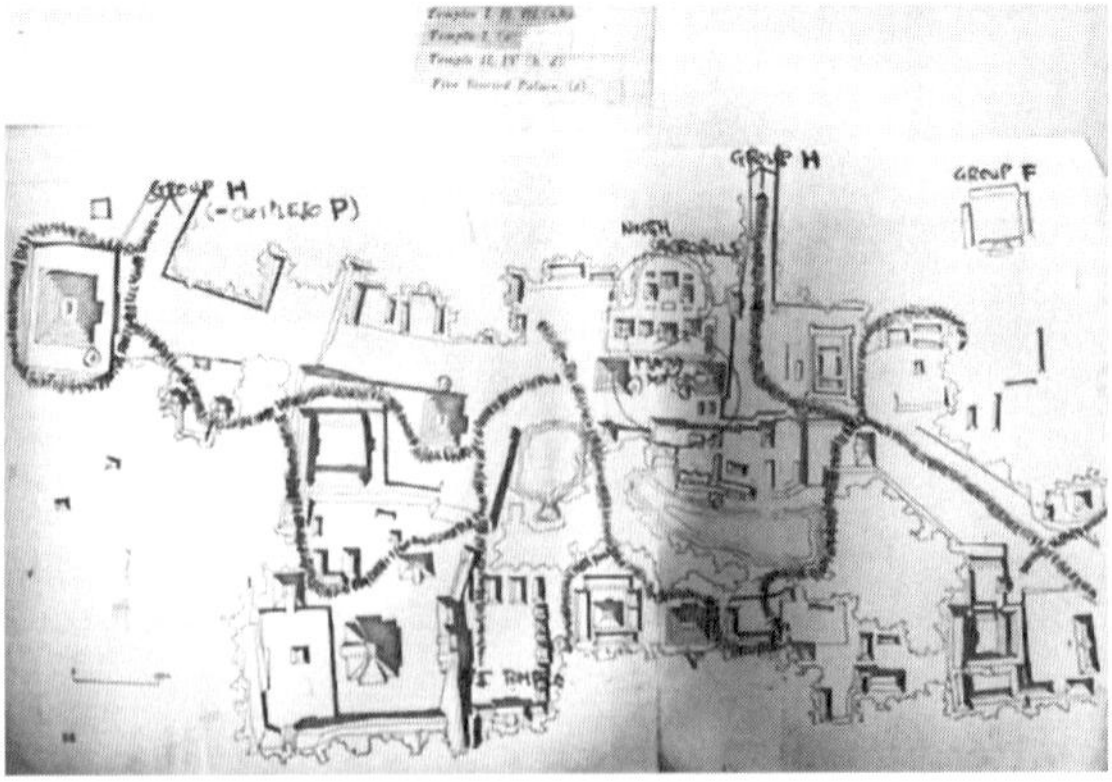


ティカル遺跡

れた。

キャンプ場で、サンフランシスコから来たという米国人の五人家族と親しくなり、彼らのテントに招かれて夕食をご馳走になった。夫妻はともに四十代で、金髪でやせて背が高かった。ふたりともハイスクールの教師をしていて、主人の方が歴史を教えているという。だから、この遺跡に興味をもったのかもしれない。彼らは英語しか話さなかったが、三人のこども達がスペイン語を話してくれたのでぼくは助かった。

この家族は、改造したワゴン車に乗って一年計画で旅行していた。今年の八月ごろにはサンフランシスコに帰るのだそうだ。そして、両親はきっと教師に復職するのだ。一年間の旅行なんて、住宅ローンの支払いなどに追われる日本のサラリーマンには、到底マネのできる話ではない。こういうところに米国人の生活の真の豊かさを感じる。

夕食後にはカナダのケベックから来たという若い女性も加わり、夜遅くまでにぎやかに雑談をした。

ティカル遺跡はグアテマラ北部ペテン地方の密林の中にあって、その活動期は西暦一〇〇年から八〇〇年と考えられています。石田英一郎によると「北ユカタンのジビルチャルトゥンの規模が確認されるまで、マヤ古典期最大の、また最古の大都市」だったそうです。これほど自然条件の厳しい環境の中に、なぜこれほど大規模な建築群が出現したのでしょうか?

この廃墟となった都市は、一六九六年に布教の途中密林に迷ったキリスト教フランシスコ会の神父によって偶然発見されました。発見当時、おそらく熱帯林の根が遺跡の心臓部深く入り込んで、傍若無人な破壊行為を繰り返していたと思われます。

## 一月十六日

ここの遺跡は非常に広範囲に散らばっているので、見学に時間がかかった。

今日は朝早くキャンプを出発して、Ⅳ号神殿からⅠ・Ⅱ号神殿とその周辺、さらにグループHと呼ばれている建築群まで、かなりの強行軍で見てまわった。

ここを訪れている連中はほとんどが白人旅行客で、目下のところ東洋人はぼくだけだ。だから一軒しかないレストランに入ると、まわりで英語、ドイツ語、スペイン語、フランス語が乱れ飛び、毛玉のようにもつれ合った。そんな中で、ぼくだけは小さく身をかがめて黙々と食事に専念した。

## 一月十七日

今日はV号神殿に行くことにして、いつものように曲がりくねった、湿気に満ちた日陰の道を進んだ。途中で雨が降るかもしれないと思い、携帯用の傘をもって行くことにした。

ところがV号神殿は、まだI・II号神殿のように補修されてはいなかった。（後に博物館を訪れて知ったのだが、I号神殿は一九六五年に修復を終えていた。）そのまま放置された遺跡の積み上げた石の隙間に、熱帯林のたくましい根が強引に押し入り、執拗にいたぶって破壊していた。その無残な姿を目のあたりにしたとき、断末魔の叫びにも似た声が、樹海の奥から聞こえてきたような錯覚をおぼえ、ぼくは思わず顔をしかめた。

この遺跡はこのまま自然死するのがよいのか、それとも死化粧をして見学者のさらしものになるのがよいのか。

遠く果てしない闇

ときとして奇声が宙を飛ぶ。

キーィ　キーィ　キャッ　キャッ

キーィ　キーィ　キャッ　キャッ
言葉を失ったものたちの最後のあがきか
悪夢にうなされて思わず吐き出す悲鳴か

樹海は深い湖の淀みのように
陽も入るのを躊躇するほどに暗い。
男たちの足跡をのみこみ
家々の屋根をのみこみ
血をのみこみ　喜びと悲しみの詩《うた》をのみこみ
いつの間にか時間《とき》さえものみこんでしまった。
何という底なし沼の貪欲さか。
築き上げたすべての証《あかし》を憎悪して
破壊はさらなる破壊を招き
やがて　たらふく食って
彼は平然と沈黙の中にまどろむ

体に絡みつく生臭い吐息
見え隠れする死霊の幻影
だれかと同じように　やがてぼくもあの深みへと沈むのか。
遠くでランタンのかすかな明かりが揺れた。
ああ　だれかがぼくを呼んでいる
ベックリン（注）が描く小島へ向かって
今　ぼくはゆっくり小船をこぎ出そうとしている

すると　ふたたび
キーィ　キーィ　キャッ　キャッ
キーィ　キーィ　キャッ　キャッ
しかし奇声は突然に停止し
呆然と我にかえり　ぼくはおもわず背後を振り返える。
そこにも小さな闇が。
彼はいつの間にかぼくの背中に寄り添って
舌なめずりをして唐突にささやく。

おまえの生き血を吸ってみたいものだと

五〇セントで借りていたハンモックを返却し、今夜はサンフランシスコから来た家族が貸してくれたテントで寝ることにした。テントは家族用なので、内部はかなり広かった。そこで夜は彼らと、コーヒーを飲みながら雑談をして過ごした。その内容は、サンフランシスコの夫婦が教師だったこともあって、おもに教育や学校や文学の話だったが、こども達がスペイン語を話してくれるので、ぼくもその会話に参加することができた。なかでも、表情に少し影のある末っ子のグレンとぼくは気が合った。

明日フローレスに行くのでいっしょに行かないか、と彼らが誘ってくれた。そこで、この機会に彼らの車でティカル遺跡を出発することにした。

（注）Arnold Böcklin(1827-1901) スイス出身の象徴主義の画家。連作『死の島』(1880-1886)は有名。

## 一月十八日

ぼく達は十一時ごろにティカル遺跡を出発した。道が悪いので、車はあまりスピードを出せなかった。本当はもっと先へ進むつもりだったが、そのゆっくりしたペースにつられて、つい彼らといっしょにフローレスに宿をとってしまった。ぼくはグレンと同室だった。

## 一月十九日

今朝、サンフランシスコの家族に別れを告げた。

最初に捕まえた車は農場へ行く車で、これで四十キロメートルほど先まで進んだ。運がよかったのは、そこからだった。歩いていると、ちょうど目の前に一台のトラックがパンクを修理するために止まっており、訊《き》くと「グアテマラシティに行く」と言った。「ではホンジュラスへ行く別れ道まで乗せてくれないか」と頼みこみ、「ＯＫ」という返事をもらうと、すぐに車の荷台にかぶせたテントの下にもぐり込んだ。

こうして泥まみれになりながら旅を続けるＫには、メキシコ入国当時のひ弱で戸惑いがちな雰囲気はもはや微塵もありませんでした。

彼が日本を飛び出してすでに半年が過ぎていました。

## 一月二十日

トラックの荷台で眠ってどれほど時間がたっただろうか。おそらく朝の四時ごろだろう、ぼくは熟睡していた。突然「ホンジュラスへ向う別れ道に来た！」という大声で、ぼくはたたき起こされた。あわてて枕がわりにしていた寝袋とバックパックをつかみ、転げ落ちるようにして荷台から飛び下りた。車はすぐに出発し、運転手に礼を言う暇もなかった。

まだ夜は明けていなかった。ぼくの頭も体もまだ夢の中だ。眠い目をこすりながらやっとの思いで周囲を見渡すと、すぐ近くの暗闇の中に何やら人影らしいものがあるのに気づいた。近づいて行くと、こども六人を引きつれた八人家族のインディオがうずくまっているではないか！　驚いて「いったいここで何をしているのか？」と声をかけた。すると、ぼくがこれから行こうとする方角と同じ方角を指差して、言葉少なく「エスクイプラスまで行く」と言った。

ぼくは五〇セントを支払って、このインディオの家族といっしょに一台の車に乗せてもらい、さらに一台のバスに乗り継いでエスクイプラスまで来た。ここでこの家族とは別れ、ぼくは安宿を探した。

エスクイプラスの町は大変にぎやかだった。祭りかと思って通りがかりの男に聞いたところ、「いつもこんな調子さ」という返事が返ってきた。おそらくこの町は、隣国ホンジュラスとの交易が盛んな町なのだろう。

三

現在ホンジュラスという国になっているこの地域も、隣国グアテマラ同様に、南下してきたスペイン軍によって支配されました。もちろん、いくつかの部族がそれぞれに集落を築いて生活をしていた時代のことです。

その後長くスペインによる統治が続き、十九世紀前半にやっと独立の機運が高まり、メキシコへの併合などを経験して一八三八年に独立したそうです。これも弱小国なればこそたどる歴史でしょうか。

## 一月二十一日

「国境まで十一キロメートル」と表示してあった。空はよく晴れていたが相変わらず暑かった。「もっている現金も少ないことだし国境まで歩くか」と、山間のこのあたりにしては珍しく舗装の行きとどいた上り坂を、ゆっくり歩きはじめた。

と、いったん歩きはじめてはみたものの、この緩やかな上り坂は予想以上に難物だった。何度かあきらめて車を拾おうしたが、走る車が少ないうえに、やって来ても止まってはくれない。仕方がないからまた歩きだした。こんなことを何回か繰り返しながら、それでも何とか午前十一時ごろには国境にたどり着いたが、そのときぼくはバックパックを背負った背中に汗をびっしょりかいて、疲れきっていた。

そんなぼくの苦労も知らずに、グアテマラ側の検問所では通過するだけで一ドルも取られ、とうとう手には五〇セントしかなくなった。

こんな山間の辺鄙な場所では銀行などあるはずもなく、「もしホンジュラス側の検問所でも通行料を要求されたら、入国できないではないか」「ええ！　またこの道を歩いて引き返すのか！」などと思い、ひどく不安を感じながらも、疲れた足取りでホンジュラス側の検問所へと急いだ。途中、工事現場の作業員に検問所までの近道を教えてもらい、細道を下り、小川を渡り、また坂を登るとちょうど検問所のすぐそばに出た。

この検問所では、しかし、パスポートに入国のスタンプを押されて形式的に荷物を調べられただけで、通行料は取られなかった。内心ホッとした。

ここを通過すればもうしめたものだ。早く銀行のある町に行かなければ、と思いながら道を急いでいると、客引きのこどもが近づいて来て、「近くの町までバスが一ドルで行くから乗らないか」と言うので、「今これだけしか持っていない」と言って正直に五〇セントを見せると、車掌と交渉してくれて結局五〇セントにまけてもらって、バスに乗ることができた。ぼくの運もまだ尽きてはいないようだ。

町に着いて銀行で現金をおろし、ホッとした気持ちで歩いていると、「運賃の安い車がサンタ・ローサまで行くから乗らないか」と客引きが話しかけてきた。それを無視して食事をしていると、厚かましくテーブルのそばまで来て客引きをした。そのあまりのしつこさに気を悪くしたぼくは、

「そんな車には意地でも乗ってやるものか」とまたヒッチハイクを開始した。

車が捕まらなければこの町で一泊してもよい、とさえ思っていると、すぐにサンタ・ローサへ行く小型トラックが止まった。期待していないときに限って簡単に車が捕まる。そんなものだ。

山間をぬうようにして走るトラックの荷台に寝転がって見る周囲の風景は、実に美しかった。それはよいのだが、運転が悪かった。上り坂でエンジンをふかさずに発進しようとするものだから、何回もエンストを起こした。それでも何とか無事故でサンタ・ローサの町にたどり着いたけれど。

ぼくの持っている南米大陸の地図に、太文字でしっかりと「サンタ・ローサ」と印刷してあったので、さぞかし大きな町だろうと思っていたが、着いてみると何とさびれた感じの小さな町ではないか。人影はまばらで、車もあまり走っていない。そこでまた、これまでにない安い宿を見つけた。一泊七五セントで、部屋の中に妙に小便臭いにおいが漂っているのが気になるが、これも安いからこそ許せる。管理人に「風呂はどこか?」と聞くと、「裏にある川だ」という素朴な返事が返ってきた。その顔を見ると、まんざら冗談とも思えない。しかし少し風邪ぎみなので、それだけは止めておくことにした。

## 一月二十二日

ホンジュラスに入ってから、今のところヒッチハイクは非常に順調だ。今朝もすぐに小型トラックが止まり、荷台に乗って目指すコパン遺跡の近くまで来た。

石橋を渡り、埃《ほこり》っぽい道を歩いて遺跡に着くと、入口に係員がひとりしかいない小さな案内所があった。見学料金は無料だ。そこへ顔を出してバックパックを一時預かってもらい、軽装でちょっとした広さの野原を横切り、木々の間をぬって奥へ進んで行った。ところどころに盛り上がった土を見たが、これは遺跡のなれの果てだろうか？ 不思議に思いながらも歩みを止めることなく、さらに奥へ進むと広場に出た。おりしも十人ほどの観光グループが、スペイン語のガイドを伴って見学に来ていたので、ぼくも彼らの後について行くことにした。ほかに見学者の姿はない。

遺跡の規模はそれほど大きくなかったが、綺麗に草が刈り取られた広場に点在していた、高さが四メートルはありそうな石彫に刻まれた戦士の装飾は、これまで見たどれよりも繊細で美しかった。

このあたりに住んでいた部族は、きっと高度な装飾技術をもっていたに違いない。戦士の表情はどれも眠っているように柔和で優しく、どことなく日本の仏像の表情を連想させた。顔の下に両手をあてがっている姿は、今なお過去の栄光に想いをめぐらしているかのようでもあった。もしかすると、彼らがこの瞑想から醒めてカッと目を見開くとき、世の中はふたたび大きく変わるのかもしれない、などと勝手な想像をしながらしばらく像を見つめていた。

遺跡から一キロメートルほど離れたところにコパン村があって、その入口にペンションが一軒あった。入って行って一泊の値段を聞くと一ドルだと言うので、今夜はここに泊まることにした。ほかには泊まるところもなさそうだから。

コパン遺跡は、モタグア川の支流コパン川に接した標高六一五メートルの高地にあり、その起源はマヤ古典期の前期（西暦三〇〇〜六〇〇年）まで遡ると言われています。しかし、文明が栄えたのは西暦八〇〇年ごろです。調査の結果、ここはとくに天文学の一大中心地であったことがわかっています。このコパンという名前は、スペイン軍を相手に勇敢に戦ったインディオの首長の名前に由来しているらしいのです。

この遺跡の中心は、神殿や球技場がある通称「アクロポリス」と呼ばれている場所ですが、その北に位置する広場に点在する見事な石彫のほうが人目を引きます。コパン川はこのアクロポリスを脅かすかのように、遺跡のすぐ東側を流れています。

**一月二十三日**

ふたたびコパン遺跡を訪れる。

昨日見た石彫から離れて南へ歩くと、球技場にぶつかった。南北にのびた長方形の競技場に沿って両側に一段と高い観客席が築かれており、小品ながら親しみやすい建築に仕上がっていた。この観客席の基壇には異様な姿の像が取りついていて、今はなき勇敢な戦士に代わって見学客に監視の目を光らせていた。

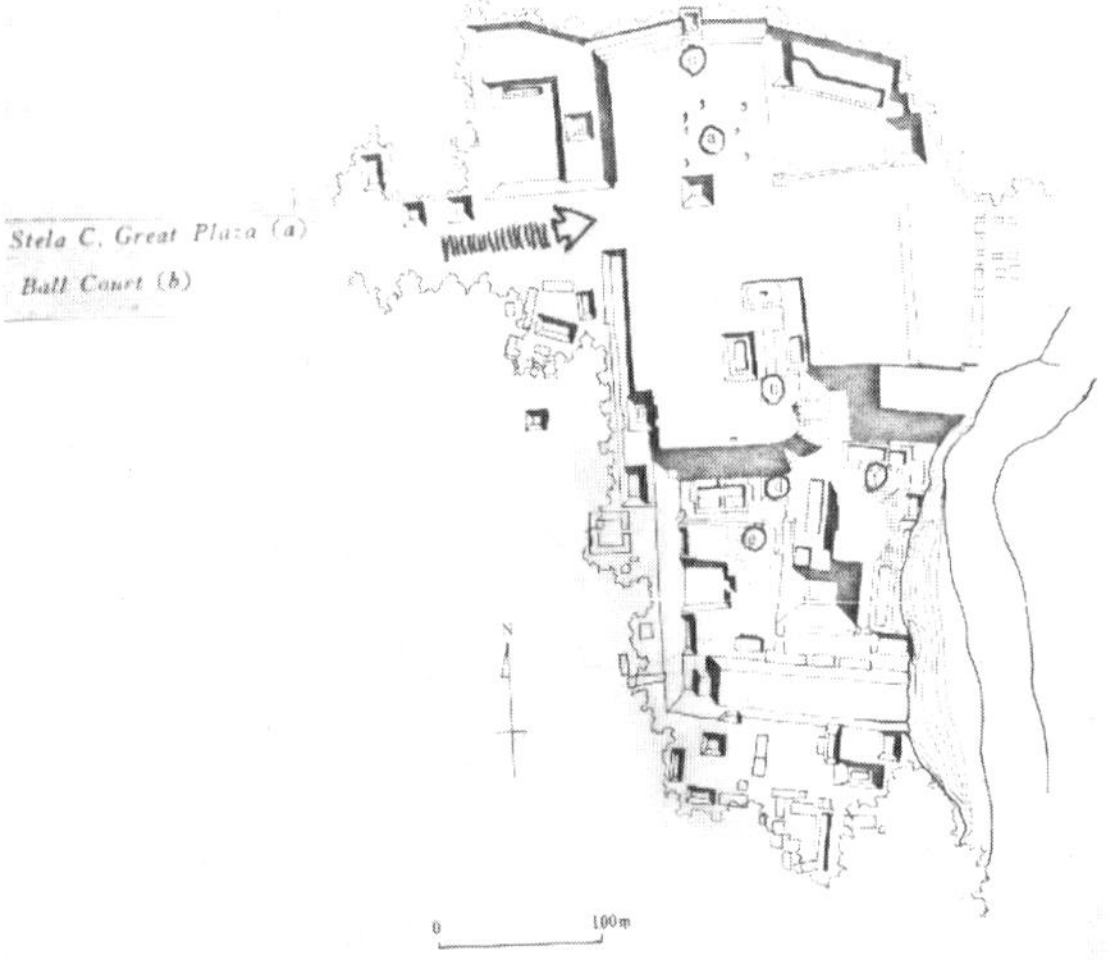


コパン遺跡

球技場からさらに南に向って歩き、崩れかかった石段を上り切ると、すでに瓦礫《がれき》の山と化している一群の遺跡にぶつかった。そこには巨大な木が激しく根をはり、その様子は地に眠る戦士たちの体液を吸って生きる魔性の生き物のようでもあった。

ここの遺跡のように、群れをなす建築とほとんど何もない広場、高地と平地が対照的に配置されているのも珍しい。その明快な空間構成によって、広場はよりいっそう象徴的な意味を強めていた。ピラミッドの瓦礫に腰掛けて広場を見下ろしていると、球戯場で競技をするインディオに対して、どこからともなく歓声が聞こえてくるような錯覚をおぼえた。その声の周波にゆり動かされでもするかのように、親指ほどの大きさの木の葉が音もなく流れ散った。

遺跡を見た後はペンションの部屋に帰り、ジーンズの端切れを使ってバックパックの解れを繕った。

## 一月二十四日

ふたたびコパン遺跡に出かけた。係員に一応軽く挨拶をしてから、野原を通過。この野原は小型軽飛行機の離着陸にも使われているようで、おりしも一機止まっていた。近くに人影がなかったから、乗客はすでに遺跡へ向かっているのだろう。

明日はホンジュラスの首都テグシガルパへ向かうことにする。この遺跡が見学を予定していたマヤ文明の最後の遺跡だ。これから先は、ペルーを目指してひたすら南下するだけの旅になる。

**一月二十五日**

少し早めにペンションの支払いを済ませると、もう一度見学をしてから出発しようと遺跡に向かった。

バックパックを一時預かってもらおうと思って案内所に顔を出すと、係員が「今、日本の大使が遺跡の見学に来ている」と教えてくれた。「それが本当なら好都合だ。もしも彼が車で来ていれば、乗せてもらえるかもしれない」と勝手なことを思いながら、それとなく行方を探していると、ちょうどそれらしいふたり連れがこちらに向かって歩いて来た。近づいて挨拶をし、訊《たず》ねると「これから車でコスタリカまで行く」と言うのだ。さっそく同乗させてもらうことにした。ヒッチハイクを繰り返していると、こんな幸運もたまにはあるものだ。

この大使は五十歳くらいの年配の、非常にきさくな人だった。いっしょに歩いていたのは供をする現地人運転手君で、彼の話によると、この人はコスタリカの日本国大使で、グアテマラに四輪駆動車の新車を取りに行って帰る途中、遺跡に立ち寄ったのだそうだ。大使自身が他国へ車をわざわざ取りに行くというのも考えてみれば妙な話だが、それはともかく、これでぼくはコスタリカまでの無料通行切符を手に入れたようなものだ。これから先、通過する国々の入国ビザをまだ取っていないのが少し気がかりだが、何とかなるだろう。トラブルが起きたら、そのときはまたそのときだ。

車中では大使もぼくも暇だったから、文学や旅行の話がはずんだ。そのときぼくは見るからに高価な感じのする分厚い仏教の解説書を手渡された。そして、コスタリカに着くまでに般若心経《はんにゃしんぎょう》を覚えなさい、と言って経文が印刷された紙を貸してくれた。これが仏教の神髄を語っているとおっしゃるのだ。そう言えば、ユカタン半島でいっしょになったメリダの学生が唱えていたのもこの般若心経だった。そんなことを思い出しながら、大使が唱える経文に合わせて、弱弱しい自信のない調子でぼくも唱えはじめた。カンジーザイボーサツ、ギョウジンハンニャーハーラーミータージー……。

ホンジュラスの首都テグシガルパの町に入ると、すぐにこの町一番の高級ホテル「ホテル・マヤ」の玄関前に車を横づけにした。大使は今夜ここに泊まられるということだった。大使と別れたぼくと運転手君は、狭い道路をぐるぐる回って、自分たちが泊まるにふさわしい三流ホテルを探した。

これまで通ったどの国の都市もそうだったが、このテグシガルパも便利な居心地のよい場所は後からやってきた白人たちが占領し、インディオは不便な山の斜面へと追いやられていた。町の周辺には一見してそれとわかる貧しい木造家屋が、山の起伏に調子を合わせるようにして肩を寄せあって建っていた。

今、この町は盛んに建設工事をしている。

## 一月二十六日

朝早く起きたために、どの店もまだ営業してはいなかった。やっと市場の中に小さなカフェを一軒見つけ、そこでぼくと運転手君はモーニング・コーヒーを飲み、大使と約束したとおり八時きっかりにホテル・マヤの玄関前に車を横づけした。

十時ごろぼく達はふたたび四輪駆動車に乗って、この町を出発することになった。運転手君は、今日中にコスタリカの首都サンホセまで行くと言って張り切っている。国境では、大使館の車ということで手続きは簡単に終わり、ぼくの荷物も調べられなかった。

ニカラグアに入ると、急に綿畑が目につくようになった。ちょうどその収穫期にぶつかったようで、摘み取ったばかりの綿を満載したトラックと頻繁にすれ違った。青く澄み渡った空と遠くにそびえる頂上あたりに雪をかぶった連山を背景に、広大な綿畑一面に雪のように白い綿が宙を舞う様子は、たとえようもなく美しかった。ああ、天使が輪になって踊っている！　ぼくも自由に空へ舞い上がりたい！

最初、「今日こそはサンホセまで行く」と言ってはりきっていた運転手君が、ここへ来てどういうわけか「疲れた」と言い出し、結局、今夜は首都マナグアで一泊することになった。もしかすると、大使がマナグアで一泊するよう指示したのかもしれないが。

この町はマナグア湖の南岸に位置し、今から一年以上前に大地震（注一）にみまわれて壊滅寸前までいった。市内を車で通ると、いまだに崩れたまま放置してある建物が目につき、当時の地震の激しさを物語っていた。そうだ、これはマヤの遺跡で見た瓦礫の山に似ている！　人間が時間をかけて築き上げたものでも、こうして一瞬にして廃墟となる運命をたえず背負っているのだ。どれほどぼく達の文明が進歩しようと、その運命から逃れることはできない。車窓から瓦礫の山に見入りながら、そんなことを考えた。

今夜はこの町にある日本大使館の大使邸に泊まることになった。無料の宿としては最高級のものだ。

大使邸は非常にゆったりとした居心地のよい住まいだったが、サングラスをかけて不精ひげをはやした、うす汚いかっこうのぼくとしては多少気がひけた。大使夫人が、まだ地震後の復興が十分ではないと言って、部屋の壁に残る当時の亀裂を見せてくれた。こうして今夜は、十二月末夕パチュラの山崎家で食べて以来の日本料理にありつくことになった。

夕食後、少々酔いがまわった大使がぼくに「ぼくは君、今『ランボーの手紙』を読み返しているのだがね。ランボー（注二）はねえ君、十五、十六歳でこんな手紙を書いている」とおっしゃりながら本を見せ、「わかるかね。実に素晴らしい手紙を書いている。しかし、しかし、彼は間違っておる。若いときにランボーにかぶれると人間はだめになるねえ。しかし、ランボーのような人間は、今世界中に何百万人といるよ。君、君、みんなヨーロッパ、ヨーロッパと言うが、ヨーロッパのどこがいいのかねえ。ランボーはそのヨーロッパから逃げ出したし、キリストははりつけになって処刑されたし、ゲーテは異邦人だと言われたし、ゴーギャンは夕ヒチへ逃げた。一体全体ヨーロッパのどこがいいのかねえ。ええ、君!」とおっしゃった。しかし、日本はそのヨーロッパの背中を見ながら、明治以降近代化を推し進めて来たのではなかったか。そして、第二次世界大戦敗北後は同じ白人主導社会の米国の顔色をうかがいながら生きている。

(注一) 一九七二年十二月二十九日に起こったマナグア大地震(あるいは、ニカラグア大地震とも言う)と思われる。これにより町の九〇%が崩壊し、四千人から一万一千人の死者が出た。

(注二) Arthur Rimbaud(1854-1891) 十九世紀のフランスを代表する詩人。

ニカラグアもホンジュラス同様に、南下したスペイン軍によって長く統治されます。やがて一八二一年に独立宣言をしたものの、完全な独立は一八三九年を待たなければなりませんでした。しかし、その後も長く政治的な混乱が続いたようで、そのために現在隣国ホンジュラスと並んで中央アメリカでもっとも貧しい国とされています。

一方、ニカラグアの南に接するコスタリカは、ラテンアメリカで最も長い民主主義の伝統をもつ国のひとつですが、ニカラグアやホンジュラス同様に最初はスペインの統治下に置かれ、ニカラグアと同じ一八三九年に最終的な独立を果たします。中央アメリカではパナマにつぐ豊かな国で、この日本人旅行者Kが訪れた当時は、（中央アメリカでは例外的に）政治的に安定し、経済的にも良好だったようです。

こうして見ると、たとえ隣接しているとはいえ、それぞれに異なった歴史を歩んで今日に至っていることがわかります。そのようになるのも、やはり為政者のよし悪しによるのでしょうか。

---

## 一月二十七日

ぼく達は朝九時ごろ大使邸のひと達に見送られて、一路国境へと向った。そして、早くも二時間後には国境に着いていた。

さて、ここからが問題だった。実は、ぼくはコスタリカの入国ビザをもっていない。理由は、単にビザをとる機会を逃がしただけのことなのだが、大使の「ぼくが何とかしてやるから。大丈夫だ、心配するな」という言葉に元気づけられて、まず出国するニカラグア側の出入国管理局へ行った。そこでは「マナグアに引き返せ！」などと係官に邪険な扱いをされて、一時はどうなることかとあわてたが、何とか無事出国できた。大使曰く「君はこの国にとって外国人なのだから、出国すると言えば特別な理由がない限りそれを止める権限はないのです。大きな顔をして出国しなさい」。なるほどもっともな話だ。

さてつぎはコスタリカ側の入国手続きだ。しかし、今度はそう簡単にはいかない。コスタリカ政府がビザのないことを理由にして入国を拒否したら、ぼくはスゴスゴ引き返さなければならないからだ。大使が「絶対、役人を怒らせてはいかんよ。スマイル、スマイル」とおっしゃり、自らニコニコ顔をされたのでぼくも元気づいた。

係官にまず運転手君が話しかけ、そこへ途中から大使が加わり、係官も最初は「ビザがなければ入国できないのは、わかっているだろう」などと無愛想にあしらっていたが、しばらくすると「観光カードを二ドルで買えば入れてやる」と言い出し、ホッとした。相手の気持が変わらぬうちにと、ぼくはいそいで二ドルを差し出した。

こうしてぼくは無事にコスタリカの土を踏んだ。入ってしまえば、もうこちらのものだ。ぼく達はまず出入国管理局のそばにあったレストランでゆっくり食事をして、大使はサンホセの自邸に電話をされた。と言っても電話をかけるのは運転手君で、大使は受話器を受け取って話すだけだったが。彼は例のスマイルで優しく「おかあちゃん、帰ったよ。三時ごろそっちに着くからね……」と話しかけておられた。この電話の会話で、ぼくは自家製のうどんを食べさせてもらえることになった。

首都サンホセまでの道は舗装も新しく、非常に快適だった。途中、はるか彼方に見える山を指さして「あの山の上まで上るのだよ」と大使がおっしゃった。後で知ったことだが、サンホセは標高約一一七〇メートルの高地にあった。

サンホセに近づくと、車は昨年開通したばかりという真新しい四車線バイパスに入った。大使は開通式に大統領と共にここを行進されたそうだ。きっと日本はこの道路の建設を援助したのだろう。

このあたりまで来ると、周囲に何やら旗のようなものが多く目についた。ときおり道路沿いでこども達が一生懸命に小旗を振っている姿が目に入った。大使によると、もうすぐ大統領選挙があるために立候補者はそれぞれ自分の旗を支持者にもたせて、これを振らせて大衆にアピールするのだそうだ。つまりこの旗が、日本の選挙ポスターと同じ役割を果たしていることになる。ところ変われば選挙運動の方法もまた様々だ。

予定より早く、午後一時ごろに大使邸に着いた。あまりに早く着いたせいで、まだ「うどん」の用意はできていなかった。そこで、しばらく邸内を気ままに見学させてもらうことにした。玄関には西洋の中世騎士像の鎧《よろい》がおいてあり、広い応接間にはロココ調の豪華な応接セットが五つも分かれて置いてあった。そのひとつに腰掛けてぼくはゆっくりビールを飲みながら、手近にあった豪華本を開いた。昨夜泊まったニカラグアの大使邸よりは確かにここのほうが立派だ。

そうしているうちに、「君も今日は疲れているだろう。今夜はここに泊まれ」ということになり、離れに一泊させてもらうことになった。今この家には、大使夫妻とアメリカン・スクールに行っているという娘さんと、ふたりのメイドが住んでいた。ほかに息子がふたりいるそうだが、彼らはもっか帰国しているそうだ。そのため、夕食はぼくを含めて四人だけだった。食事をしながら遺跡やゴルフの話がはずんだ。もっともぼくはゴルフを一度もしたことがなかったので、もっぱら聞き役だったが。

## 一月二十八日

朝九時半ごろ荷物をまとめ、大使夫人に一泊の礼を言い、大使の高級車に同乗させてもらって日本大使館へ向かった。車を運転するのはホンジュラスからここまでいっしょに旅行した運転手君だったが、彼は昨日までとはうって変わり、正装してまるで別人のようにひきしまった表情をしていた。ところでぼくはといえば、相変わらずくたびれた服装にサングラスと不精髭だ。

大使館に着くと、大使はぼくを二、三人の若い職員に引き合わせてくれて、二階の執務室へあがられた。それから、ぼくはパナマ大使館とコロンビア大使館の住所を調べて、ビザを取りに行く準備をした。親切にも、大使はご自分の乗っている車を使ってビザを取りにいったらよい、と言ってくださったが、そこまで甘えるのは心苦しく、お礼だけ言って大使館をあとにした。そのときぼくの胸のポケットの中には、パスポートといっしょに「もし旅行中に何か困ったことが起きたら日本大使館に行ってこれを見せ、便宜をはかってもらいなさい」と言って、親切に一筆書き添えられた大使の名刺があった。日本からはるか離れた異国の地で、奇しくも知ったこの父親のようなひとのこころの温かさを、ぼくはけっして忘れないだろう。たとえ二度とお目にかかれなくとも……

大使館を後にすると、バスに乗って都心へ今夜の宿を探しに向かった。

## 四

パナマは中央アメリカの中でもっとも南に位置し、南アメリカ最北の国コロンビアに接し、蛇行する生首のようないびつな形をしています。この地域もほかの中央アメリカ諸国同様に、最初はスペイン人によって支配されます。一五〇一年にスペイン人がはじめてこの地に上陸し、その後カリブ海に面した都市（サンタ・マリア・ラ・アンティグア・デル・ダリエン）を建設して、ベラクルスをメキシコの最初の拠点としたように、アメリカ支配の最初の拠点としました。彼らが略奪した金銀財宝は、ここから本国スペインへ向けて船出したのです。

やがて本国スペインが衰退すると、それにあわせてパナマは一八二一年にいったんは独立を宣言しますが、その後隣国コロンビアの一部となり、一九〇三年にやっと正式に独立を果たします。

その一方で、地勢的な重要性から米国の干渉を受け続けます。その最初のころの出来事として、一八四六年の米国による現在パナマ運河があるあたりの通行権の獲得と、同じく米国による一八五〇年の太平洋と大西洋を結ぶ最初の鉄道、パナマ鉄道の建設があります。

一八八〇年には、フランス人によるパナマ運河建設がはじまりますが、これは技術不足、風土病の蔓延、財政面の問題など、いくつかの要因が重なって一八八六年に失敗に終わりました。

その後を引き継いだのは米国でした。一九〇四年に米国によって運河の建設が再開され、十年後の一九一四年、ヨーロッパで第一次世界大戦が勃発した年に、やっと全長約八十キロメートルが開通したのです。そのために（運河通行収入はパナマに帰属するが）運河地帯の施政権と運河の管理権は米国に帰属し、長く米国の重要な軍事拠点になっていました。

しかし、一九九九年十二月三十一日までに米国の軍隊はすべて撤退して、二〇〇〇年一月一日からは完全にパナマの所有となり、現在、国際運河として船籍・軍民を問わずあらゆる国の船舶の通航が保証されています。

## 一月二十九日

パナマからの出国切符を手に入れないとパナマへは入国できない、ということがパナマ大使館を訪ねてはじめてわかった。つまりパナマへの入国者が、確実に出国するという証明がこの切符だ。こうすることによって、入国者がいつまでも国内に留まることを防ごうとしてるようだ。ぼくのような貧乏旅行者にとっては、はなはだ厄介な代物だったが、これに従うしかパナマに入国する方法がないとなれば仕方がない。後は、いかにして一番安い出国切符を入国前に手に入れるかだったが、バスを利用する出国は、パナマの南に隣接するコロンビアまで道路がつながっていないのだから論外だ。船の安い切符も見つからなかった。そうなると航空券しかないことになる。そこでぼくは大使館や航空会社を走り回ったあげく、コパ（COPA）という航空会社のパナマシティからコロンビア第二の都市メデジンまで飛ぶ片道航空券を、三八・八五ドルで手に入れた。これが一番安いとわかってしぶしぶ買ったのだが、これは国境を通過するためにだけ使うつもりでいる。入国してからもっと安い出国方法を探し、この航空券をキャンセルするつもりだ。きっと船でコロンビアへ渡る安い方法があるはずだ。

物価が高いと噂されているパナマにそれほど興味はなかったから、思い切ってコスタリカからコロンビアまで飛行機で飛ぶ方法もあるにはあった。実際そのほうが肉体的に楽だったが、ぼくは地を這うようにして旅行を続けることにあえてこだわった。

## 二月一日

市内バスを使って、ヒッチハイクができそうな郊外まで出た。そこでカルタゴという、かつてどこかで聞いたことのあるような名前の町まで行くという車に拾われた。

そこからさらに先に行こうとしているときに、同じようにヒッチハイクをしていたドイツ人の青年と親しくなり、行動を共にすることになった。彼は少しだけスペイン語を話した。

ぼく達は車が猛スピードで走るバイパスの入口に立っていたから、車がなかなか止まってくれなかった。どうしても捕まらなければこのあたりで野宿になっても仕方がない、とさえ思いはじめたころ——ちょうど午後一時ごろ——国境近くまで行くというトラックがやっと止まってくれた。運転していたのはイタリアから移住して来たという男で、乗せてもらうのはぼく達のほかに、もうひとりコスタリカの青年がいた。

途中、サンイシドロという町まで山道が続き、ついにぼく達は標高三四九一メートルまで上った。それを越すと道路は一転して下り坂になった。天候は非常に悪く、周囲は一面に乳白色のガスに覆われて湿っぽく、ときおりその切れ間からコケや笹のような高山植物の群れが見えて、これが本当に地球なのか、と目を疑いたくなるほど幽玄な雰囲気を漂わせていた。不気味でさえあった。昔、原爆に汚染された島を舞台にした恐怖映画を見たことがあるが、その中で見た風景に似ているように思えた。それは原爆投下で植物が突然変異して、濃霧の中で人間のように蠢《うごめ》く光景だった。

しかし、それもトラックのやかましいエンジン音のせいで、ほとんどぶち壊しになった。そのすさまじい音にドイツ人は「頭がおかしくなりそうだ！」と叫んでついに悲鳴をあげ、ぼくはといえば、あきらめてひとり瞑想の部屋に閉じこもった。そして、荒涼として果てしない廃墟の中を、万物の頂点に君臨してすべてを支配する全能者に向かって手探りで歩いていく、自分のひ弱な後ろ姿を思い描いていた。

突然トラックのエンジン音が止まり、周囲は静寂に包まれた。夜の九時ごろだったと思う。ぼく達は、国境から一五キロメートルほど手前の町ヴィラネイリーにたどり着いたのだ。やっとうるさい音から開放された。そのことに何ともいえぬ幸福感を抱いて、今夜はトラックの荷台でタイヤをまくらにして眠ることにした。雨の心配はなさそうだが、夜露がすこしだけ気にかかった。

## 二月二日

二台の車を乗り継いで国境まで来る。出入国をチェックする係員にサンホセで買ったパナマ出国用の航空券を見せると、難なく入国できた。

このあたりはかなり赤道に近いはずだから、季節は冬と言っても暑かった。道路沿いに立って車を待つ間、相棒のドイツ人が盛んにそのことをぼやいた。

国境からは車がなかなか捕まらなかったが、それでも何とか小刻みに車を乗り継いで五キロメートルほど先へ進んだ。やがて午後二時か三時ごろ、「パナマシティの近くまで行く」という中年のカナダ人夫妻の車に拾われた。

この車は途中でさらにふたり英国人の若者を拾い、パナマシティの郊外まで来たころにはすでに陽が暮れていた。首都の郊外というだけで正確な場所はわからなかったが、どうやらそこは別荘地らしく暗闇の中に邸宅が点在していた。カナダ人夫妻もその中の一軒に住んでいるらしい。ぼく達は野宿をするために、暗がりの中を彼らの案内で海辺へ向かって歩いた。途中、動物のウーという低いうなり声を聞いたような気がして振り返ると、数メートル先の闇の中でなにかが蠢《うごめ》いていた。闇に目がキラリと光った。獲物を狙う飢えた野犬の群れだ！　五、六匹はいるように見えた。こちらがグループでいる限り襲っては来ないと思うが、ぼくは背筋に冷たいものが走るのを感じ、自然と足早になった。

久しぶりにゆっくり夜空を見たような気がした。まだ昼間の熱気をかすかに残す砂の上に敷いた寝袋の中から見上げる夜空はよく晴れて、深みのある濃紺のベールの中に無数の星が、今にも手がとどきそうなほど近くに輝いていた。ジッと見つめていると、自分の体が塵《ちり》になって吸い込まれていくような感触さえ覚えた。太平洋（パナマ湾）の静かな波の音を子守歌にして、大宇宙の星々に優しく見守られながら眠れるなんて、本当に素晴らしい！

ぼく達四人に共通していたことは、みんなパナマからコロンビアへ渡ろうとしていることと、貧乏旅行をしていることだった。だから、みんな出国切符をこの国で何とかキャンセルしてカネを取り戻したいと思っていたし、もっと安くコロンビアに渡る方法はないかとも考えていた。仲間のドイツ人が「旅行ガイドブックに一〇ドル以下の料金でコロンビアに渡れる船があると書いてあった」とつぶやいていたが、本当だろうか？　にわかには信じがたいが、一応探してみる価値はありそうだ。

### 二月四日

午後一時ごろ、カナダ人の運転する車でぼく達は首都パナマシティへ入った。

この町ではこれまでになく黒人が目についた。彼らはおそらくこの町を建設するために、あるいはパナマ運河を建設するために、労働力としてアフリカから強制的に連れて来られたひと達の末裔に違いない。

ここから先は英国人ふたりと別れ、ドイツ人といっしょに行動することになった。しかし、どうやら彼ともうまくやっていけそうにない。明日からふたたびひとり旅にもどることにした。

## 二月五日

持っている航空券を使ってこのままコロンビアに飛ぼうか、それともがんばって安い船を探そうか、ぼくは迷っていた。迷いながらも、航空会社コパのオフィスを訪ねて飛行機の発着日と発着時間を手帳にメモし、いくつか船舶会社のオフィスを訪ねて乗船券の値段を調べた。しかし、船はどれも裕福な観光客相手の豪華客船と思われ、値段が高過ぎて話にならなかった。一〇ドル以下でコロンビアへ渡れるという船は本当にあるのだろうか？　ドイツ人が言っていたことは単なるデマにすぎなかったのか？　火のないところに煙は立たないと言うから、まったくの嘘という話もなかろう。あれやこれやいろいろと考え迷ったあげく、安い船が出ているという噂の町コロン――カリブ海に面した港町――まで行って、直接自分の足で船を探すことにした。それしか方法はない。それでも見つからなければ、あきらめておとなしく飛行機に乗ろうと思い、いったん宿へ帰り荷物をまとめた。このときにドイツ人とは別れた。

急いでいたこともあってヒッチハイクをしないでバスを使い、コロンの町に三時すぎに着いた。

遅い昼食を取ろうと、港の近くにある小さな食堂に入った。そこに地元民らしい気のよさそうな黒人の若者がいたので、「コロンビアへ渡りたいのだが、どこかに安い船はないか」と言って、話しかけてみた。こういう話は地元の人間が一番よく知っているはずだ。するとその若者——名前をジミーといった——が「俺のおばさんが町の出入国管理事務所に勤めているから、助けてくれるよ」と言うのだ。町に着いて早々にこういう若者に出会うとは、こいつはラッキーだ！「ついて来い！」と言うので、手早く食事をすませてからいっしょに表へ出た。ふたりで歩いていると、いたるところからジミー、ジミーと声がかかった。どうやら彼はこのあたりの人気者らしい。

ぼく達は、黒人のこども達がウロチョロ走り回っている貧民街のような地域に入り、とあるアパートの二階の一室を訪ねた。ここがジミーのおばさんという人の住まいらしかった。紹介されて、求められるままにおばさんにパスポートを手渡し、彼女はそれをもって部屋の奥へ消え、ぼくはしばらく待たされた。おそらくその間に出入国管理事務所に電話をして、ぼくのことを話したのだろう。話はついたらしい。しばらくしておばさんは姿を現し、ぼくはパスポートを返してもらうと、そこからさらにジミーの案内で船着場にあるという出入国管理事務所まで歩いた。

管理事務所に着いて係官にぼくを紹介すると、彼はすぐに帰った。

そこは倉庫兼船着場になっていたから船乗りの出入りも頻繁だった。「彼らのひとりに、あなたを乗せるように頼んであげる」と係官は言った。周囲には、なぜかチョコレートの香りが漂っていた。

しかし、ぼくを引き受けてくれそうな船長は容易に現れなかった。やがて夜になり、今夜は積み上げられている木箱の上に寝袋を敷いて寝ようかと思っていたやさき、「明日の夜にコロンビアまで行くので、一五ドルで運んでやる」と言う船長が現れた。「一五ドルはちょっと高いかな」と内心思いながらも、これに乗ることをその場で決めた。そのとき、間に立った係官に謝礼として一ドル渡した。

乗る船が決まると、ぼくには出発までにどうしてもしなければならないことが、ひとつだけあった。それは、持っている出国用の航空券をキャンセルして、カネを取り返すことだ。そのために、船で出国するという内容の簡単な証明書を係官に書いてもらい、それをもって明日航空会社コパのオフィスへ行くことにした。この証明書と航空券を担当者に渡せばカネが返ってくるはずだ。

## 二月六日

昨夜は出入国管理事務所で寝る予定にしていたが、係官が別の人に交代したために追い出されてしまった。仕方なく倉庫に積み上げてある木箱の上で寝た。

幸い航空会社コパのオフィスはこの町にもあった。今朝、さっそくそこを訪ねて航空券をキャンセルしようとしたが、パナマシティの本社に行かないとできないと係員に言われて、しぶしぶまたヒッチハイクをした。本社では手続きに三〇分もかかったうえに、税金だといって一ドル八五セントも取られたが、とにかく航空券のキャンセルだけはできた。

今夜、船は出港する話になっているのだが、かんじんの船長の姿が見えなかった。係官がほかの船を探してくれたが、どの船の船長もぼくを引き受けてはくれなかった。仕方がない、今夜もここに泊まることになるのかと覚悟していると、彼が親切に倉庫の奥にあるシャワー室を教えてくれて、シャワーを浴びることができた。結局、今夜は出入国管理事務所の狭い物置で寝ることになった。

中央アメリカの国々の中で、この国ほど黒人が目立つ国はない。かえって白人の姿が珍しいくらいだった。コロンの海岸通りを歩きながらふっと見上げると、ペンキのはげかけたみすぼらしいアパートのテラスで、手すりにもたれかかるようにして太った黒人女たちが世間話をしていた。何を話しているのか聴きとれなかったが、ときおりニーッと笑った口元に太陽の強い光があたって白い歯がキラリと光った。ここではブルースもゴスペルも、強い光の下でどこかへ拡散してしまっているようだ。その代わり、町のいたるところに海から吹く塩の香りと黒人の体臭があふれていた。

## 二月七日

例の一五ドルでコロンビアに運んでやると約束した船長を、やっと捕まえることができた。「昨夜出港と聞いていたので一生懸命探した」と訴えると、「今日の午後出港する」と彼は言った。船の名前はテレシータだそうだ。これでまずはひと安心だ。

ところが午後になっても出港の気配がまったくなかった。やれやれまた待ちぼうけかと思いながら、倉庫で働いている労働者たちと雑談をしたりして時間をつぶした。

今日は米国から、キッシンジャー長官（注）がこの国に来ているらしい。その様子を偶然食堂のテレビで見たが、パナマシティはそのせいでお祭り騒ぎだった。彼の人気はたいしたものだ。

今夜も船の出港を待ちくたびれて、結局また物置で寝るはめになった。

（注）Henry Alfred Kissinger（1923- ）米国の国際政治学者。ニクソン政権およびフォード政権期の国家安全保障問題担当大統領補佐官、国務長官。

## 二月八日

朝の二時か三時か四時か、とにかくぼくは大声でたたき起こされた。「すぐに出航する！」という船長の言葉に寝袋をゆっくりたたむ暇さえなく、まだ半分眠っている体と頭で、出入国管理事務所の係官に出国印をパスポートに押してもらった。それから約束の一五ドルを船長の手ににぎらせ、小憎らしい警備兵に簡単な別れを告げ、寝袋とバックパックを引きずりながら、船長の指差す方角へ怪しい足取りで走った。

行って見ると、いっそうの船がエンジン音もやかましく、今にも出港しそうな勢いで停泊しているではないか！　「ええ、こんな小船でコロンビアまで行くのか！」という驚きが朦朧《もうろう》とした頭の角《すみ》を一瞬かすめたが、そのときはすでに遅く、ぼくの体は半分船上に乗っていた。そのまま転げ込むようにして暗くて狭い船室にもぎり込み、エンジン音を子守歌代わりにして、すぐにまた眠ってしまった。しかし、まだ朝でもないのに、どこかでニワトリの鳴声を聞いたような……

目を覚ますともう夜は明けていた。ぼくは船内いちめんに隙間なく敷き詰められたダンボール箱と、天井の間のわずか一メートルほどの隙間に横になっていた。

波が強いせいか、それとも船が小さいせいか、とにかく船はよく揺れた。その中で船長を含め六人のよく日焼けした海の男たちが忙しく働いていた。船の前面にはチョコンと小さな羅針盤と舵がついており、みんな交替で舵をにぎっていた。ひとつしかない船室はダンボール箱とぼく達全員の荷物でうまっており、最後尾に目を向けると小さなガスレンジがひとつ置いてあった。この狭いスペースは、台所兼食堂にもなっていた。ひとりの黒人が、このレンジを使ってぼく達の食事を作るのだ。昨夜、船に乗りこんだときにかすかに鳴き声が聞こえたと思ったニワトリは、ぼく達の食材だったのだ。そして、船の外は見渡す限り、海、海、海。

ぼくはすぐに船酔いにかかり、食べてはもどし、また食べてはもどした。船長にいつコロンビアに着くのかと聞いても、「さあ、明日の昼ごろだろう」という気のない返事が返ってくるだけだった。周囲は海だ、逃げ場はない。そのときが来るまでダンボール箱の上でゴロゴロしているしかない。気晴らしにときおり甲板に出て周囲の海を見渡し、軽く体操をして体をほぐし、便意をもよおせば船の縁《ふち》につかまって尻を海に突き出した。人間の排泄物も魚にとってはよい餌になるのだ。その魚をぼく達が釣って食べる。つまりは食物連鎖《フードチェーン》ということだ。

## 二月九日

今日は胃腸の調子もよくなり、食欲も出てきた。どうやら船酔いを克服したようだ。

午後三時ごろ、船はヴァルという名前の小島の近くに錨《いかり》を下ろした。ここからコロンビアの港町カルタヘナまでは近いということだが、ぼくのもっている地図にこの島は載っていなかった。船長の話だと、ここで待っていれば積み荷を取りに船が来るので、その船に積み荷といっしょに乗って行けばカルタヘナに上陸できる、ということだった。

しばらくすると、この積み荷の引取り主らしい男がひとりモーターボートでやって来て、船長と顔をつきあわせてひそひそ話をはじめた。見ると、深刻な顔している。どうやら何か不都合があったらしく、予定していた迎えの船は来ないらしい。この男が帰ると、すぐにぼく達の船は錨を上げて動き出した。しばらく進むと、急に船長がはるか前方を指差して「あれは巡視艇ではないか！」と言い出し、なぜか緊張した空気が周囲にみなぎった。しかし何事も起らず、その船は夕闇の中へ消えて行った。

何かおかしいと思っていたのだが、やはりこの船は密輸船だった。ぼくがベッド代わりにして寝ているダンボール箱の中には、タバコやそのほかの密輸品がぎっしり詰まっていた。

夜になり、ぼくはふたたびダンボール箱の上で眠った。どのくらい時間が経過しただろうか？ふっと目を覚ますと、暗闇の中に人影が動いていた。それだけなら別に不思議はないのだが、どうも人間の数が増えている様子だ。船はいつもより静かなエンジン音を響かせながら、ゆっくりどこかの川を流れに逆らって上っているらしい。船窓から外をのぞくと、すぐ近くに岸の茂みが黒く映っていた。今夜は月がまったく出ていない。

そのうちに、船はどこかの岸に停泊してエンジンを止めた。急におとずれた静寂の中で待っていると、窓の外《そと》では闇の中にホロをつけたトラックが三台止まり、中から明かりもつけずに二〇人ほどの男たちがぞろぞろ下りて来た。いよいよ密輸品の荷揚げがはじまろうとしているのだ。

おそらくここがコロンビアだろうと思い、ぼくも急いで荷物をまとめて下船した。そこで船長が、この密輸のリーダーらしい男に紹介してくれ——顔は暗くてよく分からなかった——カルタヘナの町までぼくを運ぶよう頼んでくれた。荷の積み下ろし作業が終るまで、ぼくはおとなしくこのリーダーが運転する四輪駆動車に乗って待つことになった。
荷揚げは何の妨害もなく、静かに手際よく進んだ。

## 二月十日

無事に荷揚げが終ると、ぼくを乗せた車はほかのトラックと別れて、ひとの背丈にもとどく雑草の中の細い悪路をゆっくり引き返した。どうやら周囲は牧場のようで、ときおりヘッドライトの中に牛が草を食みながらヌーッと顔を突き出した。

ここはいったいどこなのだろうか？　今はいったい何時ごろなのだろうか？　そんな素朴な疑問が、寝不足で重い頭の中をゆっくり通り過ぎて行ったが、口は鉛のように重く、運転手に訊《たず》ねる気持ちにもならなかった。とにかくカルタヘナに無事に着ければよい。

車はやがて舗装された広い道路に出た。何となく文明社会に復帰したという感じだ。そして約束通り、「この道をまっすぐ進めばカルタヘナの中心に行き着く」というところ——おそらく町の入口あたりだろう——までぼくを運んでくれた。車はぼくを下ろすと、すぐにもと来た道を帰って行った。

このころになると周囲はもうだいぶ明るくなっていて、ちらほら人影も見えた。車が一台も通らない道路の真中にひとりバックパックを背負い、手に寝袋を持ってとり残されたぼくはしばらく放心状態だったか、あくびをひとつすると、気を取り直して町の中心部へ向けてゆっくり歩きはじめた。

途中、道路ぎわで洗車をしている男がいたので何時かと聞くと、五時半ごろだと言った。彼はぼくのためにわざわざ家に入って、熱いモーニング・コーヒーを作って来てくれた。これを飲んでやっと頭がはっきりした。

市場《メルカード》の中にあった小さな食堂で簡単に朝食をすませてから、まず安い宿を探し、シャワーを浴び、洗濯をした。この宿は一階がレストランになっており、二階がベニヤ板一枚で仕切られただけの個室になっていた。そのために隣の音が筒抜けだった。どうやらここは連込み宿のようだ。

暇だったから市内見学をした。スペイン軍が統治した時代の旧市街地をぶらぶら歩き、どこにいても目に入るひときわ高いサンフェリペ要塞(注)に上った。この要塞はメキシコのベラクルスで見たサン・フアン・デ・ウルア要塞など足元にも及ばないほど巨大だったが、生気を失って大地に体を横たえた巨象のように愚鈍で無気力に見えた。昔はスペインへ金銀財宝を送る積出港の守護神として周囲を圧する威圧感をみなぎらせていたに違いないが、現在は飼いならされたライオンのようなやさしい眼差しで、観光客を迎え入れていた。

(注)十七世紀中頃に、カルタヘナ港を見下ろす高さ四〇mの丘の上にスペイン軍によって建造され、当時は南アメリカで最も強固な要塞のひとつとされた。

旅行者Kがメキシコシティを出発したのが前年の十二月十七日ですから、二ヶ月近くかけてようやく南アメリカの玄関、コロンビアにたどり着いたことになります。

## 五

北をカリブ海、西を太平洋に接する、現在コロンビアと呼ばれる国になっているこの地域は、一五一〇年にスペイン人が入植して町を築き、南アメリカで最初のヨーロッパ人の手による入植地になります。その後、中央アメリカ諸国同様にスペイン人に長く統治されました。

南アメリカではインカ帝国が滅ぼされて以降、十六世紀を通じてスペイン軍による破壊と略奪が繰り返され、略奪された金銀財宝は大西洋に面した港町カルタヘナからハバナを経て、本国スペインへと運ばれたのです。しかし、ヨーロッパでスペインが衰退するとともに独立の気運が高まり、十九世紀のはじめから独立戦争が繰り返されるようになります。そして、最終的に現在のコロンビア共和国が成立するのは一八八六年ということです。

しかし、不幸にしてその後も国内の混乱は続きます。Kが訪れた当時もこの国は内戦状態にあったのです。

## 二月十一日

　密輸船でひそかに入国したために、まだコロンビアの入国印をパスポートに押してもらっていなかった。どうでもよいことのようだが、この国を出国するときに国境でトラブルが起きても困るので、親切な水兵さんに案内してもらってわざわざカルタヘナの出入国管理局を訪ねた。入国印をもらうときに「どの船で来たのか？」と係官にさりげなく聞かれたが、まさか密輸船で来たとも言えず、「船の名前を忘れた」と言ってごまかした。彼はそれ以上何も聞かなかった。

　これでもうこの町にようはない。さて町を出ようと歩きはじめたが、この町が意外に大きかったために、いくら歩いても郊外に出なかった。しかもすごく暑かった。

　途中、高等学校の前を通りがかると道路に接した校舎の三階から身を窓から乗り出すようにして、三、四人の女子高校生が「ヒッピー！（注）」と可愛らしい声をかけてきた。こうしてぼく達は上と下でしばらく立ち話をすることになった。ちょうどそのとき、授業は休憩時間に入っていた。

　このあたりはこれまで見たことのない、芋虫のような形をした不恰好なバスが頻繁に走り、ぼくのヒッチハイクを邪魔した。なかなか車が捕まらないのはこのバスのせいだ、と勝手に決めつけて腹を立てながら歩いていると、後から女学生三人に呼び止められた。彼女たちから検問所《レーテン》まで行ったほうが車を捕まえやすいと教わり、そこまでのバス料金五〇セントをわざわざぼくにくれた。この国の女性は何て親切なのだろう！　それとも、もしかしてぼくの身なりがあまりに貧しく見えたせいだろうか？　あるいは、キリスト教の相互扶助の精神が国民の間に浸透しているせいだろうか？　いずれにしても日本ではこんなことは間違っても起こらない。日本では見て見ぬ振りをするか、汚いものを見るような顔をして避けて通り過ぎるかだ。

検問所はちょうど高速道路の入口にあった。貨物車はかならずここで一旦停止をして積み荷の検査を受け、通行許可証をもらわなければならないらしい。そのために運転手は検査が終わるまで休憩した。そういう連中を相手にしたちょっとした食堂なども軒をつらねていて、ひとの出入りも多く、女学生が言ったようにヒッチハイクの場所としては最適だった。「ここならすぐにも車を捕まえることが出来そうだ。あわてることはない」と思って、食堂に入って休憩していると、さっそく運転手らしい男がひとり話しかけてきた。この男は灯油を運ぶタンクローリーの運転手で、これからメデジンまで行くと言った。「ゆっくり走るが、それでもよければ乗っていけ」と言うので、バックパックと寝袋を助手席に投げ入れた。

彼が言ったとおり、確かに車はゆっくり出発した。仲間の車が来るのを一時間半も待ってから二台で動きだしたこの車は、途中、道路沿いに数多く建っている日本の屋台に似た小さな「コーヒーを飲ませる小屋」に頻繁に立ち寄り、休憩しながら進んだ。この国はさすがコロンビアコーヒー豆の産地だけあって、こんな屋台で飲ませるコーヒーでも安くて美味しい。「コーヒー（CAFÉ-TINTO）！」と言うと、浅黒い肌をした地元の女があらかじめポットに入れてある熱いコーヒーを、無言で小さなコーヒーカップについで出してくれた。これが一杯たったの五〇セントで、しかもそれを運転手がぼくにおごってくれた。

ぼく達は牧場に放牧された牛を近くに眺めながら走った。走りながら「この牛の肉も俺たちには高くて口に入らない」と彼はつぶやき、その彼方にそびえる山を指さして「あの山ではたくさんのマリファナが作られている」と教えてくれた。そこで栽培されたマリファナは主に米国へ密輸されるのだそうだ。一番高く売れる米国は上得意先だ。そして、彼自身もまたマリファナを吸う。と同時に、敬虔なクリスチャンでもあった。道路沿いに立つ等身大のマリア像の前を走り過ぎるときは、胸に十字をきることを決して忘れなかった。ところでマリファナと信仰は、果たして矛盾しないのだろうか?

やがて夜十時ごろになると、ぼく達はとあるガソリンスタンドのそばに車を止めて寝ることになった。彼は運転席で、ぼくは灯油タンクの上のわずかな平地に寝袋を敷いた。ぼくの寝相が悪ければ転げ落ちるかもしれない。何かの拍子にタンクが爆発するかもしれない。そういう危険な寝場所だが、野犬は恐い。地面に寝て腹を空かせた野犬の餌食《えじき》になることを思えば、ここのほうがどれほど安全かしれない。

最近、ぼくは「どんなことになろうとも生き延びられる」という、妙な自信をもちはじめている。何か目に見えない糸に導かれて、無理なく風のように歩いているような、そんな気持ちにさえなっているのだ。この先に何が待ち受けているかわからないが、それが何であれ決してぼくは驚かないし、現実から目を背けたりはしない。ぼくは自然体でこのまま真っすぐに歩き続ける！

（注）保守的な男性優位の価値観を否定しようとする、一九六〇年代後から米国の若者たちの間で流行った生活スタイル。

## 二月十二日

まだ暗いうちに、エンジン音で目を覚ました。どうやらもう出発するらしい。ぼくはすぐに寝袋をしまいはじめた。

途中、道路沿いに山から清水が流れ落ちるところがあった。滝と呼べるほどたいしたものではない。ここで車を止めて彼は上半身を洗い、ぼくは水で頭を冷やした。おそらく運転手たちを相手にしているのだろうが、このあたりにはいたるところに娼婦《ブッタ》が立っていた。彼女たちは建ち並ぶバーの入口からこちらをうかがっていた。

運転手がはるか彼方の雲に頭を隠した山を指差しながら、「あの山をこれから上る」と教えてくれた。この走りのおそい車であれを上るのかと思うと、思わずため息がもれた。

やがて車は上り坂に入り、だんだん涼しくなり、肌寒く感じるようにさえなってきた。空はどんより曇り、一面にガスがかかり、雨さえぱらつきはじめた。いやな天候だ。しかし、ときおりガスの切れ間から顔をのぞかせる眼下の植物はしっとりと濡れて、ゆるやかな稜線を描きながら果てしなく続いていた。それはどんな称賛の言葉も陳腐なほど美しかった。ここは南アメリカの背骨「アンデス山脈」の北端だ。これから先はペルーまで、この山脈に沿って進まなければならない。

かなりメデジンの町に近づいたころだ。急に運転手が、今夜はメデジンまで行かないで国道から外れた町で一泊すると言い出した。そのためにぼくは、とある分岐点で車を下りることになった。これは予期していなかったことだが、仕方がない、すでに日も暮れており、つぎの車も捕まりそうになかったので、今夜はこのあたりで夜明かしをすることに決めた。

周囲を見まわすと、派手なネオンサインがついたレストランが二軒と小さな雑貨店が一軒、それに民家も数軒あるようだった。そこで雑貨店の軒先を借りて野宿をすることにして、店番をしていた男の了解をとった。このあたりでは東洋人が珍しいのか、それとも旅行者が珍しいのか、ときおり店にコーヒーを飲みに来る連中がぼくをじろじろ見て帰って行った。

閉店になるのを待っていると、ひとりの男が近づいてきてぼくにコーヒーをおごってくれ、「今夜はどこで寝るのか?」と聞くから「この店の軒先だ」と答えた。すると、「ここは寒いからやめろ。いい部屋があるから俺について来い」と言うので、荷物をまとめて後を追うと、レストランの裏にある三畳ほどの広さの小部屋に入れてくれた。

そこにはベッドが一台置いてあった。清潔そうな綿毛の入った枕と掛け布団もついていた。「この部屋は無料だ」と言い残して彼は出ていった。店先の硬いテーブルの上で寝る覚悟をしていたのだが、こうして思いがけずベッドで安全に寝ることになるとは、本当に幸運としか言いようがない。こういうとき、ぼくはいったいどのように感謝の気持ちを表せばよいのだろうか？

さて寝ようとして服を脱ぎはじめると、どこに潜んでいたのかゴキブリが一匹、腰を振りながらあわてた様子でベッドの奥へ消えた。どうやらぼくは彼の許しを得ずにその住処《すみか》に侵入したようだ。

## 二月十四日

メデジンの町はずれにある検問所までやって来た。ここなら車を拾いやすいと思い、道路沿いに立って待っていると、若者が親しげに近づいて来た。何かと思えば、ヒッチハイクをしてカリ（注二）という町まで行くのだがいっしょに行かないか、という誘いだった。この男が手にしていたカネは、たったの二ペソだった。これではヒッチハイクをするしかないのだが、その二ペソでぼくにコーヒーをおごると言う。コーヒー豆の産地とはいえ、これほどまでにコロンビア人はひとにコーヒーをおごるのが好きなのだろうか？　それとも、「お近づきのしるし」というやつだろうか？中国人はこのお近づきのしるしに、相手に自分の持っているタバコを勧めるそうだが。

しばらく待っていると、ボゴタへ行くトラックが止ってくれた。しかし、ひとりしか乗せないと言うので、彼には悪いと思ったが先に行くことにした。

どのくらい走っただろうか、夜になり、トラックは広いだけがとりえの殺風景なトラック・ターミナルで止まり、ここで夜あかしをすることになった。いったい、ここはどこなのだろうか？　何もわからぬまま、とにかくねぐらを探さなければいけないと思い、歩きだした。するとまた若者がひとり近づいてきて「パスト（注二）までヒッチハイクで行く」と言い、「この近くの村にただで寝ることのできる場所があるが、ひとりでは危険なのでいっしょに行かないか」と誘われた。この男、絶え間なくしゃべった。「疲れているのだからいい加減にしてほしいなー」と思いながらも、適当にあいづちをうちながらいっしょに行ってみると、彼のいう場所とは単なる住宅の軒先だった。たしかに、ここならひとりで寝るには少しだけ危険かもしれない、と思いながらぼくは寝袋を引っぱり出した。

（注一）標高九九五ｍにある、ボゴタ、メデジンに続くコロンビア第三の都市。

（注二）アンデス山脈の中にあるガレラス山の麓のアトリス谷にある都市。標高二五二七ｍ。

## 二月十六日

カリの町に朝からシトシト雨が降っていた。それを眺めていると、何となく出発したくない気分になったが、「ペルーまで急がなければ」と自分に言いきかせて、雨が止むのを待つことにした。

十時ごろにやっと雨が止んだので、いつものように町はずれまで歩いて検問所で乗る車を物色した。

何台目だったか、ポパヤンという町の近くまで行くというトラックの荷台に乗ることができた。しかし、走っている途中でまた雲行きがおかしくなり、あわてて折りたたみ傘をバックパックから引っぱり出した。

ポパヤンの近くでトラックを下り、片側に山が迫り反対側には人家がいくらか建ち並ぶ緩やかな坂道を歩いて下っていると、また検問所にぶつかった。ここでつぎの車を捕まえようとしたが、どの車もなかなか乗せてはくれなかった。半分あきらめ顔で、偶然目についた小さなカフェに入った。すると、こんな場所でウロウロしている東洋人が珍しいのか、あたりにたむろしている若者たちが入れ代わりたち代わり近づいてきて、ぼくに話しかけた。コロンビア人とは、何と人見知りしない国民だろうか！　日本ではこういうことは絶対に起こらない、とぼくは断言できる。

暇な若者の相手をしているといつのまにか時間がたって、気がつくともう夕方の六時だ。仕方がない、今日はこのあたりで夜明かしをするか、と思っていると、ひとりのこどもが「検問所に行って頼めば泊めてもらえるよ」と教えてくれた。簡単に夕食をすませてから、彼の言うとおりにさっそく検問所に顔を出して一夜の宿を兵士に頼むと、「パスポートを見せろ」と言い、ここでも日本人は珍しいらしく四、五人の兵士が交代で集まって来ては、ぼくにいろいろな質問をした。日記を書いていると、その字体が面白いと言ってはまた寄ってきた。

こうして一応の相手をし終わると、やっと部屋に連れて行ってくれた。しかし、そこは部屋といっても、天井があって床があって壁があるだけの、ソファひとつない広さ六帖ほどのガランとした部屋だった。床はほこりだらけの板敷だったから、かなり長く使われていないのだろう。もしかすると以前は倉庫だったのかもしれない。「まあ、鉄格子の入った部屋でないだけでもましか」と思いながら、埃を立てないように床に静かに寝袋を広げた。

パスト、カリ、ポパヤンはインカ帝国を滅ぼしたスペイン軍人フランシスコ・ピサロ（注一）配下の将軍ベナルカサルが、一五三七年に黄金郷《エル・ドラード》（注二）の探険を開始したときに建設した町で、アメリカ大陸の都市の中でも一番古い都市の部類に入ります。

（注一）Francisco Pizarro（1470頃-1541）スペインの軍人、探検家、コンキスタドール。

（注二）十五世紀半ばから十七世紀半ばにかけてヨーロッパ人によって大規模な航海が行われた、いわゆる大航海時代にスペインに伝わった、アンデスの奥地に存在するとされた伝説の地。

## 二月十八日

悪天候のせいでまた風邪をひいたようだ。霧雨の中、道路沿いに立っていると悪寒《おかん》がしてきた。しかもなかなか車が捕まらない。とうとう我慢しきれず、通りがかったパスト行きのバスに乗ってしまった。

バスは山の中腹あたりの細い道を、注意深くゆっくり走った。ときおり道のひどく悪いところがあって、バスは今にもひっくりかえらんばかりに大きく傾いた。あるいは、エンジンが故障して止まっているトラックに行く手を阻まれ、崖っぷちで立往生することもあった。それでも何とか六、七時間走り続けて、周囲が夕闇に包まれるころ、やっとパストの町の灯を眼下に見ることができた。バスを下りるやいなや、ワッとこども達が集まって来た。それがみんな宿の客引きで、彼らのお蔭で今夜はすぐに安宿を見つけることができた。

## 二月十九日

よく眠ったせいか、今朝は昨日より気分がよかった。水しか出ないシャワーを浴びて、市場《メルカード》へ食事に出かけた。

太陽の下で見るこの町は騒々しく、しかも薄汚れていた。繁華街では雑踏をぬうようにして、アメ車のなれの果てのような古びた車が、クラクションをけたたましく鳴らしながら走り過ぎた。その後を、「我、関せず」とばかりに車体に原色をおもいっきり塗った不恰好なボンネットバスが、ゆっくり追った。農産物を満載したインディオの荷馬車も、彼らに負けてはいなかった。その周りには、黒い長髪を背中で無造作にくくったインディオの女が、オレンジの詰まったずた袋を小脇にかかえて座り込んでいた。短パンをはいただけの裸足のこども達が数人、甲高い声で何やら叫びながら走り抜けて行った。古びた看板を軒からつるした食堂の入口には、暇な男たちが数人たむろして用心深く通りをうかがっていた。唾《つば》と馬糞と残飯と安っぽいタバコの吸い殻が、昨日まで降り続いた雨水とブレンドされて踏み荒らされ、臭気こそ漂っていなかったが路上はどす黒い、すごみのある光を放っていた。

銀行の窓口で旅行小切手を現金に換える間に、そこに居合わせた職員や警官と雑談をした。ぼくが一泊二〇ペソの部屋に泊まっていると言うと、みんな口をそろえて「それは危険だ。強盗に入られたらどうするのだ！」と言った。「大丈夫さ。ドアに鍵を掛けておくから」と答えると、「強盗も鍵をもっているよ」と言った。それもそうだ、と妙に納得して返す言葉がなかった。それにしても、これまでいろいろな町でいろいろな人と話をしたが、こんなに口をそろえて危険だと言われたのははじめてのことだ。そう思って通りを眺めると、たしかに雰囲気はよくない。

こうした国境の町はどこも活気に満ちている反面、それを食いものにしようとする悪《わる》や、隣国からの密輸入で生活する連中の温床になりやすい。

**二月二十日**

パストからエクアドルの国境までは、もうそれほど遠くなかった。風邪をひいていたこともあって、国境の町イピアレスまでバスに乗ることにした。

イピアレスに着いて国境に向って歩いていると、また検問所にぶつかった。兵士に「エクアドルはこっちか?」と聞くと、ちょうど検問のために止まっていた小型トラックを指差し、「これに乗って行け」と言って親切に運転手に口添えしてくれた。


---

こうしてKは無事にエクアドルに入国し、まずは首都キトを目指しました。

このあたりが、インカ帝国が領地をもっとも多く所有していたころの北の端にあたるはずです。これよりアンデス山脈にそって南下し、現在のチリの首都サンチアゴを少し過ぎてマウレ川にとどくあたりまでの、直線距離にしておよそ五千三百キロメートル、面積にしておよそ二百万平方キロメートルという広大な地域を、インカ帝国はかつて支配していました。しかしそれも一五三二年、黄金を手に入れようとフランシスコ・ピサロがスペイン軍をひきいて侵入するまでのことです。翌三三年には早くも皇帝アタワルパ・インカが処刑されます。この一五三三年をもって事実上インカ帝国は崩壊したと考えてよいでしょう。このときからインディオ(ケチュア族、アイマラ族)の苦難の時代がはじまるのです。

一方、コルテスがスペイン軍を率いてメキシコ中央高原のアステカ王国を滅ぼしたのは、これよりも十二年早い一五二一年のことでした。

## 二月二十一日

すぐに一台の小型トラックを捕まえて、とある町の入口まで来た。そこから歩いたり休憩したりしながらさらに先へ進んでいると、ふたりの若い女性が道端のわき水で洗濯をしていた。すれ違いぎわにあいさつをすると呼び止められ、「なぜ歩いているのか?」と聞くので「車が捕まらないから」と答えると、「もうすぐ友達がここを車で通るから、乗せてもらえるよう頼んであげる」と言った。こうしてぼくはつぎの車に拾われた。

その車は山に土砂を取りに行くダンプカーで、つぎに下ろされた場所は周囲に禿げ山がせまる山間だった。こんな閑散とした場所をはたして車が通るのだろうか、と不安に思って待っていると、すぐにつぎのトラックに拾われて、目指すキトに無事到着した。

はじめて見るエクアドルの首都は、色が白い女性的な感じのする町だった。今夜は簡易ベッドを借りて、安宿の廊下に寝ることになった。

## 二月二十二日

偶然止まってくれたトラックの運転手が、太平洋に面した港町グアヤキル（注一）の近くまで行くと言った。この町はパンアメリカン道路から多少外れていたが、「ほかに止まってくれる車もなさそうだし、試しに行ってみるか」と、バックパックと寝袋を荷台に投げ入れた。

トラックは途中から、「セント・ドミンゴ」の表示板がある方角へとハンドルを切った。やがて下り坂になり、山間をぬう細い道路を太平洋に向って時速六十キロメートルぐらいでゆっくり進んでいった。一応舗装はしてあるものの片側に急斜面の山が迫り、反対側は切り立った崖になっていた。山崩れのために壊れかかったところも何ヶ所かあり、ひとつハンドル操作を誤るとそのまま谷底まで確実に転落する雰囲気だ。「つい先日もトラックが一台谷へ落ちた」と運転手は事もなげに言ったが、その口ぶりだと、このあたりで転落事故はそれほどめずらしくないらしい。

坂道を下るにつれて、気温はしだいに上がってゆき、巨木が覆いしげる周囲にぽつぽつ見え隠れする小さな民家も、熱帯地方特有のヤシの葉で屋根を葺いた高床式の住居に変わっていった。構造は木造だったが、壁は竹で作ってあり、その感じはいっけん日本のすだれを思わせた。この竹の隙間からわずかに入ってくる風と光で、室内の通気と快適性が保たれているのだろう。同じように暑い気候でも、ユカタン半島の民家とは随分様子が違うが、何とか快適に生活しようとする人々の知恵に変わりはなかった。

到着した町が何という名前の町なのかわからなかったので、たまたま食事に入った食堂で聞くと「ここはポルトビエホ（注二）だ」と教えてくれた。それはぼくのもっている地図に載っていない町だった。グアヤキルまでは、ここからさらにバスで三時間もかかるというので先へ進むのをあきらめ、この町で安いペンションに一泊することにしたが、偶然にも明日からキリスト教のカーニバル（謝肉祭）だと聞いて、気が変わって二泊することにした。どんなバカ騒ぎをするのか、多少興味があったからだ。

（注一）エクアドル最大の都市で、最大の港湾都市。野口英世がメキシコのメリダでマラリヤを研究した後、一九一八年にこの地を訪れて黄熱病菌を発見したとされる。（しかし、後に黄熱病菌ではなかったことが判明。）

（注二）正式名称サン・グレゴリオ・デ・ポルトビエホ。エクアドル北西部に位置する、一五三五年にスペイン人によって建設されたこの国最古の都市。

**二月二十三日**

一日中、ペンションの近くに住んでいるこども達を相手に過ごした。ここにも香港製の空手映画が来ているらしく、話はもっぱら空手のことだった。連中は日本人なら誰でも空手ができると誤解しているようなので、ぼくもふざけて彼らに空手の格好をして見せた。

このあたりのカーニバルは、こどもから大人までたがいに水や香水スプレーをかけあって騒ぐ。こどもじみていて、しかも安上がりだ。ぼくもその被害を受けてずぶ濡れになってしまった。

**二月二十四日**

昼ごろから店はシャッターをおろし、人影はまばらになり、通りを走る車も少なくなった。その理由をペンションの泊り客に聞くと、みんなマンタ（注）へ遊びに行ったからだと言った。ぼくもペンションのオーナーの娘にいっしょに行かないかと誘われたが、その気がなかった。そのうち彼女はあきらめてべつの男とマンタへ行ってしまい、夜になっても帰っては来なかった。

　留守をあずかる電話番の男は、誰もいないのをよいことに酔っ払って盛んに飯炊き女を口説いていたが、それも努力のかいなく失敗したようだ。後でそのことをぼくにぼやいた。

（注）正式名称はサン・パブロ・デ・マンタ。エクアドル西部、太平洋に面するこの国最大の漁港をもつ都市。

**二月二十六日**

　カーニバルの香水スプレーの洗礼をかいくぐりながら、やっととある小さな町にたどり着いた。もう夕方なので今夜の宿を探さねばと、まず教会を訪ねたがそこでは門前払いをくった。仕方なく町はずれまで歩いて来ると、道路沿いに玉突き台を置いた薄汚い木造の家が目に入った。どうやらこの玉突き台は、夜間、野ざらしになっているようなので、

今夜はこの玉突き台の下で寝ることを思いついた。そして、暗くなるのを待った。

夜になると周囲はまったくの闇と化した。月も出ず、人影らしいものもほとんどなく、一軒あるだけの酒場の方角からときおり調子はずれの歌がかすかに聞こえてきた。道路沿いに立っていても車はほとんど通らなかった。

どれくらいそうして闇にたたずんでいただろうか？　みんな寝静まったころを見はからって、ぼくは玉突き場までゆっくり歩きはじめた。

横になってみると玉突き台の下はぼくには少々狭すぎた。バックパックを枕にしてえびのように背中をまるめて寝ていると、蚊が寄ってきた。ぼくの存在に気づかぬ酔っ払いが近くで立ち小便をして行った。

## 二月二十七日

いつのまにか酒場も明かりを落とし、人声も途絶え、ぼくはしばらく微睡《まどろ》んだようだ。それからどれほど時間が経過しただろうか、突然近くで車のエンジン音がして目がさめた。朝、まだ暗いうちから彼らは仕事に出るのだ。

朝から空はどんより曇り、ガスか霧のようなものが一面にたれさがり、そのうちに霧雨が降りだした。このところこんなはっきりしない天気が多い。ああまたか、と思いながら重い足取りでフラフラ町の中心部まで歩いていった。

そこでちょうど、クエンカ（注）という町まで行くバスが出発しようとしていたので、ぼくは思わず乗ってしまった。そのうちに気分が悪くなってきて車中で居眠りをしていると、昼過ぎに「町に着いた」といって車掌にゆり起こされた。

頭が割れるように痛かった。もうこれ以上旅は続けられない。安宿を見つけて、昼の三時ごろからベッドにもぐり込んだ。

（注）標高約二五三〇mに位置するエクアドル第三の都市。一五五七年にスペイン人によって建設された、十六世紀のスペイン統治時代の街並み、文化、伝統が生き続ける町。

## 二月二十八日

目覚めると体のふしぶしが痛かった。どうも熱があるようだ。無理をせずもう一泊しようかとも思ってみたが、この小さな国にすでに予定以上に長くいることに気づき、結局、無理をしてでも先に進むことにした。そして、十時発のバスでロハ（注）という町へ向った。

ロハまでたいした距離はないとふんでいたが、どうして、どうして。延々八時間、山間の舗装もしていない細い坂道を上ったり下ったりの連続で、頭痛はいよいよひどくなるばかりだった。そのうち気がつくと首がまわらなくなっていた。ただ、ただ、早く目的地に着いてくれることだけを願いながら、ロハに到着したのは夕方六時だった。

もうペルーの国境は近いはずだ。

(注) 標高二〇六〇ｍに位置するエクアドル南部の都市。一五四八年にスペイン人によって建設され、黄金郷《エル・ドラード》探検の拠点となった町。

## 三月一日

寒さのために夜中に目を覚まし、寝袋を引っ張り出して潜り込んだ。

昨日同様、アンデス山脈中腹の悪路は続いた。バスも昨日と同じようにひどいボンネットバスで、揺れるたびに窓ガラスがガシャガシャ耳ざわりな音をたてた。やがてまた雨が降りはじめた。この悪天候には本当にうんざりさせられる。

車掌に聞くと、国境までまだ八時間もかかると言った。これだと、とうてい今日中に国境を越えることはできそうにない。ぼくのもっている地図だとこんなに近くに国境線が書いてあるのに、まだ八時間もかかるとは、これは誰かの陰謀ではないか？　なぜバスはもっと早く走らないのだろうか？　そんな苛立ちから、いつのまにかぼくは不機嫌になっていた。

そのうち、左肩が非常にこっていることに気づいた。この二、三日間十分睡眠をとっているから疲れはないはずだが、と思っていると、そのこりはいよいよひどくなり、やがて首から肩にかけて激痛が走りはじめた。

夜の九時ごろ、車内での八時間の忍耐からやっと開放されて、小さな町におり立った。おそらく国境の近くだろう。しかし、雨は相変わらず降り続いていて、ぼくの左肩の痛みはさらにひどくなって、今や荷物をもつことすら満足にできない状態だった。

# エピローグ　――ペルー入国――

現在のペルーは、かつてインカ帝国が栄えたころの中心地域であり、その首都はクスコ（注）でした。しかし、十六世紀にピサロの率いるスペイン軍が侵入して、一五三三年に第十三代皇帝が彼らの手によって処刑され、ついにこの帝国は崩壊したのです。その翌年、ピサロは太平洋に面した、海上貿易に便利な場所に現在の首都リマを建設し、中心はクスコからリマへと移ります。

その後、スペイン軍によって金銀財宝の略奪と破壊が、メキシコなどと同じように繰り返されるのです。

（注）ペルーの東南部、アンデス山脈中の標高三四〇〇ｍに位置する、かつてのインカ帝国の首都。クスコとは、原住民ケチュア族の言葉で「へそ」を意味する。

---

## 三月二日

今日もまだ首から左肩にかけて痛みが続いていた。

聞くと、ある人は国境は遠いと言い、ある人は反対に近いと言った。いったいどちらが正しいのか「自分の体で確かめるしかない」と、その方角に向ってぼくはゆっくり歩きはじめた。

この国ではすでに農民たちの田植え作業がはじまっていた。それを横目で見ながら舗装をしていない山道を、小休止を繰り返しながら先へ進んだ。

しかし、国境はそれほど遠くなかった。ホッとした気持ちで、まずエクアドルの出入国管理事務所で通行料金を払って出国し、小川を渡り、ペルーの出入国管理事務所に顔を出した。

ここを通過する人がそれほどいないせいか、山間の粗末な平屋の出入国管理事務所は閑散としていた。指示された部屋に入ってしばらく待っていると、ロヒゲをたくわえた若い担当官が出てきて、ぼくに「ビザはもっているか？ ペルーからの出国切符はもっているか？」と聞いた。そんなものはなくても入国できると聞いていたから、用意しているわけがなかった。ぼくが困惑した表情をして黙っていると、彼が盛んに「さあ、どうする。さあ、どうする」と問い返して来た。やがて「よい方法がひとつだけある。二ドル出せ」と言った。何と、袖の下を要求しているのだ！ これに従えば何とかなるらしい。結局、二ドルを一ドルにまけてもらい、彼が腰掛けているイスのそばまで近づいて行って、用心深くこっそりと手渡した。そうするように指示したのは、もちろん彼だ。見まわしても部屋の中には彼以外誰もいなかったし、監視カメラもなかったのだから、それほど用心する必要はないと思ったのだが。しかも彼はペルー紙幣でも隣国ホンジュラス紙幣でもなく、米国のドル紙幣を要求した！ なぜか！ 同じ紙幣でもドル紙幣の方が、はるかに実質的な価値があったからだ。

こうしてぼく達の闇取引は短時間で無事成立し、彼は喜んで入国ビザを作ってくれた。それからさらに別の部屋に回されて荷物や所持金の検査を簡単に受け、入国者名簿に名前とパスポート番号を書かされて開放された。管理事務所を一歩出ると、そこはもうペルーだ!

管理事務所の近くには飲み物を売る小屋が一軒だけあり、その前に小型トラックが三台止まっていた。そのうちの一台の持ち主に頼み込み、スジャーナ（注一）という町まで乗せてもらうことにした。しかし、どうも後で料金を請求されそうな気がしたが、この際それでも仕方がないと思い、トラックの出発を待った。

小型トラックはインディオも乗せて四時ごろやっと出発した。このあたりはこれまで以上にひどい岩だらけの山道だった。これがアメリカ大陸を縦断しているパンアメリカン道路だとは、とうてい信じられなかった。道を間違えたのだろうか？　途中、何ヶ所かトラックは止まってインディオを拾い、荷物を積み込んで、町に着いたころにはもう陽もすっかり暮れていた。

そこでさらにつぎのトラックを拾い、ぼくはピウラ（注二）という町まで来た。今夜はここで一泊することにして安い宿を探しはじめたが、町に着いた時刻も遅かったせいでなかなか部屋が見つからなかった。そのうちに歩き疲れ、左肩がまた痛くなってきた。ついにまともにベッドで眠ることをあきらめ、アイスクリームをなめながら近くの公園まで歩いた。郊外で野宿するよりはここの方がましだろう。

公園では、リマから北上して来たという三人ずれの若者と親しくなった。彼らもヒッチハイクをしながら旅をしており、今夜はここのベンチで寝るのだと言った。ぼく達はいっしょに寝心地のよさそうなベンチを探し、旅の情報交換をした。

（注一）ペルー北部沿岸地域に位置する商業都市で、米、バナナ、マンゴー、ライム等の農産物の生産が盛んな町。

（注二）ペルー北西部、ピウラ川中流域に位置する都市。一五三二年にスペイン人の征服者フランシスコ・ピサロによって建設された、ペルーで最も早く建設されたヨーロッパ型都市。

## 三月三日

気持ちよくベンチで眠っていると、突然、警官にたたき起こされた。「この公園で寝ることは禁止されているから、あっちの公園で寝ろ！」と言って、彼はとある方角を指差した。仕方がない。しぶしぶぼく達は荷物をまとめてその方角へ歩いた。

ところが急に雨が降りはじめた。偶然にもぼくが移動した場所は大樹の根元だったから、枝が雨傘の代わりをしてくれて助かった。ほかの連中はあわててどこかへ散って行ったけれど、結局どこへ行ったのか、その後彼らとは再会しなかった。

今日はまず二台の車を乗り継いで検問所まで来た。そこでリマへマンゴーを運ぶトラックを捕まえ、山積みしたマンゴーの木箱の上へよじ上った。周囲には甘酸っぱい香りが漂っていた。
やった、これでリマまでの無料特急券を手に入れたと喜んでいると、真夜中、トラックが道路の真ん中で突然プツンと止まった。ヘッドライトがつかないから、どうやらバッテリーがいかれたらしい。暗闇の中、運転手だけ運転席に残してその助手とぼくと、いっしょに乗っていた親子の合計四人でトラックを押した。しかし、マンゴーを満載したトラックはびくともしなかった。仕方がない、偶然通りがかったトラックを止めてロープで引っ張ってもらい、その勢いでエンジンをかけた。こうして何とかトラックはふたたび走りはじめたが、その後も何回かエンストを繰り返して、そのたびにみんなで押すものだからぼくはほとほと疲れはてて、いつのまにか木箱の上でマンゴーの香りを抱いて眠ってしまった。

**三月四日**

顔に暑さを感じて目覚めると、またトラックは止まっていた。積み上げた木箱の上から眺める周囲は、背のそれほど高くない木々に果てしなく覆われていた。道路はその中をまっすぐにのびた一本道だ。ここは一体どこなのだろうか？　見まわしても誰もいる様子はなく、妙に静まり返っていた。何となく胸騒ぎがしたので、荷台から下りて運転席をのぞくと、運転手がひとりハンドルを握って退屈そうにしているではないか。「どうしたのか?」と訊ねると、「ほかの連中はバッテリーを探しにでかけた」と言って後方に目をやった。

しばらく待っていると彼らが後方から帰って来て、「こっちにバッテリーはなかったから、あっちへ探しに行ってみる」と言って、今度は前方へ向けて歩きはじめた。何とも気の長い頼りない話だが、ほかに方法はない。一本道だから、後方がだめなら前方へ行くしかないのだ。こうして延々数時間、通りかかる車もなく、ぼくは木箱の上に横になってマンゴーを木箱からこっそり抜き取って食べたり、近くを通るヤギの群れを目で追ったりしながら、彼らの帰りをひたすら待った。

時計を持っていないので正確な時刻はわからなかったけれど、午後三時ごろだろうか、やっと新しいバッテリーが届き、めでたく出発となった。ところが積み荷が重いせいか、あまり速く走らなかった。それでも二度とエンストすることなく何とかチクラーヨまで無事にたどり着き、車はこの町で修理屋へ入った。スピードが遅いと思ったら、どうやら故障していたのはバッテリーだけではなかったようだ。

修理が終わると、トラックはこの町でさらに別の荷を積み込み、その持ち主も乗せてふたたび出発した。ああ、目指すリマは何と遠いことか!このころからしだいに気温が下がりはじめた。

## 三月五日

目覚めると、トラックは砂漠の中の舗装した一本道をノロノロと走っていた。メキシコに入国したところに見た荒地と違い、このあたりは木が一本も生えていない、文字通り握れば指の間から細かい砂がサラサラと流れ落ちる砂漠だった。ああ、この変幻自在な砂のような自由があのころのぼくにあったなら、もっと何かが変わっただろうに……と寝起きの、まだ朦朧《もうろう》としている頭の中で思った。

砂丘はときに緩やかな小山を作り、平地になり、思い思いの形を描きながら続き、その間を道路はまっすぐにのびていた。右手には、道路から少し離れて寄り添うようにして木製の電柱が立っていた。それは痩せ細った影を砂上に落としながら、心細そうにいく分かしいだ姿勢で一定の間隔を取って続いていたが、その様子はミイラの乾燥しきった骨のようでもあり、砂漠とともに生き、ともに死んでいったひとたちの墓標のようにも見えた。その間を一本のケーブルがだらしなくたるんで結んでいた。そして、その彼方にときおり水平線が見え隠れした。どうやらトラックは、アンデス山脈を下りて太平洋沿いを南下しているらしい。

途中、ガソリンスタンドや食堂に立ち寄りながらも、トラックは二度とエンストすることなく順調に先へ進んでいた。今どのあたりを走っているのかはわからないが、この様子だと首都リマはもうそれほど遠くなさそうだ。目指すインカ文明は手をのばせばとどく、すぐそこにある。そう思うと急に笑いがこみ上げて来て、ぼくはマンゴーの木箱の上でクックックと声を殺して笑い出した。それだけでは足らず、踊り出したい衝動に駆られたほどだ。急に体が軽くなったような気がして、今ならぼくはすべてを投げ捨て、フワリと大空へ舞い上がることができるかもしれない、「自由」へ手が届くかもしれない、と思った。

メキシコシティを昨年の十二月十七日に出発してから、飛行機ならば数時間の距離を二ヶ月半もかけて、ぼくはついにここまで来た。その折々は目の前にある状況を乗り切ることに一生懸命だったが、こうしてたどり着いて振り返って見ると、それがどれほど長い道程だったか、それが今のぼくにとってどれほど大切なことだったか、改めて気づく。

南下するごとにさらに気温は下がり、いつのころか濃霧が周囲にたちこめはじめた。その中を、トラックはどんどんほかの車に追い抜かれながらも、マイペースで走り続けていた。

「リマまで三五キロメートル」という交通標示板がチラッと目に入ったあたりから、トラックは海岸線を離れて内陸へと向かった。一種の達成感と心地よい疲れがぼくのこころに深々と満ちて、車の揺れがまるで子守歌のようにぼくの体を包んだ。この調子だと今日中に確実にリマに入れる……安心したぼくはウトウトと眠りに陥《おちい》った。

なぜかここで彼の日記は突然終わっています。

その後の行動については、Kがロサンゼルスでぼくに語った断片的な言葉から推測するしかないのですが、確かに彼はペルーでマチュピチュのようなインカ文明の遺跡を見学し、さらにボリビアまで足をのばしています。

しかし、結局そこまでで K は旅行資金を使い果たしたようで、やがてリマから飛行機でロサンゼルスへ向かうのですが、ロサンゼルス国際空港の入国審査を通過するときに彼が所持していた現金は、わずか七〇ドルだったそうです。そのために米国滞在は十四日間しか認められなかったと、彼はあるとき酒を飲みながらまるで楽しい思い出でもあるかのように、笑いながらぼくに話してくれました。

こうしてぼく達は日本食レストランの厨房で出会い、ともに働き、やがて彼は五冊のノートと数十本のネガフィルムをぼくに託して、姿を消すのです。

＊

以上がぼくとKを夢中にさせたラテンアメリカの、あの焼けつくような思い出の日々の顛末《てんまつ》なのです。

とりわけKにとってこのラテンアメリカの旅は、かつて彼を操って家という枠に押し込めようとしたひとたちからの逃走であり、風通しの悪い偏狭な島国からの逃走であったように思えます。そして、その逃走の果てに彼が夢見たものは一体何だったのでしょうか？　それは日本で得ることができなかった「自由」だったと思います。かつて文豪ゲーテは、雲が毎日たれこめる陰鬱なドイツの冬から逃げるようにして、あるいは、日々の閉塞的で退屈な役所業務から逃げるようにして、ワイマールからイタリアへと旅立ちました。彼は地中海の明るい空と自由な空気に憧れていたのです。それと同じような思いで、Ｋもまたラテンアメリカへ旅立ったと思います。

そんな彼の旅は、自分の体にしみ込んだ過去をそぎ落とし、新たな自由を得たいという執念に満ちたものでした。そのために彼は思いつくあらゆる手段を使って貧乏旅行を試みました。体調が許す限り徹底して安いものを食べ、安宿に泊まり、ときには野宿もいとわず、ヒッチハイクを繰り返しました。いつの間にか貧乏旅行それ自体が手段ではなく、目的になっているような感じさえ受けましたが。

しかし、そうした中でも周囲のひと達との交流を彼は決して怠りませんでした。そこに彼のストイックでありながらもヒューマンな性質が、よく表れているように思います。彼にとって旅とはつねにそのような存在だったのでしょう。もしかすると、彼の生き方そのものだったのかもしれません。

Ｋと別れて数年が経ったある日、ぼくは見知らぬ名前の外国人女性から一枚のハガキをもらいました。あのロサンゼルスの日本食レストランから、ぼくの実家に転送されてきたのです。差出人の住所は書いてありませんでした。そこには突然にハガキを送ることの非礼を形式的にわびた後に、Kが死んだと書き、死ぬ間際に彼がぼくに死を知らせるように頼んだ、と簡単に説明してありました。しかし、いつ、どこで、どうして死んだのか、それはまったくわかりませんでした。

不思議なことに、この知らせに悲しみや寂しさといった感情は少しもわいてきませんでした。ぼくはハガキの文面を確かめるようにもう一度読んでから、目の前にゆらゆら立ち上るひとすじの夕バコの煙を眺めるともなく眺めながら、本当にKは死んだのだろうか?と漠然と思いました。

それからさらに長い年月が経ちました。今となっては彼の顔すら、ぼくの中で生気のないセピア色に変わってしまいました。しかし、どこかの国の、どこかの路上できっとまた彼に出会うだろうという淡い期待を、なぜかぼくは捨て切れないでいました。いや、年を追うごとにその期待は強くなりました。

しかしその一方で、かりに出会ったとしても、ぼく達はたがいに顔色ひとつ変えることなく、見知らぬ通行人のように自然に振舞ってすれ違うだろう、ということもわかっているのです。たとえ街角で偶然鉢合わせをしたとしてもです。それがぼく達の旅のルールであり、マナーであるように思えるからです。

思い起こせば、ぼく達は口にこそ出さなかったけれど、「出会うとかならず別れが来る」ということ、別れを前提とした出逢いをひとつの約束事、ルールとして、たがいにはっきりと了解していたと思います。そのひとつひとつの出会いと別れは、映画のワンシーンのように決して劇的でもなく、美しくもなく、控えめで平凡であるかもしれませんが、ぼく達は決してその場所に留まることは許されず、先へ先へと歩き続けなければならなかったのです。その意味で、ぼく達はそれまでまったく異なった人生を歩みながらも、結局同じ種類、あるいは同じ部族の人間だったに違いないのです。そこに運命的な出会いと、目に見えない絆《きずな》をぼくは強く感じました。

もうひとつ、彼のノートを整理していて思い出したことがあります。それは、ひとはこの世界にひとりで生を受け、やがて死の闇へとひとりで旅立つという人生観を、当時のぼく達は暗黙のうちに共有していたということです。恐らくたがいの生い立ちと生き様が、そういう人生観を植えつけたのでしょう。

そして、そんなぼく達はともにあのラテンアメリカをこころから愛したのです。今でもときおり、彼が残したノートやネガフィルムを眺めることがあります。そんなとき、あのラテンアメリカの旅がその後のぼくの人生にどれほど大きな影響をあたえたかを、改めて感じるのです。そして、Kにとっても同様だったと信じたいのです。

ここまで書き進むとき、ぼくは少年時代に読んだ松尾芭蕉の「月日は百代の過客にして、行きかふ年も又旅人也」（奥の細道）という言葉を、なぜかある種の懐かしさと悔恨をこめて思い出すのです。それはぼくも人並みに歳を重ねたという証《あかし》でしょうか。

そして、やはり思うのです。Kは本当に死んだのだろうか、はたしてKは首尾よく彼が望む自由を手に入れたのだろうかと。ぼくには今でも彼がどこかの国の道路沿いに立って車を待っているような、あるいは、どこかの村で子供たちと無邪気に遊んでいるような気がしてならないのですが……

# おわりに

本書は一九九六年にいったん脱稿したものを、今回改訂しています。

当初、本書をまとめるにあたっては旅行者Kが残したノート以外に、左記のような一般的な文献も一部参考にしました。なお、本書は拙書『ボリビア、ボリビア』（二〇一六年、文芸社）の前段になっています。


石田英一郎「マヤ文明」中公新書
増田義郎「古代アステカ王国」中公新書
増田義郎「メキシコ革命」中公新書
山本厚子「野口英世、知られざる軌跡」河手書房新社
山本厚子「メキシコに生きる日系移民たち」河出書房新社
粉川哲夫編「花田清輝評論集」岩波文庫
和辻哲郎「風土」岩波文庫
P・ジャンドロ「マヤ文明」（高田勇訳）文庫クセジュ　白水社
J・スーステル「アステカ文明」（狩野千秋訳）文庫クセジュ　白水社
C・ボーデ、S・ピカソ「マヤ文明」（落合一泰監修、阪田由美子訳）創元社
R・ライト「マヤ文明の旅」（池田比佐子訳）心交社

O・パス「孤独の迷宮」（高山智博／熊谷明子訳）法政大学出版局
ホイジンガ「朝の影のなかに」（堀越孝一訳）中公文庫
T・マン「ドイツとドイツ人」（青木順三訳）岩波文庫
D・H・ロレンス「黙示録論」（福田恒存訳）ちくま学芸文庫
A・カミュ「シーシュポスの神話」（清水徹訳）新潮文庫
C.Blasberg/G.Schuster(Hrsg.),H.G.Kessler,Gesammelte Schriften,Fischer Taschenbuch Verlag

*

余談ですが、コロナウイルスの蔓延によってぼくは忘れもしない二〇二〇年一月二十三日に、中国の武漢で都市封鎖《ロックダウン》に遭遇しました。それはぼくにとってはじめての体験でした。

当時、ぼくは知人に会うために台湾から十四日間の日程で、かつて三年間を過ごした武漢を訪れていたのです。忘れもしない二十三日午前、地下鉄に乗ろうと思って出入り口へ行ったところ、シャッターが下りていた。春節を目前にしたこの時期に人びとの移動の足となる地下鉄がシャッターを下すのは奇妙だと思い、近づいて見ると「コロナウイルス蔓延を阻止するために今日午前十時より無期限ですべての公共交通を停止する」といった内容の張り紙がしてありました。にわかには信じ難く、この文面を私はしばらくくいいるように見つめていました。

この突然の出来事のせいで、その日のうちにすべての飛行機は欠航になり、ぼくは台湾へ直接帰る手段を失いました。やむなく日本経由で台湾へ行くことにして、日本政府が用意した特別機で三十日の早朝、東京へ向かいました。そして、埼玉県和光市で十四日間の観察期間を経た後にＰＣＲ検査を受けて陰性と判明し、二月に台湾へふたたび向かったのです。

翌三月、日本、台湾は言うに及ばず、多くの国が次々にコロナウイルスに対する水際対策を発表したことによって、ぼくは台湾出国の機会を逃しました。幸い、現在なおコロナウイルスに感染することなく生活しています。

その間に考えたことは、この地球は人類だけのものではなく、あらゆる生物のものであるということでした。だから人間が彼らの了解なく我が物顔で地球環境を破壊することは許されない、と思ったのです。今回のコロナウイルス蔓延は、そんな人間に対して「これ以上勝手なことをして地球を荒らすと、さらなる不幸に人類は遭遇するだろう」という、彼らが発する警告のように思えるのです。

皮肉にもこのコロナ禍が、この原稿をより充実したものにする機会をぼくに与えてくれたことに対して、心から感謝します。

二〇二一年某月　台湾にて

ハジメ・オバタ

## 著者プロフィール

本名　小幡　一（おばた　はじめ）
　　　一九四九年、岡山県生まれ
　　　建築家、ドイツ近代建築史研究者

著書　『世紀末のドイツ建築』（井上書院、絶版）
　　　『ボリビア、ボリビア』（文芸社）

訳書　『アンリ・ヴァン・ド・ヴェルド自伝』
　　　　　　　　　　　　　（鹿島出版会）他


# ぼく達が愛したラテンアメリカ

発　行　二〇二三年一月十日
著　者　ハジメ・オバタ
発行者　西　規雄
発行所　和光出版
　　　　〒七〇〇―〇九四二
　　　　岡山市南区豊成三―一―二七
　　　　電話（〇八六）九〇二―二四四〇
印刷製本　昭和印刷株式会社



ISBN978-4-901489-66-9　¥1600E
定価一六〇〇円＋税